本书为湖南省教育科学“十三五”规划课题重点资助项目“基于师范专业认证的高师院校内部教学质量监测评价机制及其优化研究”（XJK19AGD008）、湖南省教学改革重点项目“师范专业认证驱动下的高师院校实践教学质量监控和评价研究”（HNJG-2021-0158）、湖南省教育科学“十四五”规划课题一般项目“专业认证背景下高师院校师范专业教学质量保障体系构建路径研究”（XJK21CGD031）研究成果。

专业认证驱动下的地方高师院校教学质量保障研究

彭巧燕 谢利军 冯泳兰◎著

湘潭大学出版社
XIANGTAN UNIVERSITY PRESS

图书在版编目（CIP）数据

专业认证驱动下的地方高师院校教学质量保障研究 / 彭巧燕，谢利军，冯泳兰著. -- 湘潭 : 湘潭大学出版社，2022.11
ISBN 978-7-5687-0905-7

Ⅰ. ①专… Ⅱ. ①彭… ②谢… ③冯… Ⅲ. ①地方高校－高等师范院校－教育质量－研究－中国 Ⅳ. ①G658.3

中国版本图书馆 CIP 数据核字（2022）第 189852 号

专业认证驱动下的地方高师院校教学质量保障研究

ZHUANYE RENZHENG QUDONG XIA DE DIFANG GAOSHI YUANXIAO JIAOXUE ZHILIANG BAOZHANG YANJIU

彭巧燕 谢利军 冯泳兰 著

责任编辑：李志红
封面设计：李 平
出版发行：湘潭大学出版社
社 址：湖南省湘潭大学工程训练大楼
电 话：0731-58298960 0731-58298966（传真）
邮 编：411105
网 址：http://press.xtu.edu.cn/
印 刷：长沙创峰印务有限公司
经 销：湖南省新华书店
开 本：710 mm×1000 mm 1/16
印 张：14.5
字 数：230 千字
版 次：2022 年 11 月第 1 版
印 次：2022 年 11 月第 1 次印刷
书 号：ISBN 978-7-5687-0905-7
定 价：58.00 元

前 言

党的十九大召开以来，中国特色社会主义进入新时代，我国高等教育也开启了以提高质量为核心、以立德树人为根本的内涵式发展新征程。新时代国家经济社会发展对高校的教育教学质量提出了更高要求，党和国家在进一步落实和扩大高校办学自主权的同时，对高校完善多元参与的校内治理结构、建立健全内部质量保障体系、加强质量建设等方面提出了一系列新要求。中国特色“五位一体”的评估制度成为我国本科院校外部质量保障的主要制度，并对提升本科院校专业办学质量发挥了重要作用。

2013 年，教育部提出对普通高等学校进行审核评估，到 2018 年，各普通高校完成了第一轮本科教学审核评估；随后，教育部启动了师范类专业试点工作，各高校陆续接受师范类专业认证。无论是审核评估还是师范类专业认证，均把质量保障作为一级指标加以衡量。为深入贯彻落实中共中央、国务院印发的《深化新时代教育评价改革总体方案》，推进高校分类评价，改进本科教育教学评估，推动提高本科人才培养质量，2021 年伊始，教育部印发了《普通高等学校本科教育教学审核评估实施方案（2021—2025 年）》，对“十四五”发展阶段普通高等学校本科教育教学审核评估工作做出整体部署和制度安排。从指导思想看，此次方案特别强调，“推动高校积极构建自觉、自省、自律、自查、自纠的大学质量文化，建立健全中国特色、世界水平的本科教育教学质量保障体系，引导高校内涵发展、特色发展、创新发展，培养德智体美劳全面发展的社会主义建设者和接班人。”从基本原则看，方案明确提出坚持立德树人、坚持推进改革、坚持分类指导、坚持问题导向、坚持方法创新。该方案在继承上一轮审核评估提出的“五个度”基础上，进一步强化立德树人，明确提出分类指导，同时首次提出应用物联网、大数据等现代信息手段。总体来看，新一轮审核评估方案在更为尊重高校多样化发展需求的同时，强化持续改进理念，特别是把对学校质量保障机制和能力的评估作为重点。因此，不难看出，在上一轮审核评估重点考察“教学质量保障体系运行的有效度”的基础上，高校内部质量保障体系建设情况与运行效果仍将是新一轮审核评估的重要内容。

根据高等教育质量保障体系实施的主体不同，高等教育质量保障体系可以分为内部质量保障体系和外部质量保障体系。内部质量保障是高等学校以自身为主体，为维持和提高人才培养质量而主动采取的全部有组织、有计划的系统管理过程。外部质量保障通常是由全国性或地区性的专门机构组织实施的高等教育教学质量保障活动。两种保障体系相互支撑、共同配合完成整个高等教育质量保障的任务。可以说，前者是整个高等教育质量保障体系的基础，后者是对前者的外部约束、指导及监督。因此，在深入研究外部质量保障体系的背景下，去构建与完善高校内部质量保障体系，对高校落实培养目标、提高办学质量、实现特色发展更具有现实意义。

近年来，衡阳师范学院以习近平新时代中国特色社会主义思想和全国教育大会精神为指导，坚持立德树人，牢记为党育人、为国育才使命，把办好师范教育作为第一职责，以本科教育教学审核评估和师范类专业认证为契机，顺应审核评估和专业认证要求，牢固树立“学生中心、产出导向、持续改进”理念，充分发挥教育评价的指挥棒作用，聚焦师范生核心能力，以毕业要求达成为质量保障目标，致力于教学监测评价改革。运用系统论实现协同联动，依靠信息技术对各主要教学环节质量实施全程监控与常态化评价。通过实践探索，建立起面向产出的地方高师院校内部教学质量保障机制，构建了自身有质量标准、专门机构和专业人员、监测评估、及时反馈、持续改进的“81345”式全链条多维度的本科教学内部质量保障体系，对各主要教学环节进行监控和评价，并将评价结果用于持续改进，有效支撑毕业要求达成。

本书共五章，主要反映衡阳师范学院在质量保障体系建设方面的实践探索，总结学校形成的经验和模式，以及面对新时代的新要求和新挑战所进行的工作反思和改革创新，旨在通过案例分享和分析，相互启迪和共同提高。

本书坚持社会主义办学方向，坚持立德树人、教书育人，力图体现新时代新要求、新思路、新突破，除了用于地方高校互相学习，也为政府、高校、科研机构从事高等教育管理及质量保障工作的相关人士提供参考。

目　录

第一章　新时代高师院校教学质量保障的新要求

教学质量是所有高校生存与发展的生命线，地方高师院校也不例外。如果想要提升教育质量，实现高校自身的内涵发展、特色发展、提质增效，那么构建科学合理的高校内部教学质量保障体系并不断优化实施就是不可或缺的要素之一。

党的十九大召开以来，中国特色社会主义进入新时代。以促进公平和提高质量为时代主题，中共中央、国务院、教育部接连出台了系列文件和政策，其中多次强调了新时代各高校要对照专业质量标准及有关行业标准，健全教学质量保障评价体系，切实保证人才培养质量。

第一节　地方高师院校教学质量保障面临的新形势与新要求

一、提高质量的新时代主题要求完善高等教育质量保障

2017 年，党的十九大报告指出：“建设教育强国是中华民族伟大复兴的基础工程，必须把教育事业放在优先位置，加快教育现代化，办好人民满意的教育。”从此吹响了提高教育质量的时代号角。

2018 年全国教育大会明确要求：“聚焦提升贡献力，大力促进教育内涵发展。”大会提出：“健全高等教育内涵发展政策机制。要强化分类管理，研究制定高校分类设置标准，探索建立不同类型高校拨款标准、质量评估、人事管理、监测评价等制度，构建有利于各类高校特色发展的评价指标体系和评价方式。发布实施普通高校本科专业类教学质量标准，形成周期性评估和常

态监测相结合的多方质量保障机制。”

2018 年 9 月，教育部《关于加快建设高水平本科教育全面提高人才培养能力的意见》（教高〔2018〕2 号）（简称新高教 40 条）对“加强大学质量文化建设”给出了明确路径。

（1）完善质量评价保障体系。进一步转变政府职能，推进管办评分离，构建以高等学校内部质量保障为基础，教育行政部门为引导，学术组织、行业部门和社会机构共同参与的高等教育质量保障体系。把人才培养水平和质量作为评价大学的首要指标，突出学生中心、产出导向、持续改进，激发高等学校追求卓越，将建设质量文化内化为全校师生的共同价值追求和自觉行为，形成以提高人才培养水平为核心的质量文化。

（2）强化高校质量保障主体意识。完善高校自我评估制度，健全内部质量保障体系。要按照《普通高等学校本科专业类教学质量国家标准》及有关行业标准，根据学校自身办学实际和发展目标，构建教育基本标准，确立人才培养要求，并对照要求建立本科教学自我评估制度。要将评估结果作为校务公开的重要内容向社会公开。

（3）强化质量督导评估。通过督导评估，引导高等学校合理定位、办出水平、办出特色，推进教学改革，提高人才培养质量。完善督导评估机制，形成动态监测、定期评估和专项督导的新型评估体系。建设好高等教育质量监测国家数据平台，利用互联网和大数据技术，形成覆盖高等教育全流程、全领域的质量监测网络体系。规范本科教学工作审核评估和合格评估，开展本科专业评估。推进高等学校本科专业认证工作，开展保合格、上水平、追卓越的三级专业认证。针对突出质量问题开展专项督导检查。强化评估认证结果的应用，建立评估认证结果公示和约谈、整改复查机制。

（4）发挥专家组织和社会机构在质量评价中的作用。充分发挥高等学校教学指导委员会、高等学校本科教学工作评估专家委员会等学术组织在标准制订、评估监测及学风建设方面的重要作用。充分发挥行业部门在人才培养、需求分析、标准制订和专业认证等方面的作用。通过政府购买服务方式，支持社会专业评估机构开展高等教育质量评估。

新高教40条还提出改革评价体系：深化高校教师考核评价制度改革，坚持分类指导与分层次评价相结合，根据不同类型高校、不同岗位教师的职责特点，教师分类管理和分类评价办法，分类分层次分学科设置评价内容和评价方式。加强对教师育人能力和实践能力的评价与考核。加强教育教学业绩考核，在教师专业技术职务晋升中施行本科教学工作考评一票否决制。

2019年2月，中共中央、国务院印发《中国教育现代化2035》指出："构建教育质量评估监测机制，建立更加科学公正的考试评价制度，建立全过程、全方位人才培养质量反馈监控体系。"同时还颁发了《加快推进教育现代化实施方案（2018—2022年）》，提出了推进教育现代化的十项重点任务，其中第四项是推进高等教育内涵发展。具体内容包括：加快"双一流"建设，推动高等学校全面落实建设方案，研究建立中国特色"双一流"建设的综合评价体系。建设一流本科教育，深入实施"六卓越一拔尖"计划2.0，实施一流专业建设"双万计划"，实施创新创业教育改革燎原计划、高等学校毕业生就业创业促进计划。推进高等教育内涵发展，完善高等教育质量标准和监测评价体系。《加快推进教育现代化实施方案（2018—2022年）》还明确了推进教育现代化四个方面的保障措施，特别强调："加强教育督导评估，有效发挥教育督导'督导评估、检查验收、质量监测'职能，保障教育事业优先优质发展。"

2019年10月，《教育部关于深化本科教育教学改革全面提高人才培养质量的意见》（简称新高教22条）出台深化本科教育教学改革22条举措，第15条对全面推进质量文化建设又提出了新举措："完善专业认证制度，有序开展保合格、上水平、追卓越的本科专业三级认证工作。完善高校内部教学质量评价体系，建立以本科教学质量报告、学院本科教学评价、专业评价、课程评价、教师评价、学生评价为主体的全链条多维度高校教学质量评价与保障体系。持续推进本科教学工作审核评估和合格评估。要把评估、认证等结果作为教育行政部门和高校政策制定、资源配置、改进教学管理等方面的重要决策参考。高校要构建自觉、自省、自律、自查、自纠的大学质量文化，把其作为推动大学不断前行、不断超越的内生动力，将质量意识、质量标准、质量评价、质量管理等落实到教育教学各环节，内化为师生的共同价值追求和自觉行动。全面落实学生中心、产出导向、持续改进的先进理念，加快形成以学校为主体，教育部门为主导，行业部门、学术组织和社会机构共同参与的中国特色、世界水平的质量保障制度体系。”第19条再次重申要健全教师考核评价制度：“加强师德师风建设，将师德考核贯穿于教育教学全过程。突出教育教学业绩在绩效分配、职务职称评聘、岗位晋级考核中的比重，明确各类教师承担本科生课程的教学课时要求。切实落实教授全员为本科生上课的要求，让教授到教学一线为本科生讲授基础课和专业基础课，把教授为本科生的授课学时纳入学校教学评估指标体系。教师日常指导学生学习、创新创业、社会实践、各类竞赛展演以及开展‘传帮带’等工作，计入教育教学工作量，纳入年度考核内容。”

2020年2月，中共中央办公厅、国务院办公厅印发了《关于深化新时代教育督导体制机制改革的意见》，提出：“到2022年，基本建成全面覆盖、运转高效、结果权威、问责有力的中国特色社会主义教育督导体制机制。在督政方面，构建对地方各级政府的分级教育督导机制，督促省、市、县三级政府履行教育职责。在督学方面，建立国家统筹制定标准、地方为主组织实施，对学校进行督导的工作机制，指导学校不断提高教育质量。在评估监测方面，建立教育督导部门统一归口管理、多方参与的教育评估监测机制，为改善教育管理、优化教育决策、指导教育工作提供科学依据。加强和改进教育评估监测。建立健全各级各类教育监测制度，引导督促学校遵循教育规律，聚焦教育教学质量。完善评估监测指标体系，加强对学校教师队伍建设、办学条件和教育教学质量的评估监测。继续实施高等教育评估，开展博士硕士学位论文抽检，严肃处理学位论文造假等学术不端行为。积极探索建立各级教育督导机构通过政府购买服务方式、委托第三方评估监测机构和社会组织开展教育评估监测的工作机制。”

2021年1月，教育部《普通高等学校本科教育教学审核评估实施方案（2021—2025年）》发布，在《普通高等学校本科教育教学审核评估指标体系》中对不同类别的高校质量保障进行了专门强调。

2021 年 10 月，中共中央、国务院印发《深化新时代教育评价改革总体方案》进一步指出："坚持立德树人，牢记为党育人、为国育才使命，充分发挥教育评价的指挥棒作用，引导确立科学的育人目标，确保教育正确发展方向。坚持科学有效，改进结果评价，强化过程评价，探索增值评价，健全综合评价，充分利用信息技术，提高教育评价的科学性、专业性、客观性。"《深化新时代教育评价改革总体方案》列出的重点任务之一就是改进高等学校评价："推进高校分类评价，引导不同类型高校科学定位，办出特色和水平。改进本科教育教学评估，突出思想政治教育、教授为本科生上课、生师比、生均课程门数、优势特色专业、学位论文（毕业设计）指导、学生管理与服务、学生参加社会实践、毕业生发展、用人单位满意度等。改进师范院校评价，把办好师范教育作为第一职责，将培养合格教师作为主要考核指标。"《深化新时代教育评价改革总体方案》还特别指出了改革教师评价，推进践行教书育人使命；改革学生评价，促进德智体美劳全面发展。

五年来，国家有关高等教育的重要文件政策紧锣密鼓地出台，处处都离不开"质量保障和评价"，可见本科教育教学质量保障和评价是提升质量不可或缺的关键词。各高校亟需认真思考如何顺应时代大潮，更新理念，完善并优化教学质量保障评价体系。

二、师范专业认证为教师教育振兴提供支撑，凸显质量保障和评价的重要性

百年大计，教育为本；教育大计，教师为本。教育是国之大计、党之大计，教师是立教之本、兴教之源。兴国必先强师。教师教育是培养教师的关键环节，是教育事业的工作母机，是教师队伍建设的源头活水，是先导性、关键性、基础性工作。党的十九大不仅吹响了提高质量的时代号角，也描绘了全面深化新时代教师队伍建设改革的蓝图。

2018 年 1 月，《中共中央国务院关于全面深化新时代教师队伍建设改革的意见》（以下简称《意见》）印发，具有里程碑意义和战略意义，为我国全面加强教师队伍建设提供了千载难逢的历史机遇，为全面深化教师队伍建设改革打造了坚实的平台。《意见》将"大力振兴教师教育，不断提升教师专业素

质能力”提上日程，明确要求加大对师范院校支持力度。实施教师教育振兴行动计划，建立以师范院校为主体、高水平非师范院校参与的中国特色师范教育体系，推进地方政府、高等学校、中小学“三位一体”协同育人。“师范院校评估要体现师范教育特色，确保师范院校坚持以师范教育为主业，严控师范院校更名为非师范院校。开展师范类专业认证，确保教师培养质量。”“深入推进高等学校教师考核评价制度改革，突出教育教学业绩和师德考核，将教授为本科生上课作为基本制度。”这是建党以来首次以中央名义印发的加强教师队伍建设的文件，充分凸显出以习近平同志为核心的党中央对教师队伍建设的高度重视和对广大教师的厚爱。将教师队伍建设摆在突出位置，师范院校迎来了前所未有的发展机遇，进入了提质发展的关键期。

2018 年 3 月，教育部等五部门印发的《教师教育振兴行动计划（2018—2022 年)》提出的目标任务是：“经过 5 年左右努力，办好一批高水平、有特色的教师教育院校和师范类专业，教师培养培训体系基本健全，为我国教师教育的长期可持续发展奠定坚实基础。师德教育显著加强，教师培养培训的内容方式不断优化，教师综合素质、专业化水平和创新能力显著提升，为发展更高质量更加公平的教育提供强有力的师资保障和人才支撑。”具体举措包括：“开展教师教育质量保障体系构建行动。建设全国教师教育基本状态数据库，建立教师培养培训质量监测机制，发布《中国教师教育质量年度报告》。出台《普通高等学校师范类专业认证标准》，启动开展师范类专业认证，将认证结果作为师范类专业准入、质量评价和教师资格认定的重要依据，并向社会公布。建立高校教师教育质量自我评估制度。建立健全教育专业学位认证评估制度和动态调整机制，推动完善教育硕士培养方案，聚焦中小学教师培养，逐步实现教育硕士培养与教师资格认定相衔接。建立健全教师培训质量评估制度。高校教学、学科评估要考虑教师教育院校的实际，将教师培养培训工作纳入评估体系，体现激励导向。”

为贯彻落实党的十九大精神，培养高素质教师队伍，按照实施教师教育振兴行动计划要求，推进教师教育质量保障体系建设，提高师范类专业人才培养质量，教育部决定开展普通高等学校师范类专业认证工作，出台了《普通高等学校师范类专业认证实施办法（暂行）》（以下简称《办法》）。作为我国教师教育质量保障体系建设的重要政策，《办法》提出分级分类开展师范类专业认证，以评促建，以评促改，以评促强，全面保障和提升师范类专业人才培养质量，将为培养造就党和人民满意的高素质专业化教师队伍提供有力支撑。《办法》要求高师院校要加强内部监控，确保对教学主要环节进行全过程监测评价，做到持续改进，使师范生质量不断提升。在五类教育专业认证标准中，均将“质量保障”作为考查的一级指标。以《中学教育专业认证标准（第二级）》为例，“质量保障”被列为第七个一级指标，从“保障体系、内部监控、外部评价、持续改进”四个方面进行考察。

（1）保障体系：建立教学质量保障体系，各主要教学环节有明确的质量要求。质量保障目标清晰，任务明确，机构健全，责任到人，能够有效支持毕业要求达成。

（2）内部监控：建立教学过程质量常态化监控机制，定期对各主要教学环节质量实施监控与评价，保障毕业要求达成。

（3）外部评价：建立毕业生跟踪反馈机制以及基础教育机构、教育行政部门等利益相关方参与的社会评价机制，对培养目标的达成度进行定期评价。

（4）持续改进：定期对校内外的评价结果进行综合分析，能够有效使用分析结果，推动师范生培养质量持续改进和提高。

2021 年，在全国教育大会上，时任教育部部长的陈宝生再次提到“大力振兴教师教育。教师教育是教育事业的工作母机，是教师队伍建设的源头活水。要实施新时代强师计划，加大对师范院校支持力度，以评价改革引导师范院校聚焦师范主业。实施三级五类师范类专业认证，守好师范教育质量生命线”。

由此可见，随着国家教师教育振兴行动计划的实施，师范专业认证的试点不断推进，教师教育质量保障评价制度的改革势在必行。地方高师院校质量管理部门必须梳理完善现有本科教育教学工作考核约束与激励政策，制定持续改进的教学质量考核评估办法，强化质量改进主体意识，将践行师德、学科专业和课程建设、教师和学生发展、教学条件、服务管理等全部与质量有关的资源和要素都纳入质量保障体系，形成“管理—监控—反馈—持续改进”闭环；按照《普通高等学校本科专业类教学质量国家标准》、师范专业认证标准和学校办学定位和培养目标及各师范类专业人才培养基本要求，建立以持续改进为核心的内部教学质量自我监测评估制度，构建完善的本科教学质量保障体系。

三、专业认证驱动下高师院校质量保障研究的意义

师范专业认证的实施将有助于摸清我国师范教育的状况，为师范教育质量提升提供依据，强化师范院校的使命意识，提高教师培养质量；而教学质量保障评价是保障和提高教学质量、培养高素质人才的重要手段。结合师范专业认证的要求，构建和优化高师院校内部教学质量监测评价体系，是实现教育现代化的必然要求，意义重大。

1. 新时代确立的“五位一体”高校本科教学评估制度的必然要求。“五位一体”是以高校自我评估为基础，以教学基本状态数据常态监测、院校评估、专业认证及评估、国家评估为主要内容，政府、学校、专业机构和社会多元评价相结合的教学评估制度。一是强调高校自我评估，强化高校的主体地位和质量意识。要求高校建立有效的校内教学质量监测和调控机制，建立本科教学自我评估制度，在此基础上形成本科教学年度质量报告，并使质量报告发布制度化、常态化。二是建立教学基本状态数据库，实行高校教学质量的常态监测。通过建立高校、国家基础状态数据库，形成常态监控机制，并在一定范围内公布一些核心数据，加强对状态数据的分析，充分发挥状态数据库在学校自查、政府监控、社会监督中的重要作用。三是分类开展院校评估，引导高校合理定位，促进内涵发展和特色发展。院校评估分合格评估和审核评估两类，接受合格评估“通过”的学校，5 年后进入审核评估。院校评估是政府委托评估机构组织的，带有必须性质的评估。四是开展专业认证及评估，增强人才培养与社会需求的适应性。一方面鼓励专门机构和行业用人部门对高校的专业进行评估，促进人才培养与职业准入资格制度相衔接；另一方面积极推进与国际标准实质等效的专业认证，提高我国高校的专业办

学水平和国际竞争力。五是鼓励开展国际评估，提高我国高等教育的国际化水平。

按照“五位一体”的高校本科教学评估制度要求，地方师范院校必须接受审核评估和师范专业认证，这是教育部对学校和专业办学质量的大考。要想在大考中交出令人满意的答卷，地方师范院校要坚持久久为功，建立有效的校内教学质量监测和调控机制，建立本科教学自我评估制度，切实保障人才培养质量。

2. 地方高师院校适应新时代国家教育现代化进程，提高教育质量的需要。在当前高等教育发展新形势下，质量的高低决定高校的兴衰。学校内部和外部的质量评价与保障体系是左右高校发展的内在和外在动力。新一轮本科教育教学审核评估、师范专业认证是通过外部评价的方式来考察检验地方高师院校的办学质量和教师培养成效，而学校自我质量监测评价则是通过内部自我评价来实现持续改进、质量提升。无论是外部评价还是内部评价，质量保障评价和基于评价基础上的持续改进均是需要重点关注的两个基本问题，二者均是地方高师院校适应新时代国家教育现代化进程，促进自身内涵发展，持续发展、提升本科教育质量之必需。

3. 寻找教育质量提升的突破口，促进地方高师院校凝炼并凸显办学特色的需要。教师教育振兴与师范院校的使命是教育发展中的重要内容和现实课题，培养大国良师是师范院校的根本使命。振兴教师教育当务之急要推进师范生培养机制改革，深入实施卓越教师培养计划2.0，办好高水平、有特色的教师教育院校和师范专业；全面推进师范生公费教育制度；推动高水平大学、综合性大学开展教师教育，并坚持“学生中心、产出导向、持续改进”的师范专业认证，为最优秀的人做教师提供保障。

多年来，地方高师院校专业结构发生了系列变化，产生了师范类专业比重越来越低、基础教育与高等教育脱节、基础教育优质师资资源严重短缺、师范生培养质量不高、缺乏办学特色等危机。在此形势下，师范教育的专业化建设和质量监测评价均亟须加强。如何从实际情况出发，体现办学特色，就必须更加重视对教学质量的研究。因此，从自身实际出发，对学校教学质量进行全面、科学的评价，自然也就成为提升教学质量的先决条件。以师范专业认证为突破口，构建和实施科学合理的高师院校内部质量监测评价体系，是促进地方高师院校实现特色发展的重要途径。

综上所述，我国高等教育已进入内涵式发展的新时代，在“双一流”建设动态调整、专业认证、新一轮本科教学审核评估的背景下，“质量为本、动态调整、优胜劣汰”的发展导向日益明显。如何顺应时代大潮，更新理念，改革优化内部教学质量保障评价体系是各高校亟需认真思考并解决的问题，也是提高治理能力的重要任务。尤其是师范专业认证驱动下地方高师院校教学质量保障体系建设面临新的多元要求，职能部门要把提高质量作为教育改革发展的核心任务，进一步发挥本科教学审核评估和师范专业认证的推动促进作用，按照《普通高等学校本科专业类教学质量国家标准》、《普通高等学校师范专业认证标准》、学校办学定位和培养目标以及各师范类专业人才培养基本要求，确定新的改革思路、新的建设重点、新的保障措施，建立以持续改进为核心的内部教学质量监测评估机制，推动各专业建设以产出导向为主线和以评价机制为底线的质量保障体系。

第二节　地方高师院校本科教学质量保障存在的主要问题

党中央、国务院、教育部就如何提升教育质量、振兴教师教育、加强质量保障评价出台了系列纲领性文献，地方高师院校要做的就是一以贯之。我们要围绕师范类专业认证和新一轮普通高等学校本科教育教学审核评估工作，以习近平新时代中国特色社会主义思想为指导，全面贯彻落实党的教育方针，聚焦本科教育教学质量，落实立德树人根本任务，建立健全本科教育教学质量保障体系，积极构建自觉、自省、自律、自查、自纠的大学质量文化，加强内部质量保障体系建设及运行管理，采取有效机制保障教学，促使学校内部教学质量保障体系不断完善，专业结构有效优化，“双一流”建设深入推进，人才培养质量持续提高，培养德智体美劳全面发展的社会主义建设者和接班人。

对照《普通高等学校本科教育教学审核评估实施方案（2021—2025 年）》以及《中学教育专业认证标准（第二级）》中关于“质量保障”的要求可以发现，目前地方高师院校内部教学质量评价与保障体系建设主要存在以下问题：

1. 理念不清，认识模糊，自觉、自省、自律、自查、自纠的质量文化意识尚未形成。新时代高等教育要走以提高质量为核心的内涵式发展道路。大学质量文化是一个新的概念，包含了新的质量理念、质量标准、质量评价办法。不管是新一轮审核评估还是师范专业认证，都是秉承共同的新的质量理念，即“学生中心，产出导向，持续改进”。

（1）学生中心。强调从以“教”为中心的新模式转变，要求遵循师范生成才成长规律，以师范生学习效果和个人发展为中心配置教育资源和安排教学活动，并将师范生和用人单位满意度作为师范类专业人才培养质量评价的重要依据。

（2）产出导向。聚焦师范生受教育后“学到了什么”和“能做什么”，强调明确学习产出标准，对接社会需求，以师范生学习效果为导向，对照毕业生核心能力素质要求，反向设计课程体系与教学环节，配置师资队伍和资源条件，评价师范类专业人才培养质量。

（3）持续改进。强调聚焦师范生核心能力素质要求，对师范类专业教学进行全方位、全过程跟踪与评价，并将评价结果用于教学改进，形成“评价—反馈—改进”闭环，建立持续改进质量保障机制和追求卓越质量文化，推动师范类专业人才培养能力和质量不断提升。

认证的核心是保证师范生毕业时的知识能力素质达到标准要求，目的是推动师范类专业注重内涵建设，聚焦师范生能力培养。改革培养体制机制，建立基于产出的持续改进质量保障机制和质量文化，不断提高专业人才培养能力和培养质量。

湖南省从 2019 年开始师范专业认证试点工作，2020 年正式启动认证。两年来，因受突发疫情影响而进展缓慢。截至 2021 年年底，仅有湖南师范大学和湖南第一师范学院两个高校的 13 个专业接受了认证，其他高校基本处于观望状态，新的质量评价理念基本是“上热下冷”，全校师生参与认证的积极性不高，教育教学和管理工作还不能按照师范专业认证的理念来思考问题和解决问题，传统的以教师为中心、以课堂为中心、以教材为中心的观念依然根深蒂固，大多数教师没有树立自觉、自省、自律、自查、自纠的质量文化意识。

2. 教学质量保障评价机制不完善。在上一轮本科教育教学水平评估和审核评估中，地方高师院校大多加强了教学质量保障体系的建设，开展了教学质量自我评估，但还存在不完善的地方。一是高校内部的自我评估没有实现制度化和常态化。很多高校是为了迎接教育部评估而临时突击开展自我评估，带有很强的随意性和强制性，上面的评估一旦结束便万事大吉，放任自流，一切又回复原状，给师生造成的感觉是疲于应付，不堪重负。二是教学质量评价内容不完善。学校教学质量评价一般都是以教师课堂教学质量为重点，很少关注学生学到了什么、能做什么，对质量保障的重要环节如办学条件、师资队伍建设、教学资源、培养过程与学生的发展都缺乏全面系统的评价机制，专业认证的很多指标无法评价，尤其是以毕业要求为核心的“主线”和面向产出的评价“底线”基本没有建立，质量保障作用大打折扣。三是协同联动机制没有建立，教学质量没有实现全过程全要素全方位保障。质量保障是一个系统工程，需要高校所有教职工共同参与，所有部门和教学院协同联动。在现实中，多数高校的质量保障仅由教学质量监控与评估中心负责，单兵作战，由于多方各司其职各司其政，导致发现的很多问题得不到有效解决，质量保障也就成了一句空话。四是学院专业层面的质量保障机制形同虚设。在师范专业认证自评自建工作中发现，各学院质量保障与评价制度基本上是挂在墙上、写在纸上，基本没有开展实质性工作，有的甚至连基本的制度都没有建立。而且，新时代专业认证对于教学院各专业的质量保障要求已经发生了改变，重点是依据毕业要求，建立教学过程质量常态化监控机制，健全专业毕业要求达成情况的评价机制，制定保证评价结果用于专业持续改进的制度，定期对校内外的评价结果进行综合分析，能够有效使用分析结果，基于培养目标、毕业要求、课程目标达成情况和课程体系合理性评价结果而开展持续改进，推动师范生培养质量持续改进和提高。从现有的实际情况来看，大多数专业均未能达到要求。

3．质量保障评价的组织体系不健全。一方面，按照本科教育教学评估的要求，高校应该遵循管办评分离的原则，设置独立的教学质量保障评价机构。但从湖南省现有地方高校的实际情况来看，一半以上高校的教学质量保障评价机构依然附属于教务处。由于缺乏独立性，在工作开展过程中既是裁判员又是运动员，导致教学质量监测与评估工作不能正常、有效、客观、公正地开展，无法实现管办评分离。另一方面，即使成立了独立的质量保障与评价机构，却往往定位不清、职责不明、人员配置不全，处境尴尬。以笔者所在的高校为例，该机构主要承担教学质量监测、监控、审核评估、专业认证等工作，还负责教育科学研究，而所有的教学专项检查和质量跟踪评价则归口于教务处，职责不明的现象不同程度地存在。除此之外，地方高校质量保障与评价部门人员配置多为3～4人，在专业、学历、职称方面大多没有特殊要求，多数没有教学质量相关研究背景，就教学质量评价与保障而言，理论知识和实操经验都亟待提升。

4．没有建立基于产出的教学质量评价机制。师范专业认证遵循产出导向，以毕业要求达成为质量保障目标，规范教学质量保障体系建设。学校和各专业要依据毕业要求，建立教学过程质量常态化监控机制，聚焦评价学生学习成效，定期开展专业教学质量评价，建立基于产出的质量评价机制，做好课程目标达成、毕业要求达成、培养目标达成评价。在湖南省内多数地方高校中，这方面的工作还没有深入开展，本科教学质量评价与专业质量标准、师范专业认证和行业标准脱节，不能适应新时代要求，缺乏针对性，真正能够有效地改进教学质量的评价手段比较匮乏，教职工的认同感不强，有的还存在抵触情绪。

5．未完全形成持续改进的自我评价运行机制。这主要体现在缺乏有效的持续改进机制，内部质量保障体系尚未形成闭环，尤其是学院和专业层面的监控和改进往往停留于文字。高校教学质量监测、监控以及评估中查摆的问题主要由教学质量监控与评估中心汇总反馈，一般是每周或每月以督查通报的形式发布，存在一定的滞后性。加上缺乏有效的协同联动机制，大多数情况是反馈过后就没了下文，后续整改不了了之，最后一公里走不完，无法形成闭环。以常见的课堂教学质量反馈为例，教学督导当堂听课后，指出了授课教师存在的不足，也提出了改进建议，听课评价表也反馈给了相关学院和任课教师。但是，问题到底改了没有？怎么改的？课堂教学质量到底提高了没有？学生满意了吗？学校学院层面很少跟踪，持续改进又成了一句空话。此外，专业认证的主体是各专业，教学质量监控和持续改进的重点是培养目标、毕业要求、课程体系和目标的合理性评价以及达成度评价，将评价结果用于人才培养方案的修订、课程教学改革等。在这方面，大多数未接受认证的学院和专业均采取观望态度，没有真正开展相关工作。

第三节　专业认证驱动下的地方高师院校本科教学质量保障与评价研究

在师范专业认证的背景下，如何立足高师院校自身特点，进行科学、系统的教学质量保障与评价成为解决教学质量问题的关键。无论是从国内国际发展形势、高等教育改革趋势，还是自身特点来看，构建并优化高师院校内部教学质量监测评价体系，促进教学质量的提高势在必行，开展这方面的研究也十分必要。

一、研究价值

1. 理论价值：（1）本研究将初步构建适应专业认证要求的高校内部教学质量自我评价及优化理论框架。研究重点针对师范专业认证指标体系，立足于样本学校，分析师范院校内部教学质量评价体系的不足，制定有助于提高教学质量的高校内部监测评价体系。（2）本研究能弥补目前教学质量保障评价体系研究的不足，丰富相关研究成果。国内外对于教学质量的评价主要侧重于两个层面：一是从国家、社会或者专门机构的角度对教学质量进行宏观层面的评价；二是从教师课堂教学质量评价微观层面进行评价。而能结合专业认证，对学校内部整体教学质量的评价指标体系的中观研究却很少，弱化了学校内部的教学质量的评价。因此本课题的研究能弥补以往的不足。

2. 实践价值：（1）为同类院校优化教学质量保障评价提供经验和借鉴。（2）建立持续改进为核心的效用评价指标体系，开展内部教学质量监测评估，加强质量文化建设，切实提高师范院校教学质量。

二、研究界定

教学质量保障与监控是以教学质量为对象，依据人才培养目标和各教学环节质量标准对教学建设、教学过程、教学效果的保障与监控。高校教学质量保障体系是学校为实现培养目标，运用系统理论的概念和方法，把质量管理的各个阶段、各个环节的职能组织起来，对人才培养活动实行体制化、结构化、持续化的监控，对教学过程进行评价和诊断，形成的一个任务、职责、权限明确又互相协调、互相促进的能够保障和提高教学质量的、稳定的、有效的质量管理系统。具体落实到高校管理的实施过程中，主要包括教学目标体系、高校的课程体系、高校师资体系、评价体系等。建立完善的高校教学质量保障体系，就要保障这些子系统的有效和谐发展。

教学质量监测是指通过学校对教学运行状况进行有效的评价、监督和诊断，形成学校各项教学工作的反馈调节系统，进而保证学校各项教育教学工作的质量的监测。高校主要通过对专业教育活动的数据监测来判定专业教育目标能否实现。

教学质量评价是根据一定的教学目标，利用教育评价的理论和技术，在广泛、系统地收集、整理、分析有关教学信息的基础上，运用科学的评价手段对教学过程及其结果是否达到一定质量要求所作出的价值判断。包括任课教师个人教学质量评价、学校自身教学工作质量评价和第三方机构对学校总体教学质量的评价三层次。课题组主要针对高师院校整体教学质量的评价进行研究。

师范专业认证是为保证基础教育从业人员达到相应的质量要求，由相关教育认证组织和专家学者对高校师范类专业的教育质量进行考察、评估和审定的过程。

综上所述，本研究界定为：顺应建构“五位一体”教学质量监测评估动态机制的时代大趋势，紧密结合本科教育教学审核评估和师范专业认证指标要求，加强教学质量保障体系建设，开展内部教学评价机制改革，针对高师院校整体教学质量评估进行研究，建立师范院校有效可行的校内教学质量保障评价体系和机制，实行教学质量的常态监测和持续改进的自我评估，切实提高人才培养质量。

三、研究目标

以新时代本科教育工作会议精神为指南，结合审核评估和师范专业认证要求，构建持续改进的高师院校内部教学质量监测评价体系，形成高师院校的质量文化，切实提高人才培养质量。

四、研究内容

主要从师范专业认证三级监测体系的核心要素——“课程、教学、实践”出发，结合新时代“五位一体”教学质量评估的要求，全面梳理高师院校内部质量监测评价体系的不足，研究建立全覆盖、全方位、全过程的科学、合理的教学质量监测评价机制，保障教学质量，促进教学质量持续提升。主要包括：

（1）教师教学（含课堂教学和实践教学）质量评价及改革：建立教学过程质量常态化监控机制，实行教师课堂教学质量评价和教育实践评价与改进制度，建立教师分类评价制度，合理制定学科课程与教学理论等教师教育实践类课程教师评价标准，对教育实践表现进行有效评价。

（2）专业课程评估：定期评价课程体系的合理性和课程目标的达成度。

（3）实践教学环节评价：实习（实训）、毕业论文的评价。

（4）发挥教学状态数据的监控作用，构建地方高校教学质量监测保障新体系：对教学条件（师资队伍、经费、设施、资源等）定期监测，强化质量保障。

五、研究方法

政策文本分析法、问卷调查法、案例分析法、数据分析法、访谈法、文献研究法。

六、技术路线

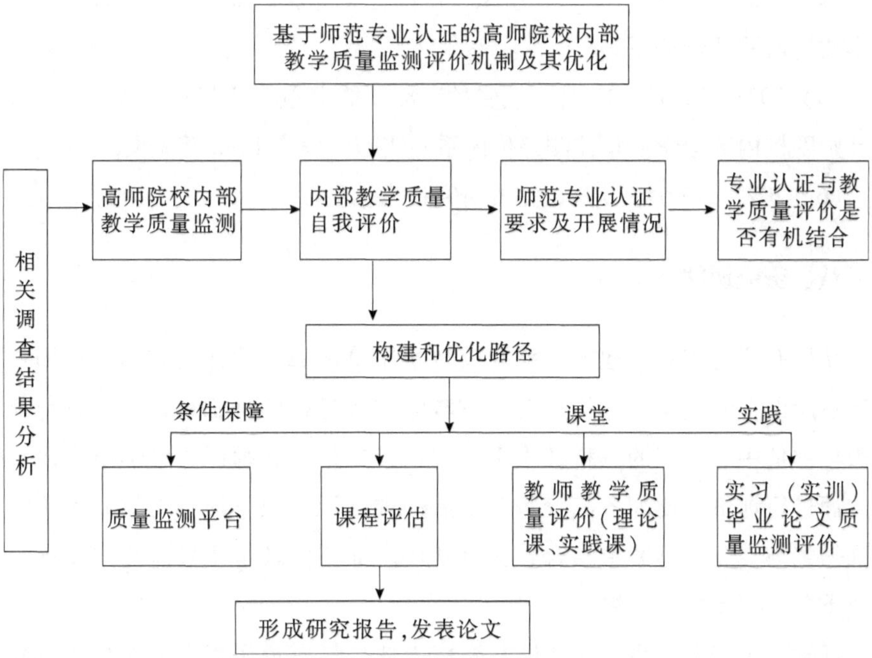

图 1　项目研究流程图

七、实施步骤

（1）2019 年 3 月—6 月，文献研究，学习思考。认真学习领会新时代教育工作文件精神，查阅师范专业认证和高校内部教学质量检测评价的研究文献，了解已有研究成果，思考拟定研究方案，明确任务分工。

（2）2019 年 5 月—8 月，实地调研，分析总结。以主持人所在高校为主，同时实地调研省内 2—3 所高师院校，通过座谈访谈、调查问卷等方式，了解目前高师院校内部教学质量监测评价指标体系及实施现状，结合师范专业认证要求，分析高师院校内部教学质量监测评价机制的不足，查找原因，并提出解决策略。

（3）2019 年 9 月—12 月，制定校内本科教学质量评估办法，专业评估办法，健全学校内部教学质量监测评价体系。

（4）2020 年 2 月—12 月，组织开展师范类专业认证，试行高师院校内部教学质量监测评价体系。

（5）2021 年 2 月—12 月，接受教育部评估中心的师范专业认证，完善优化高师院校内部教学质量监测评价体系并实施，发表 1—2 篇论文。

（6）2022 年 2 月—6 月，完成研究报告。

八、研究现状

从已有研究来看，地方师范院校教学质量保障评价体现在两个层面：一是宏观层面，通过第三方机构对高校教学质量进行的外部评价，如教育部教育教学评估中心组织的本科教学审核评估；二是从教师课堂教学质量评价微观层面进行评价，比如各高校每年开展的教师课堂教学质量考核。而从中观层面做到与专业认证紧密结合，探讨学校内部整体教学质量监测与评价的研究还不多，需要引起重视。

搜索中国知网，将专业认证和高校内部教学质量保障和评估结合研究的成果集中在以下四个方面：

（1）基于专业认证的高校质量保障体系的构建研究。研究认为，我国高校内部形成了以学生为中心的质量保障理念，建立了保障本科教学质量的制度体系，开展了形式多样的教学质量保障活动。未来，我国高校应在建构多元质量标准、实施全面质量管理、建立教学支持机构、生成内部质量保障文化等方面积极探索。

师范类专业认证作为教师教育专业综合评价的基本方式，对完善师范院校内部质量保障体系具有重要意义。应以师范类专业认证为引领，坚持师范特色、多方参与产出导向和持续改进，着力引导师范院校建立健全自我管理、自我约束和自我评估的内部质量保障体系，以便从源头上保障教师教育质量。学者还探讨了以专业认证为抓手，构建高校质量保证体系的方法：根据教学质量国家标准，制定专业人才培养方案；科学合理设置课程，构建满足毕业要求的课程体系；优化课程教学内容，改革教学方法、手段及考核方式 。

（2）师范专业认证背景下如何提高教师培养质量。学者认为，厘清专业定位，深入开展课程建设，多层面开展教育合作与实践，建立和完善人才管理和激励机制是提高教师培养质量的有效路径。

（3）结合专业认证探讨高校师范专业建设。有学者提出，以专业认证为目标指向，高校师范专业应形成专业建设的系统观和特色观，回归教师教育人才培养的本源，不断落实和优化专业教学管理，并在培养过程中积极关注师范性与专业性的有机融合。

（4）高校课堂教学质量监测与评价体系研究。学者针对当前高校课堂教学质量评价现状进行分析并提出适当改进策略。

已有研究成果反映出新形势下将师范专业认证与高师院校内部教学质量保障监测与评价紧密结合已得到关注，但还存在以下不足：

（1）本科教学质量校内评价未得到充分重视，未完全形成持续改进的自我评价运行机制。

（2）本科教学质量评价与专业质量标准、师范专业认证和行业标准脱节，不能适应新时代要求，缺乏针对性，真正能够有效地改进教与学质量的评价手段比较匮乏。

（3）高师院校师范专业认证与校内监测评价相结合的研究亟待加强。校内教学质量监控与评价是常规性工作，大多固守传统做法，与师范专业认证和行业标准相结合的少之又少。

在师范专业认证的背景下，衡阳师范学院作为地方师范院校的代表之一，顺应建构“五位一体”教学质量监测评估动态机制的时代大趋势，紧密结合师范专业认证和新一轮本科教学审核评估的要求，建立起有效可行的校内教学质量监测和评价体系和机制，实行教学质量的常态监测和持续改进的自我评估，努力构建自觉、自省、自律、自查、自纠的大学质量文化，切实提高人才培养质量，取得了明显成效，在一定程度上弥补了以往研究成果的不足。

九、创新之处

（1）理念新，遵循 OBE 质保理念，从微观层面探讨学校自我监测评估机制，视角独特。根据衡阳师范学院建设教师教育特色鲜明的地方高水平应用型大学的办学目标，顺应本科教学审核评估、专业认证的新要求，遵循“学生中心、产出导向、持续改进”的质保理念，探讨应用型高校内部教学质量保障问题，凸显高师院校专业特色，弥补以往多注重宏观层面的研究之不足。

（2）实施路径新，服务地方社会经济和应用型人才培养，构建“144”型地方高师院校人才培养质量保障评价机制。该机制主要通过建立质量标准（即各主要教学环节质量标准）、完善四个机制（即教学过程质量常态化监控机制、毕业生跟踪反馈机制、社会评价机制、形成性评价机制）、开展四个评价（培养目标评价、毕业要求评价、课程评价、管理评价）得以构建，是新形势下教学质量保障体系建设的崭新尝试。

（3）方法新，内容新，实践指导性强。本研究通过建立本科教学基本状态数据库、超星学习通、雨课堂等平台，实现信息化管理和督查；三层级的督查，形成学校、教学院、专业三级联动的教学质量监控和保障组织架构，确保教学管理和运行有序；通过八大系统保证全校协同、持续改进；开展五大自我评估切实加强内涵建设，有效保证人才培养质量。本研究为学校顺利通过外部评估（包括教育部审核评估、师范专业认证、就业评估、“双一流”申报等）提供保证，对地方应用型高校有良好的指导效应。

（4）手段新。应对新冠肺炎疫情突发、频发情况，探索形成“三级网格式”线上教学质量管理、监控评价新模式。本研究积极探索如何应对新冠疫情引发的系列教学管理和质量监控问题，探索弹性教学模式，利用信息化手段实施监控和评价，形成“三级网格式”线上教学管理、监测评价模式；理顺校院专业三层级教学督导的职责和重点，构建“四位一体”（督导评价、同行评价、学生评价、行政评价）的教师课堂教学评价体系和“评价—反馈—落实—检查”教学持续改进机制，保证教学质量。

参考文献

［1］人民日报整版阐述“建设教育强国是中华民族伟大复兴的基础工程”［EB/OL］. http：//opinion. people. com. cn/n1/2018/0715/c1003 – 30147464 – 3. html.

［2］陈宝生在2018年全国教育工作会议上的讲话［EB/OL］. http：//www. moe. gov. cn/jyb_ xwfb/moe_ 176/201802/t20180206_ 326931. html.

［3］教育部关于加快建设高水平本科教育全面提高人才培养能力的意见［EB/OL］. http：//www. moe. gov. cn/srcsite/A08/s7056/201810/t20181017_ 351887. html.

［4］中共中央、国务院印发《中国教育现代化2035》［EB/OL］. http：//www. gov. cn/zhengce/2019 – 02/23/content_ 5367987. htm.

［5］教育部关于深化本科教育教学改革全面提高人才培养质量的意见［EB/OL］. http：//www. gov. cn/xinwen/2019 – 10/12/content_ 5438706. htm.

［6］中共中央办公厅 国务院办公厅印发《关于深化新时代教育督导体制机制改革的意见》［EB/OL］. http：//www. gov. cn/zhengce/2020 – 02/19/content_ 5480977. htm.

［7］中共中央 国务院关于全面深化新时代教师队伍建设改革的意见［EB/OL］. http：//www. gov. cn/zhengce/2018 – 01/31/content_ 5262659. htm.

［8］教育部等五部门关于印发《教师教育振兴行动计划（2018—2022年)》的通知［EB/OL］. http：//www. gov. cn/xinwen/2018 – 03/28/content_ 5278034. htm

［9］教育部关于印发《普通高等学校本科教育教学审核评估实施方案（2021—2025年）》的通知［EB/OL］. http：//www. gov. cn/zhengce/zhengceku/2021 – 02/07/content_ 5585584. htm.

［10］教育部关于印发《普通高等学校师范类专业认证实施办法（暂

行）》的通知［EB/OL］. http：//www. moe. gov. cn/srcsite/A10/s7011/201711/t20171106_ 318535. html.

［11］教育部长陈宝生在2021年全国教育工作会议上的讲话［EB/OL］. https：//www. thepaper. cn/newsDetail_ forward_ 11137875.

［12］郑秀英，崔艳娇，任新钢．高校内部教学质量评价与保障体系的探索与实践［J］．北京教育，2017（10）77—79.

［13］徐东波．我国高校内部本科教学质量保障体系研究［J］．黑龙江高教研究，2020，38（03）：33.

［14］王勇．专业认证背景下师范院校内部质量保障体系构建研究［J］．中国高等教育，2019（07）：39—40.

［15］刘冰，张科静，张璐．基于专业认证的高校质量保障体系的构建［J］．教育现代化，2019，6（45）：80—82.

［16］胡万山．师范类专业认证背景下教师教育改革的意义与路径［J］．黑龙江高教研究，2018，36（07）：25—28.

［17］张怡红，刘国艳．专业认证视阈下的高校师范专业建设［J］．高教探索，2018（08）：25—29.

［18］许典利，谢雪莲，朱家荣．高校课堂教学质量监测与评价体系研究［J］．钦州学院学报，2016，31（02）：37—41.

第二章　地方高师院校本科教学质量保障体系的构建与运行

第一节　地方高师院校本科教学质量保障体系的构建

一、中国高等教育质量保障的新理念

新时代中国高等教育质量保障新理念主要包含三方面的内容：

（1）以高校为主体，强调高校对教育质量最终负责。中国正在形成以高校为主体、以学生为根本、以常态监测为手段的高等教育质量保障新理念。要真正做到以高校为质量保障的主体，三个方面的要素不可或缺：一是落实高校的办学自主权，二是强调高校的自我评估和自我改进，三是推动高校办学质量信息公开。强调高校的自我评估和自我改进，关键是引导高校将评估的关注点集中到发现自身存在的影响教学质量的问题并加以改进，而不是为了迎接外部检查。自我评估与自我改进的三个重要任务是建设质量保障机制、提高质量保障能力和形成质量保障文化。经过十余年的努力，中国高校自我评估与改进的机制已经初步建立，当前的重点是如何提高这些机制的有效性，提升质量保障能力，但更深层次的挑战是建立起一种自我规制的文化，使追求质量卓越成为管理者、教师和学生共同信奉的价值观和内在追求，这必然是一个长期的过程。

（2）以学生为根本。以学生为根本的理念，在质量评价上主要体现在两

个方面。首先是强调对学生学习成果的评价，就是将学生的学习成果作为高校教育质量的重要证据之一。其次是重视学生对教学质量的评价。除了改进传统的学生评教形式以及开展本科教学质量报告中要求的满意度调查外，还需要对毕业生进行跟踪调查，了解利益相关方（用人单位、地方行政部门等）对毕业生的满意度。

（3）以常态监测为手段。高等教育的常态监测强调利用现代信息技术和数学方法，对高等教育系统和机构的客观状态和关键指标进行实时监测、系统分析和持续反馈，为高等教育科学决策提供依据。高等教育质量监测评估的最终目的在于，为高校持续改进教育教学质量提供及时的、有价值的反馈信息和专业建议。探索和实施监测评估，表明中国高等教育评估的理念，正在从过分倚重周期性评估向周期性评估与常态性评估相结合的方向转变。2011 年发布的《教育部关于普通高等学校本科教学评估工作的意见》，从政策上确立了新的“五位一体”的本科教学评估制度，包括自我评估、院校评估、专业认证与评估、状态数据常态监测、国际评估。它的关注点不再是一次性的单项评估工作，而是对本科教育评估制度的整体性顶层设计。

二、新时代建设和完善高校教学质量监测评价体系的现实意义

高校自身教学质量的评估监测是确保高等教育质量不可或缺的要素之一。党的十九大召开以来，以促进公平和提高质量为时代主题，中共中央、国务院、教育部接连出台了系列文件和政策，其中多次强调了新时代各高校要对照专业质量标准及有关行业标准，健全教学质量监测评价体系，切实保证人才培养质量。如国务院《加快推进教育现代化实施方案（2018—2022 年）》要求：“推进高等教育内涵发展，完善高等教育质量标准和监测评价体系。”新时代高教 40 条要求高校建立以本科教学质量报告、学院本科教学评价、专业评价、课程评价、教师评价、学生评价为主体的全链条多维度高校教学质量评价与保障体系。2020 年，党中央对新时代教育督导体制机制改革提出明确要求：“完善评估监测指标体系，加强对学校教育教学质量的评估监测。”这一精神在教育部《普通高等学校本科教育教学审核评估实施方案（2021—

2025 年)》中也进行了强调。

与此同时，教师培养和师范专业认证也日益引起重视。随着国家教师教育振兴行动计划的实施，师范专业认证的推进，教师教育质量监测评估制度的改革势在必行。《中学教育专业认证标准（第二级)》在质量保障方面也明确要求："高师院校要加强内部监控，确保对教学主要环节进行全过程监测评价，做到持续改进，使师范生质量不断提升。"

综上所述，我国高等教育已进入内涵式发展的新时代，在"双一流"建设动态调整、学科评估、专业评估、本科教学评估的背景下，"质量为本、动态调整、优胜劣汰"的发展导向日益明显，高校教学质量保障体系建设面临着新的多元要求，需要有新的改革思路、新的建设重点、新的保障措施，把提高质量作为教育改革发展的核心任务，加强质量保障体系建设，健全学校自我评估制度，推进教育内涵发展与质量提升，进一步发挥本科评估和专业评估、专业认证的促进作用，推动各专业建设以产出导向为主线和以评价机制为底线的质量保障体系。如何顺应时代大潮，更新理念，改革优化内部教学质量监测评价体系是各高校亟需认真思考并解决的问题，也是提高治理能力的重要任务，质量管理部门必须按照《普通高等学校本科专业类教学质量国家标准》、师范专业认证标准和学校办学定位和培养目标及各师范类专业人才培养基本要求，建立以持续改进为核心的内部教学质量监测评估机制。

三、师范类专业认证关于"质量保障"的新要求

师范类专业认证是专门性教育评估认证机构依照认证标准对师范类专业人才培养质量状况实施的一种外部评价过程，旨在证明当前和可预见的一段时间内，专业能否达到既定的人才培养质量标准。认证的核心是保证师范生毕业时的知识能力素质达到标准要求，目的是推动师范类专业注重内涵建设，聚焦师范生能力培养。改革培养体制机制，建立基于产出的持续改进质量保障机制和质量文化，不断提高专业人才培养能力和培养质量。

师范类专业认证标准由中学教育认证标准、小学教育认证标准、学前教育认证标准三类三级构成。其中，第一级认证标准是国家对师范类专业办学

的基本要求，第二级认证标准是国家对师范类专业教学质量的合格要求，第三级认证标准是国家对师范类专业教学质量的卓越要求。

目前衡阳师范学院主要参照中学教育认证标准接受第二级认证。

师范类专业认证的基本特征之一就是内部保障与外部评价相结合，一大重要特点就是要求专业建立持续改进的质量文化。认证标准指标内容贯穿了质量持续改进理念，强调聚焦师范生核心能力素质要求，对专业人才培养活动进行全方位、全过程的跟踪与评价，并将评价结果用于人才培养工作改进，形成“评价—反馈—改进”闭环，建立持续改进的质量保障机制和追求卓越质量文化，推动师范类专业人才培养质量不断提升。

《中学教育专业认证标准（第二级）》第七部分设置了独立的“质量保障”作为一级指标，从保障体系、内部监控、外部评价、持续改进四个方面“评价培养目标是否达成以及持续改进”提出要求；其中“外部评价”特别强调专业建立毕业生跟踪反馈机制以及基础教育机构、教育行政部门等利益相关方参与的社会评价机制。另外，在“培养目标”“课程与教学”“合作与实践”“学生发展”等一级指标里又设置了“评价”二级指标，要求专业建有各种机制、制度和措施，最终都要落实到执行、跟踪、评价与改进。概括起来，根据师范类专业认证要求，高校必须建立的保障评价机制、定期开展的质量评价包括一个质量标准、四个机制、四个评价。

1. 一个质量标准。各主要教学环节有明确的质量标准。质量保障目标清晰，任务明确，机构健全，责任到人，能够有效支持毕业要求达成。

2. 四个机制。（1）建立教学过程质量常态化监控机制，定期对各主要教学环节质量实施监控与评价，保障毕业要求达成。（2）建立毕业生跟踪反馈机制以及基础教育机构、教育行政部门等利益相关方参与的社会评价机制，对培养目标的达成度进行定期评价。（3）建立形成性评价机制，监测师范生的学习进展情况，保证师范生在毕业时达到毕业要求。（4）建立持续改进机制。持续改进是专业认证体系中最特殊的一部分，既是认证三大理念之一，又是认证标准的一部分，与标准中的各部分都相关，教育教学中的每一个过程环节都需要定期评价并持续改进。标准强调将评价结果运用于持续改进：

定期对校内外的评价结果进行综合分析，能够有效使用分析结果，推动师范生培养质量持续改进和提高。

3. 四个评价。（1）目标评价：定期对培养目标的合理性进行评价，并能够根据评价结果对培养目标进行必要修订。评价和修订过程应有利益相关方参与。（2）毕业要求评价：专业应通过评价证明毕业要求的达成。（3）课程评价：定期评价课程体系的合理性和课程目标的达成度，并能够根据评价结果进行修订。评价与修订过程应有利益相关方参与。（4）教育实践管理评价：教育实践管理较为规范，能够对重点环节实施质量监控。实行教育实践评价与改进制度。依据相关标准，对教育实践表现进行有效评价。

四、基于师范类专业认证的高师院校内部教学质量保障体系构建及优化

衡阳师范学院是一所办学历史悠久的地方高师院校，以建设教师教育特色鲜明的地方高水平应用型大学为办学目标。2016 年以来，为迎接本科教学审核评估，修订了《衡阳师范学院教学质量保障与监控工作规定》，尝试着进一步完善原有的教学质量保障体系。2019 年遴选了两个专业参加湖南省首批师范专业认证。在推进专业认证的过程中，根据师范类专业认证的新要求，不断改进质量保障理念，完善学校内部教学质量监测评估。2020 年开展校内专业评估之后，全校上下形成了“抢抓认证机遇、创建高水平师范大学”的共识，以师范专业认证为重点，认真学习领会专业认证新要求，开展自评自建，不断进行自我评价和持续改进。2021 年修订出台了《衡阳师范学院本科教学质量保障体系建设与运行实施办法》，构建了由“管理决策、质量目标、质量标准、条件保障、过程执行、质量监控、质量评价、反馈改进”八系统，一个数据监测平台，一套质量标准，校院专业三层面落实教学过程质量常态化监控机制、人才培养质量达成度评价机制、形成性评价机制和持续改进机制四大机制，组织培养目标、毕业要求、课程体系和目标、教育实践管理四个评价，开展本科教学质量评估、校内专业评估、教师课堂教学质量评估、实践教学专项考评、校校合作办学评估五大评估组成的“81345”式全链条多维度的本科教学质量保障机制。

（一）指导思想和基本原则

1. 指导思想。贯彻落实“学生中心、产出导向、持续改进”理念，建立完善、科学和行之有效的教学质量管理体系，提升人才培养质量保障能力，形成持续改进的质量文化。

2. 基本原则。

（1）目标性原则。高校在构建内部教学质量保障体系时，必须要紧密围绕教学质量保障目标，科学选择体系内的各种要素，协调各部门的教育力量实现教学质量目标，以确保形成完善的目标质量保障体系。目标在设定时应紧密围绕以学生为中心开展，即重点关注学生的发展全过程，在目标的引导下有意识地开展教学活动，保证教学活动能够有目的、高效率地开展。高校内部教学质量保障体系需要根据制定目标，实时纠正偏差以实现对教学质量的控制，因此需要构建灵活高效的目标定位制度，制定完善的预防、纠偏及实现措施，深入落实以学生为中心的重要指导思想，增强全体教职工的目标意识，使高校内部各项工作能够围绕提高教学质量开展。

（2）系统性原则。系统性原则是构建高校内部教学质量保障体系的基础，它需要对体系内的诸多要素进行全方面考虑，理清内在的逻辑关系，使复杂的系统能够更加清晰直白。一是遵循系统性原则是以学生为中心在教学质量保障体系中的应用与体现，当代高校教学质量保障理念非常重视系统观念，即需要站在全局角度出发对教学质量各要素进行管理。二是系统性原则还应确定全面素质教育观，既需要考虑学生的认知能力及应试水平，还需要考虑包括思想政治教育、文化素质教育、身体心理教育等方面。三是系统性原则应具有动态及可持续性特点，动态主要指内部教学质量保障体系需要与外界积极进行资源和信息交换活动，持续性主要指切实推进教学高质量持续发展。

（3）规范性原则。高校在构建以学生为中心的内部教学质量保障体系时，必须要做到有章可循有法可依，加强制度化建设，实施教学质量管理活动，最大限度克服管理者主观随意性问题，使各项教学质量管理工作更加合乎标准，以此保证教学质量优化工作有条不紊进行。一是高校管理者应加强制定教学质量保障工作计划，通过系统统筹、明确目标及确定方针等形式，保障各项工作稳步进行。二是高校管理者需要将教学质量标准化，这样不仅可以轻松评价教学质量，同时还能够有效进行管控。三是高校管理者需要健全与内部教学质量保障体系有关的制度，尽可能减少“人治”，快速实现规范化管理模式。在制度保障下，与教学质量有关的各部门及个人，都能够清晰了解自己的职责权限，教学质量保障工作也会更加规范。

（二）“81345”式本科教学质量保障机制的构建完善过程

1. 创新质量监测评价手段，实现信息化监控。通过本科教学基本状态数据监测平台对教学状态（如师资队伍、培养过程、质量保障等）定期监测，形成《本科教学状态数据分析报告》《年度本科教学质量报告》和《师范专业认证自评报告》，查找问题，持续整改，全过程跟踪检查。

2. 以审核评估和专业认证为抓手，建章立制，定期开展内部自我评估，建立校本“五位一体”的评估工作长效机制。制定出台了《衡阳师范学院迎接本科教学工作审核评估实施方案》《二级学院本科教学工作基础性评估办法》《衡阳师范学院本科教学工作审核评估整改方案》《衡阳师范学院师范类专业认证工作实施方案》《衡阳师范学院本科专业评估工作方案》《衡阳师范学院教学院本科教学质量考核评价办法》系列文件，先后开展二级学院本科教学工作基础性评估检查，本科专业评估工作，教师课堂教学质量评估，试卷、论文、实验室专项检查，师范生教育实习档案专项检查，构建了以自我评估、院系评估、专业评估与认证、教学状态常态监测的校本“五位一体”的评估工作长效机制。

3. 修订规章制度，健全组织机构，建立起基于“OBE 理念”的教学过程质量常态化监控机制和专业建设质保体系。修订了《衡阳师范学院教学质量保障与监控工作规定》《衡阳师范学院本科教学质量保障体系建设与运行实施办法》《衡阳师范学院教学督导工作条例》《衡阳师范学院教学督导团管理办法》《衡阳师范学院教师课堂教学质量评估指标体系》，组建由校教学督导团、学院督导组、专业负责人、学生信息员构成的教学质量督查网，重点对课堂教学、实践教学、课程考核、毕业论文（设计）等核心环节进行监控，督教、督学、督管、督改，实现全过程多维度监控和持续改进。

4. 从师范专业认证三级监测体系的核心要素——“课程、教学、实践”出发，紧扣三大核心评价，全面开展教学改革与实践。主要包括：科学修订完善人才培养方案，定期开展人才培养方案合理性评价；明确各主要教学环节质量标准，根据质量标准组织实施教学评价；修订课程教学大纲、定期开展课程质量评价；建立毕业要求达成情况评价机制，定期开展毕业要求达成情况评价；建立毕业生跟踪反馈机制以及有高等教育系统以外有关各方参与的社会评价机制，对培养目标的达成情况进行定期分析等。

总之，学校通过近年的实践探索，构建了既符合新时代需要又有自身特色的全链条多维度的“81345”式内部教学质量保障机制。以下内容将介绍学校开展实践探索的具体情况，关于五大评估的内容将放在第五章专题讲述。

第二节　八大系统多重循环　实时联动

学校以提高教学质量为目标，不断完善本科教学质量保障体系建设，出台了《衡阳师范学院本科教学质量保障体系建设与运行实施办法》，构建了组织机构健全、监控措施完善、过程与目标并重、运行成效显著的“八位一体”教学质量保障体系，包括管理决策系统、质量目标系统、质量标准系统、条件保障系统、过程执行系统、质量监控系统、质量评价系统、反馈改进系统等八个子系统。

一、系统组成及职能分工

1. 管理决策系统：该系统在教学质量保障体系中居于核心地位，发挥导向统领作用。由学校党委会、校长办公会、校教学工作委员会组成，负责确定和调整人才培养总目标、各专业人才培养目标，分析研判高等教育改革形势和发展趋势，以及社会需求和社会评价，做出决策部署。

2. 质量目标系统：该系统在教学质量保障体系中起统领作用，是质量保障体系的出发点，也是落脚点，由发展规划中心、教务处和各学院构成。基本职责是研究制定办学定位、培养目标、毕业要求、课程目标等，并采取相应措施，督促落实办学定位和培养目标，保障课程目标、毕业要求和培养目标达成。

3. 质量标准系统：该系统明确学生学习标准、教学运行质量标准、教学建设质量标准、教学管理质量标准等，达到教学工作“管理有标准、工作有规范、监控有依据”的目标。

4. 条件保障系统：该系统对于保障教学质量具有支撑保证作用。以财务处、规划建设处、资产处、后勤处、人事处、网络中心等部门为主体，保障教学经费、教学设施、教师队伍、信息资源等方面的建设。

5. 过程执行系统：该系统对于保障教学质量具有基础性、决定性作用。由招生就业处、教务处、学生工作处、团委和各学院构成。基本职能是执行教学质量标准，制定招生方案、制定培养方案、确定课程体系、安排教学计划、组织课堂教学和实践环节、开展第二课堂、选用和组织编写教材、研究改革教学内容和教学方式方法、调查研究毕业生就业与职业发展，确保教学各方面、各环节有序有效运行。

6. 质量监控系统：该系统是教学质量保障体系的重点，由教学质量监控与评估中心、教务处和各学院构成。基本职责是根据教学管理规章制度和质量标准，对主要教学环节教学质量进行常态化、全方位、全过程监控，包括领导干部听课制、教学检查制、教学督导制、学生信息员制及常态教学信息监控。

7. 质量评价系统：该系统是教学质量保障体系的关键，由教学质量监控与评估中心、教务处和各学院构成。基本职责是通过开展教学质量内部评价、外部评价，获得并分析评价结果，并用于教学质量的持续改进，包括审核评估、专业评估、专业认证、学院评估等。

8. 反馈改进系统：该系统是教学质量保障体系的目的，以教学质量监控与评估中心、校教学督导团、各学院督导组、教务处为主体。基本职责是统筹协调相关职能部门和学院开展质量信息收集、分析、反馈和整改工作，并进行跟踪与督促。

二、多重循环、实时联动

学校建立多重循环、实时联动的质量保障循环机制。

1. 围绕学校质量保障的范围，即“办学指导思想，办学定位、培养目标、毕业要求、课程目标、教学资源、培养过程、学生发展”等，通过专项督查、校内评价、专项评审、专题研究、交流指导等开展专项质量监控，促进学校形成“检查（评价）→反馈→指导→改进→提高→检查（评价）”的质量保障“大循环”。

2. 各职能部门依据学校质量保障的范围，按照质量保障的要求，对本部门所履行的质量职责进行自主分析与改进，形成部门“自我检查（评价）→自我反馈→自我改进→自我提高→自我检查（评价）”的质量保障“小循环”。

3. 各学院按照内部本科教学质量保障体系的要求，围绕毕业要求达成，对影响学院本科教学质量的各环节和因素进行质量保障和常态质量监控、分析与改进，形成“自主构建学院质量保障体系→自主运行→自我检查（评价）→自我反馈→自我改进→自我提高→自我完善学院质量保障体系”的“内部循环”。

4. 通过学校层面“大循环”、部门层面“小循环”和学院层面“内部循环”的实时联动，及时发现问题并分析原因，提出相应的改进措施，推动质量保障闭环管理机制有效实施。

通过“多重循环、实时联动”，实行教学环节全面覆盖的保障机制。树立育人为本、质量第一的理念，实行全程监控，全员监控，全要素监控，努力提高教学质量。

第三节　发挥数据平台的监测作用

一、本科教学基本状态数据库在高校师范类专业认证中的常态监测功能

1. 本科教学基本状态数据库的功能。当代社会已步入大数据时代，教学状态数据是反映高校教学运行状况和教学质量的重要依据之一，也是一所高校办学水平、办学实力的重要体现。教育部高等教育教学评估中心建成了高等教育质量监测国家数据平台，在全国本科院校开展本科教学基本状态数据采集和年度教学质量报告制度，这是推动高等教育内涵式发展，提高高等学校人才培养质量的重要举措，是实施高等学校教学质量常态监测的重要内容，是建立“五位一体”中国特色、世界水平高等教育质量保障体系的重要工作。

数据平台用数据反映全国高等学校教学基本状态，具有强大的数据分析、统计与生成功能，服务于高等学校建立本科质量常态监测机制，加快高校管理信息化建设，促进管理、决策的科学化。

2. 采集教学基本状态数据的意义。采集教学基本状态数据的意义主要体现在四个方面：第一，高校教学基本状态数据是本科教学审核评估和师范类专业认证的基础数据，也是教育部专家进校评估的重要依据。第二，教学基本状态数据是学校加强自身教学质量保障体系建设，加强教学管理的重要依据。通过基本教学状态数据采集工作，可以进一步规范学校办学过程中形成的各种数据文件，规范教学管理和行为。第三，教学基本状态数据也是政府主管部门增加对学校投入的重要依据。第四，教学基本状态数据还是社会了解学校的重要信息源。从目前实际来看，为达到审核评估/合格评估的要求，各高校从 2014 年开始均进行了本科教学状态数据采集。但因为湖南省师范类专业认证刚起步，各高校目标是通过二级认证。在认证过程中，大数据的监测功能就显得特别突出。要使其变得真正有价值，就必须建立一套完整的教学质量保障体系，对现有的数据进行对比分析，依据数据客观地将学校全面运行状态实时展现出来，并对运行中即将或已经出现的异常情况给予提醒，

并对变化趋势进行分析，实现管理的实时性、准确性、持续性。然而在许多高校，质量监测数据平台尚未引起重视，其功能和作用远未得到发挥，在填报师范专业认证数据时问题频出，导致数据不达标而无缘进入下一阶段工作。因此，适应师范专业认证的新形势，充分发挥数据平台的监测功能，建立持续改进的教学质量保障体系必须引起地方高校的高度重视。

二、质量监测数据平台在地方高校的利用现状及问题

目前，湖南省内大多数地方高校已接受教育部审核评估，随着 2020 年师范类专业认证的启动，质量监测数据平台的作用将更加凸显。在师范专业认证的背景下，其功能主要体现在两个方面：一是采集本科教学基本状态数据并进行分析，确保 17 项专业办学核心数据监测指标达到规定要求；二是撰写年度本科教学质量报告和专业自评报告，用数据支撑，体现人才培养质量。从目前使用的情况来看，还存在一些问题，值得注意。

1. 学校各级职能部门和教学院没有树立数据采集的质量和规范意识，重视不够，统筹协调不够，未建立数据采集部门联动机制，未形成“一把手”负责制和数据审核责任制。数据填报是高校每年的例行工作，在长期的思维惯性影响下，学校各级领导和职能部门都存在认识误区，简单地以为只要按要求把数据填报上去就算完成了任务，并未充分认识到本科教学基本状态数据对学校教学质量的监测作用，更谈不上对数据进行分析，查找教学中存在的问题。因而，很多高校相同的做法是，采集任务下来，直接分配给某一部门的某几个人，填完上报即可，学校领导、职能部门负责人和教学院领导都不清楚具体环节和最后上报的数据，至于数据后面所隐藏的问题，更是无人关心和思考。

2. 数据缺乏准确性和完整性。在数据采集过程中，由于重视不够，各部门缺少沟通和协作，信息员对指标内涵的理解把握不同，采取的统计口径不同，导致数据采集结果不准确、不完整、自相矛盾。一些核心指标数据比如生师比、教育实践时间、实习生数与教育实践基地数比例、教学案例数、生均教育类纸质图书的填报五花八门，漏洞百出；更有甚者，为了单纯追求办

学条件合格数据以及核心数据的达标，不顾实际情况，弄虚作假，严重影响了数据的真实性，后果不堪设想。

3. 缺乏对比分析，数据库的质量监测功能形同虚设。数据采集的目的是为科学谋划学校的建设发展提供决策依据。而实际情况如何呢？很多高校数据采集结束后，领导们便以为万事大吉，置之脑后了。很少有人想到要通过与往年、同类学校数据之间的比较，查找问题与不足，更没有采取有效措施，改进本科教学质量，数据平台的监测功能形同虚设。比如生师比数据，实际上反映了各专业教师队伍建设情况，有的高校仅满足于学校层面生师比数据达标，而对各专业尤其是新建专业的生师比没有科学合理的调配，导致各专业教师队伍结构不平衡，无法满足教学需要。

三、发挥数据库的监控职能，构建高校内部教学质量保障新体系

（一）传统教学质量监控体系的不足

当前湖南地方高校的教学质量监控大多通过教学质量监控中心或教务处这两个部门的几个工作人员负责组织，基本上是采取校级督导、院级督导和学生信息员三级监控的体系，着重于对教师课堂教学质量的监控和评估。这种体系存在着质量监控氛围不浓、目标不明确、内容缺乏针对性、系统不健全及监控方法单一落后等诸多问题。也与师范专业认证“学生中心、产出导向、持续改进”的三大理念不符，需要转变。

（二）发挥数据库的监控职能，构建高校内部教学质量保障新体系

教育部高等教育司司长吴岩提出：“建设中国特色、世界水平高等教育质量保障新制度的指导思想是一追求二突出三提高——以评促强，追求卓越；突出学生中心，突出持续改进；提高课堂教学质量，落实教师主体责任；提高实践教学水平，完善产学研协同育人机制；提高质量保障力度，强调质量文化建设。”高校要高度重视，加强领导，以本科教学基本状态数据常态监测为基础，以自我评估、院校评估、专业认证与评估、国际评估为重点，构建“五位一体”的教学评估制度，形成本科教学内部质量监控的新常态。

落实到地方高校而言，新的内部质量保障体系是指高校要强化教育质量主体责任意识，建设有质量标准、专门机构、专业人员、监测评估、及时反馈、持续改进的内部质保体系。其手段和方法就是根据《本科教学状态数据分析报告》和《年度本科教学质量报告》以及《师范专业认证自评报告》，加强以下五方面的建设：

1. 建立质量标准：质量标准是进行监控的依据。各高校应根据国家高等教育相关质量标准，建立学校自身的专业标准、课程标准和各主要教学环节（课堂教学、实验教学、实习、实训、毕业设计、试卷、考试各环节的质量标准）质量标准，严格按照质量标准要求加强专业建设、课程建设及主要教学环节的管理。

2. 树立全面质量管理的观念，发挥职能部门和专业人员的监管作用，形成全员动员、全程监控、全方位监管机制。

数据监测平台让地方高校充分认识到了全方位管理、全过程管理和全员参与管理的重要性。要以每年填报数据为契机，对影响教学质量的各个环节进行监督和控制，从定位与目标、师资队伍、教学资源、培养过程、学生发展、质量保障等各个方面进行数据的统计分析，发现问题，明确整改责任，解决问题，不断改进，切实提升教学质量。

3. 建立校本“五位一体”的评估工作长效机制，形成常态监测。一方面，以数据平台和年度教学质量报告为依据，每年对学校的本科教学工作实施动态监测。另一方面，要以本科教学基本状态数据采集为基础，构建以自我评估、院系评估、专业评估与认证、教学状态常态监测的校本“五位一体”的评估工作长效机制。

4. 及时反馈：数据采集和常态监测只是手段而不是目的。教学质量监控中心要根据高校教学基本状态数据库系统的数据项要求以及各项评估指标体系中指标和观测点的要求，通过对原始数据的采集、处理和分析，查找问题。分析原因后，及时反馈给校领导和相关职能部门及教学院系，使之整体上把握教学工作的发展状况，对教学状态进行全面分析，进而加强整改，不断提高人才培养质量。

5. 持续改进：持续改进的思想，即通过工作和过程的持续改进来不断提高教学质量的质量管理理念。持续改进主要采取戴明循环模式，按照以下步骤进行：分析现状，确定改进项目；调查研究，查找原因；确定因果关系；拟订和实施改进措施和方案；检查效果，确认改进成果；巩固改进成果；持续改进。教学质量保障是一项长期工作，由教学质量监控中心通过每年的数据采集、年度教学质量报告以及评估监测，汇总本科教学中的问题，确定改进项目，分解任务到相关部门，并对改进过程跟踪检查，确保改进取得成效，不断提高本科教学质量。

（三）基于师范类专业认证的数据监测实践探索

1. 认真采集并研判分析，提供数据分析报告。学校于2017年已建成本科教学基本状态数据库和评估系统。该系统包括五大功能模块：本科教学基本状态数据库、本科教学审核评估、本科教学年度质量报告、高基报表、校内评估（专业评估）。其中本科教学基本状态数据库做到了与教育部全国高等学校教学基本状态数据库系统无缝对接，一键上报基本状态数据。数据采集完成后，系统会生成数据分析报告，能结合审核评估要求的指标、算法、内涵、口径等设置“优秀”“合格”“不合格”等评定标准进行预测分析。系统根据所设预警阀值自动评估，给出提示，让学校及时发现问题并采取整改措施，保障教学，实现了教学状态数据可视化常态监测。

在师范专业认证中，国家对师范类专业实行三级监测认证：第一级定位于师范类专业办学基本要求监测，采取网络平台数据采集方式，对师范类专业办学基本信息（包括15项专业办学核心数据监测指标）进行常态化监测，旨在促进各地各校加强师范类专业基本建设。第二级定位于师范类专业教学质量合格标准认证，以定性指标为主（8个一级指标，38个二级指标），旨在引导各地各校加强专业内涵建设，保证专业教学质量达到合格标准。第三级定位于师范类专业教学质量卓越标准认证，旨在以评促强、追求卓越，打造一流质量标杆。

目前湖南省师范类专业认证刚起步，各高校目标是通过二级认证。在认证过程中，大数据的监测功能就显得特别突出，通过对教学条件（师资队伍、经费、设施、资源等）定期监测，形成数据分析报告，发布教学质量年度报告，及时反馈，持续改进，强化质量保障。2019 年开始，学校教学质量监控中心连年对各师范专业的 15 个一级监测指标进行数据采集、分析，根据高校教学基本状态数据库系统的数据项要求以及各项评估指标体系中指标和观测点的要求，通过对原始数据的采集、处理和分析，查找问题，分析原因后，汇总本科教学中的问题，确定改进项目，分解任务到相关部门及教学院系，对问题较为突出的生师比、中学兼职教师占教师教育课程教师比例等数据进行预警，督促各专业加强师资队伍建设，切实做到持续改进。教学质量监控中心还对改进过程跟踪检查，确保持续改进。以 2020 年师范专业一级监测数据达标情况为例，学校重点对即将接受认证的英语专业的数据进行了研判分析，查找核心指标不达标项，并要求英语专业加强建设，立行立改，确保了 2021 年填报时核心指标数完全达标。

表 2－1　师范专业级监测数据达标情况一览表（2020 年填报）

序号	专业	专业类型	核心达标指标数（共 17 个）	核心指标达标比例（%）
1	思想政治教育	中学教育	15	88.24
2	教育学	中学教育	14	82.35
3	学前教育	学前教育	17	100.00
4	体育教育	中学教育	15	88.24
5	汉语言文学	中学教育	16	94.12
6	英语	中学教育	15	88.24
7	历史学	中学教育	16	94.12
8	数学与应用数学	中学教育	15	88.24
9	物理学	中学教育	14	82.35
10	化学	中学教育	17	100.00
11	地理科学	中学教育	15	88.24
12	生物科学	中学教育	13	76.47
13	应用心理学	中学教育	14	82.35
14	计算机科学与技术	中学教育	16	94.12

续表

序号	专业	专业类型	核心达标指标数（共17个）	核心指标达标比例（%）
15	音乐学	中学教育	15	88.24
16	舞蹈学	中学教育	15	88.24
17	美术学	中学教育	15	88.24

2021年年底，学校根据教育部《关于师范类专业办学条件和质量监测数据核验的通知》优质高效完成了所有师范专业数据的核验与填报，顺利通过了教育部的办学条件和办学质量审核，纳入免试认定。在保证数据真实、科学的基础上，形成《本科教学状态数据分析报告》《师范专业认证自评报告》，发布《年度本科教学质量报告》，全面总结学校本科教育教学质量状况，查找问题，制定整改措施，持续改进。

附：衡阳师范学院本科教学工作状态数据分析报告质量保障部分数据

表2-2　质量保障—评教信息

	本科生参与评教人次数	学校专兼职督导员人数	学年内督导听课学时数	学年内校领导听课学时数	学年内中层领导听课学时数
数量	15067	151	3487	106	765

表2-3　质量保障—教学质量管理队伍结构

	总数	职称					学位				年龄			
		正高级	副高级	中级	初级	无职称	博士	硕士	学士	无学位	35岁及以下	36—45岁	46—55岁	56岁及以上
校级教学管理队伍人数	11	3	0	1	3	4	1	3	2	5	2	5	4	0
比例（%）	/	27.27	0	9.09	27.27	36.36	9.09	27.27	18.18	45.45	18.18	45.45	36.36	0

续表

	总数	职称					学位				年龄			
		正高级	副高级	中级	初级	无职称	博士	硕士	学士	无学位	35岁及以下	36—45岁	46—55岁	56岁及以上
校级质量监控队伍人数	3	1	0	0	1	1	0	1	1	1	1	0	2	0
比例（%）	/	33. 33	0	0	33. 33	33. 33	0	33. 33	33. 33	33. 33	33. 33	0	66. 67	0
院系教学管理队伍人数	49	11	9	6	4	19	8	15	18	8	11	16	20	2
比例（%）	/	22. 45	18. 37	12. 24	8. 16	38. 78	16. 33	30. 61	36. 73	16. 33	22. 45	32. 65	40. 82	4. 08

表 2 - 4　质量保障—教育教学改革与成果

项目		全校总数	其中：教学质量管理、监控人员		
			校级教学管理	院系教学管理	教学质量监控
教学成果奖（项）	数量	7	2	0	0
	其中：国家级	0	0	0	0
	省部级	7	2	0	0
教育教学研究与改革项目	总数	45	2	1	0
	其中：国家级	0	0	0	0
	省部级	45	2	1	0
	项目经费（万元）	84	/	/	/
	其中：国家级（万元）	0	/	/	/
	省部级（万元）	84	/	/	/
	参与教师（人次）	150	/	/	/

2. 严格执行教学质量年度报告发布制度，接受社会监督。基于社会各界对高校质量的关注度日益提高，《国家中长期教育改革和发展规划纲要（2010—2020 年）》提出了“建立高等学校质量年度报告发布制度”，2011 年

教育部出台了《教育部关于普通高等学校本科教学评估工作的意见》，其中明确规定，“学校在自我评估基础上形成本科教学年度质量报告，在适当范围发布并报相关教育行政（主管）部门。学校年度质量报告作为国家和有关专门机构开展院校评估和专业评估的重要参考”。

教学质量年度报告发布制度，简称为教学质量年报，是高等院校将教学质量相关的数据信息整理成报告并定期向社会公开的一种制度。本科教学是高等学校落实立德树人根本任务的主渠道，本科教学质量是衡量学校办学质量的核心标准。编制发布普通高等学校本科教学质量报告，是建立健全高等教育质量保障体系、实现高等教育内涵式发展的重要举措，是落实完善学校信息公开制度的一项重要工作；也是学校建立健全教学质量保障体系、开展自我评估、教学质量常态监测的主要方式之一，是本科教学评估工作的重要参考；同时还是向社会展示学校风貌和办学特色、宣传办学理念和教学成果的重要途径。衡阳师范学院高度重视这项工作，将年度教学质量报告的编制作为实施教学质量常态检测的重要手段，每年通过编制并发布本科教学质量报告，全面总结本科教育教学情况，强化人才培养中心地位，健全立德树人落实机制，积极回应社会关切，主动接受社会监督，不断提高教育教学质量。

（1）编制原则、要求和分工。学校每年10月开展年度教学质量报告编制工作，由教学质量监控与评估中心牵头负责。中心根据撰写内容拟定《本科教学质量报告编制任务分工及进度安排表》，遵循“实事求是总结，突出亮点展示”“内容详略得当，数据准确严谨”两大基本原则，要求各责任单位务必围绕工作要求，在充分分析和全面总结每学年本科教学工作的基础上，突出教学改革亮点、成就和经验，准确把握存在的问题，实事求是撰写本科教学质量报告相关内容，全面展示我校本科教学质量和人才培养状况；各责任单位需认真做好本单位负责内容的数据核实与统计工作，注意与本年度高等教育质量监测数据平台填报数据保持一致，确保《质量报告》的科学性；加强数据在《质量报告》中的分析及运用，关注与上学年各类数据信息的比较研究，在客观反映学校教学质量的基础上展现学校教学质量发展的动态趋势。

（2）编制的主要内容。《本科教学年度质量报告》以教育部及湖南省教育厅发布的通知文件为编制依据，立足每学年本科教学工作状况，围绕本科人才培养工作的关键要素，展现学校本科教学的新思想、新政策、新措施、新成果，主要从每学年本科教育基本情况、师资与教学条件、教学建设与改革、专业培养能力、质量保障体系、学生学习效果、特色发展、需要解决的问题及措施等八个方面，反映学校本科教育教学的现状。以 2020—2021 学年为例，教学质量监控与评估中心组织有关单位按照《关于组织编制发布高等学校 2020—2021 学年本科教学质量报告的通知》（国教督办函〔2021〕62 号）文件中《高等学校 2020—2021 学年本科教学质量报告基本要求》《高等学校 2020—2021 学年本科教学质量报告支撑数据目录》，认真撰写涉及本科教学质量报告中相应的内容并附支撑数据；2020—2021 学年《本科教学质量报告》相关数据须与教育部“高等教育质量监测国家数据平台”2021 年监测数据的统计口径及数值保持一致。其中财务、图书和科研数据采用自然年数据；教学数据采用学年数据；在校生数、教职工数、占地面积、固定资产等指标采用时点数据。

总之，师范类专业认证是对专业的一次大梳理，是对办学条件的大考核，是对内涵建设的大测验，对高校打造一流本科、彰显特色、建设高水平大学具有重要意义。地方高校要认真研究师范类专业认证指标体系，充分发挥高等教育质量监测国家数据平台的作用，采取有效措施，统筹协调，凝聚合力。构建高校自身有质量标准、专门机构和专业人员、监测评估、及时反馈、持续改进的内部质量保障新体系。

第四节　建立并落实质量标准

“质量为王，标准先行”，教学质量标准建设是提高教育质量的基础工程。本节中的本科教学质量标准是各高校根据教育部要求，按《普通高等学校本科专业类教学质量国家标准》和审核评估以及师范类专业认证的要求，自行建立的高校内部本科教学质量标准。具有规范性、全面性、社会性、共识性、操作性等特征。

衡阳师范学院积极落实《普通高等学校本科专业类教学质量国家标准》《高等学校思想政治理论课建设标准》《普通高等学校师范类专业认证实施办法（暂行)》和《湖南普通高等学校本科专业综合评价通用指标体系与评价办法》等文件要求，及时研究制定符合学校人才培养目标定位的质量标准，形成了涵盖本科教学活动全过程的内部教学质量标准体系。尤其是2020年开展师范类专业认证自评自建工作以来，学校加强顶层设计，按照认证要求建章立制，完善主要教学环节质量标准，陆续出台了《衡阳师范学院本科课堂教学质量指导标准》《衡阳师范学院理论课教学质量标准》《衡阳师范学院微格教学技能训练规范》《衡阳师范学院实验课教学质量标准》《衡阳师范学院实训教学质量标准》《衡阳师范学院本科教育实践质量标准》《衡阳师范学院毕业论文（设计）质量标准》《衡阳师范学院本科课程考核质量标准》《衡阳师范学院一流本科课程建设评估标准》，构建了较为科学合理的质量标准体系，建立健全了教学基本规范和教学管理基本流程，实现了教学工作各环节运行管理有章可循、有据可依。本节重点介绍与师范类专业认证紧密相关的课堂教学质量标准、实践教学质量标准和课程考核质量标准等主要教学质量标准。

一、课堂教学质量标准

学校制定了《衡阳师范学院本科课堂教学质量指导标准》和《衡阳师范学院课堂教学质量标准》，提出本科课堂教学要“以学生为主体，以教师为主导。教师应做到教书育人、执教严谨、目标明确、内容正确、重点突出、条理清楚、方法恰当、仪态大方、语言准确、板书合理、联系实际、气氛活跃、组织有序。通过教学，使学生养成品德、获得知识、发展智力、提高能力，取得良好的教学效果”。修订与本科生人才培养方案相适应的教学大纲，对备课、授课、辅导、作业、考核等环节提出了明确的要求和标准，保证课堂教学各环节质量。

表 2 – 5　衡阳师范学院课堂教学质量标准

环节	质量控制点	质量标准
1. 备课	1.1 教学大纲	认真研读拟开课所在专业的人才培养方案和课程教学大纲，明确教学基本要求；理解本课程与先修课程及后续课程的关系，以及本课程在整个课程体系中的地位与作用，明确教学目标
	1.2 教材教参	科学合理选择教材或教学参考书。认真钻研教材，把握教材特点，对教材内容进行科学选取和处理
	1.3 学情分析	积极了解学生的生源构成、思想状况、学习态度、思维方式和学习习惯；把握学生的学习基础、知识结构，深入研究学生的知识水平现状，掌握学生在学习方面的个体差异
	1.4 授课计划	根据教学内容、要求，科学划分教学课时数，合理安排教学时间进程，认真编写授课计划表，表内各项目填写规范完整、说明清楚
	1.5 教案	符合课程教学大纲要求，体现学生中心；明确教学目的和要求，教学内容安排详细，重点、难点突出，教学方法得当，教学时间安排合理，内容完整、格式规范。兼顾普及与提高，吸收教学改革和科学研究的新成果，反映学科及课程的前沿学术动态
	1.6 信息化教学准备	根据学科专业、课程特点和教学实际需要，精心设计并制作教学课件，在开课前进行课件及信息化辅助教学预演，熟悉相关教学仪器设备及信息化教学平台

续表

环节	质量控制点	质量标准
2. 授课	2.1 教学态度	践行立德树人根本任务，恪守教师职业道德规范；具有教育情怀，尊重、爱护学生；严格遵守学校教学纪律，维持正常教学秩序；虚心征求同行和学生的意见并积极改进教学
	2.2 教学内容	坚持党的方针政策，坚持社会主义办学方向。严格执行教学大纲及教学计划的要求，基本理论清楚、正确，重点突出，难点处理得当。充分挖掘和运用课程中蕴含的思想政治教育资源。注意教学内容的科学性和先进性，反映学术发展前沿的新动态，理论联系实际
	2.3 教学方法	教学方法选择得当，体现"学生中心"，有效促进教学目标的实现。倡导启发式、案例式、研讨式教学，科学合理运用各种信息化教学手段，注意调动学生学习的积极性与主动性。讲普通话，表达清楚，条理性强，板书工整有序，字体规范
	2.4 教学组织	上课关注学生的到课率和课堂纪律，维持良好的课堂秩序。能调动学生积极性，使学生能积极参与教学，师生配合默契，教学循序渐进
	2.5 教学效果	加强教与学互动沟通，注意授课效果的信息反馈，并及时进行调整。完成预定的教学任务，学生掌握了应有的基本知识与技能，实现了课堂教学目标，并有助于促进学生的自主发展
3. 辅导	3.1 态度	教师对待辅导和答疑态度端正，辅导和答疑认真，学生认真配合教师的辅导和答疑工作
	3.2 方式	根据不同情况采取集体辅导和个别答疑。对学生进行提示、引导和点拨，促使学生积极思维，教会学生分析、思考和解决问题的方法

续表

环节	质量控制点	质量标准
4. 作业	4.1 设计	按课程进度布置，数量与内容符合课程教学大纲要求；紧扣教学内容的重点与难点，既有知识巩固型作业，又有能力提升的分析和探究型作业，能帮助学生获得知识、训练能力
	4.2 批改	批改作业及时、认真仔细；作业批改率 100%；科学合理评定等级，及时进行批改登记
	4.3 讲评	在作业与练习批改的基础上，适时进行认真总结和讲评，对学生共性错误进行纠正，对学生的不同思路进行总结和点评
5. 考核	5.1 总体要求	考核应紧紧围绕课程目标检验学生能力达成情况，不仅考察学生对基本知识、基本技能的掌握情况，还应注重考察学生运用知识分析和解决问题的综合能力，适当设置开放性、非标准答案的题目；应将价值观考察有机融入考核过程中
	5.2 考核方式	课程考核分为考试与考查两种类型。考核形式应多元化，命题严格按照课程教学大纲执行
	5.3 考核内容	形成性评价每个阶段的考核均有完整的考核说明、考核资料、考核标准、考核记录，所有考核材料均有存档；评价覆盖课程学习过程
		试卷命题遵循科学性、合理性和有效性原则，符合学校相关要求和教学大纲要求；题型多样，题量适中；难易度适中，文字表述科学、准确
		采取作品汇报、现场操作等方式的期末考试，考核内容符合课程目标的要求，能真实反映课程目标的达成
	5.4 答案及评分标准	不同考核方式均应有评分标准；试卷考核方式的答案和评分标准应清晰、明确；开放性或非标准答案的题目也应根据学生能力表现给出评分标准
	5.5 成绩评定	严格参照学校相关文件精神和教学大纲要求。依据评分标准，做到批改标准统一，批阅无误，标记规范，修改处有签字，合分准确。系统成绩录入规范，成绩更改手续完整
	5.6 试卷分析	任课教师要对考试成绩进行定性和定量相结合的分析，计算和分析课程目标达成情况，撰写课程目标达成情况分析及持续改进报告，并落实持续改进措施

二、实践教学质量标准

学校制定了包括《衡阳师范学院实验课教学质量标准》《衡阳师范学院实训教学质量标准》《衡阳师范学院微格教学技能训练规范》和《衡阳师范学院课程设计质量标准》《衡阳师范学院毕业论文（设计）质量标准》等文件，明确了实验、实习、实训、毕业论文（设计）等实践教学标准。其中《衡阳师范学院本科教育实践质量标准》根据师范类专业认证的需要，特别明确了教育见习、教育研习的基本要求和质量标准。《衡阳师范学院微格教学技能训练规范》根据国家教育部颁发的《高等师范学生的教师职业技能训练大纲（试行）》和《中小学教师教育技术能力标准（试行）》指导意见，从师范专业认证要求出发而制定，优化了学校师范专业微格教学流程，提高了微格教学质量，促使师范学生扎实掌握基本教学技能和综合教学技能。

1. 教育见习。教育见习是学生从学习教育理论到教育实习之间的过渡环节。通过对中小学（幼儿园）学段的教育考察和教育观摩，加强学生对基础教育现状和教育教学一般规律的了解，加深对学科教育理论学习的理解，为教育实习创造条件，为学生尽快适应教育教学工作奠定良好的基础，培养学生对教师职业的热爱。教育见习教学目标、教学内容、教学方法、考核方式应与课程支撑的毕业要求相匹配。教育见习时间不少于1周。

表2－6　教育见习质量标准

环节	质量控制点	质量标准
1. 见习准备	1.1 文件制度	相关管理文件和规章制度齐全，有安全应急预案
		教学大纲对接培养目标和毕业要求，符合师范专业认证要求
		考核评价体系科学完整
	1.2 见习基地	见习基地学校质量和数量有保障
		与见习基地学校就见习工作开展有效衔接
	1.3 见习计划	见习计划符合人才培养要求，目标明确，安排合理
		按学校要求履行审批程序
	1.4 组织动员	组织召开动员大会
		组织师生学习相关文件制度，对师生的要求明确
		安全教育到位

续表

环节	质量控制点	质量标准
2. 见习过程	2.1 见习指导	提前了解见习学校，制定计划，明确任务；指导学生观摩课堂教学和班级主题活动；认真做好指导记录
	2.2 态度纪律	注意仪表仪容，举止端庄，语言文明，尊敬师长，团结互助，注重维护学校良好形象
		严格遵守各项纪律要求，师生无违纪和事故发生
	2.3 课堂观摩	按计划认真观摩课堂教学，虚心求教，有完整的观摩记录
	2.4 班主任工作	主动了解班主任工作方法和班级情况，观摩体验班级管理工作，参加班会，记录完整
	2.5 见习材料	认真完成见习档案材料，材料完整、规范，意见明确
3. 见习总结	3.1 总结	学生、指导教师认真总结见习工作
		分析见习质量，总结经验与不足，提出意见建议和改进措施，撰写总结报告
	3.2 成绩评定	考核评价方案科学合理，体现以学生为中心，采取定性与定量、间接与直接、他评与自评相结合的评价方式，评价方式科学、多元、合理，全面客观地反映见习质量
	3.3 教学文档	及时认真整理见习计划、指导记录、考核材料、学生见习材料等各项见习文档，归档规范

2. 教育实习。教育实习是理论联系实际、实现培养目标不可缺少的教学环节，主要目的是培养和锻炼学生从事教育教学工作的能力，培养学生热爱教育、为党育人、为国育才的高尚情怀。教育实习教学目标、教学内容、教学方法、考核方式应与课程支撑的毕业要求相匹配。教育实习要充分而深入地了解中小学（幼儿园）教学现状及改革发展趋势，积极学习中小学（幼儿园）优秀教师的师德风范及基本教育教学方法，巩固基本理论、专业知识和教学技能，培养和检验教育教学能力，促进教学方式与学习方式的变革，根据教学质量持续改进教育实习工作。教育实习时间不少于18周。

表 2－7　教育实习质量标准

环节	质量控制点	质量标准
1. 实习准备	1.1 文件制度	相关管理文件和规章制度齐全
		教学大纲对接培养目标和毕业要求，符合师范专业认证要求
		考核评价体系完备，标准科学合理，以教师评价为主，兼顾学生评价、自我评价、小组评价和实习学校评价等
	1.2 实习基地	实习基地学校质量和数量有保障
		“双导师”工作机制落实到位
		与实习基地学校就实习工作开展有效衔接
	1.3 实习计划	成立教育实习工作领导小组，实习计划符合人才培养要求，目标明确、进度安排合理
		制订切实可行的安全工作预案
		按学校要求履行审批程序
	1.4 组织动员	组织召开实习动员大会
		组织师生学习相关文件制度，对师生的实习要求明确
		安全教育到位
	1.5 校内准备	实习生通过教学基本技能考核，在指导老师的指导下进行试讲，有完整的教学文档和听评课等活动记录
2. 实习指导	2.1 本校教师指导	提前了解实习学校，制订计划，明确任务，拟定进度
		掌握实习生实习情况，督促、检查实习工作
		指导实习生开展教学实习、班主任工作实习
		关注实习生思想动态，对实习生进行安全教育和管理
		了解实习学校对实习工作的意见和建议，建立实习反馈工作机制
		组织基地学校、校外指导教师、学生开展实习评价
		指导实习生按要求完成相关实习材料
		认真做好指导记录
	2.2 实习学校教师指导	明确教育实习目标任务、实习计划、教学大纲、考核要求等
		指导实习生开展教学实习、班主任工作实习
		与校内指导老师密切沟通学生实习情况，提出工作改进建议
		协助实习生完成实习材料
		配合我校开展实习评价工作，对实习工作提出意见和建议

续表

环节	质量控制点	质量标准
3. 实习检查	3.1 学校	学校实习工作领导小组指导、督查各学院实习工作，检查实习基地运行情况，反馈实习工作建议意见，通报实习工作情况
	3.2 学院	学院实习工作领导小组检查、巡视实习点，并通过听课、座谈等方式向实习生、指导教师和基地学校了解情况，掌握第一手实习工作情况，不断改进实习教学工作
4. 学生实习情况	4.1 态度纪律	注意仪表仪容，举止端庄，语言文明，尊敬师长，团结互助，注重维护学校良好形象
		工作认真踏实、责任心强，遵守本校和实习学校的各项规章制度
		虚心求教，热爱学生，师生关系融洽
	4.2 实习计划	制订合理可行的个人实习方案并得到指导老师认可
	4.2 教学工作	熟悉教材、教学大纲和课程标准，备课认真，教案完整
		独立开展课堂教学并达成教学目标，熟练、恰当使用现代教育技术进行教学
		认真进行课后辅导和作业批改
		积极参加集体讲评，并能够促成反思、改进教学；积极参加公开教学活动和教研活动
		课堂教学总时数不少于10课时，完成教案不少于10课时，听课时数不少于12课时，评课次数不少于6次
	4.3 班主任工作	明确了解班级管理的目标、要素、特点与任务
		学习并体验班主任工作的地位、作用和任务，熟悉班级管理事务
		学习并开展个别教育活动，积极参与家校联动和学生帮扶工作
		至少组织完成2次班集体活动
	4.4 教育调研	在指导教师指导下，结合教育实习工作中的所见所闻所感所思，就某一教育问题（现象）开展调查研究，撰写不少于3000字的调研报告
	4.5 档案材料	按照要求认真完成并按时提交师范生教育实习档案

续表

环节	质量控制点	质量标准
5. 实习总结	5.1 总结汇报	实习生、指导教师撰写并提交实习工作总结
		征集实习单位和指导教师反馈意见和建议，组织开展经验交流或成果汇报
		总结经验与不足，提出意见建议和改进措施，撰写总结报告
	5.2 成绩评定	考核评价方案科学合理，体现以学生为中心，采取定性与定量、间接与直接、他评与自评相结合的评价方式，评价方式科学、多元、合理，全面客观地反映实习质量
		认真做好教育实习质量分析和实习目标达成工作
	5.3 考核推优	根据相关文件规定，对实习基地、校内外指导教师进行考核评价
		结合实习生成绩评定情况，按规定向学校推荐优秀实习生和优秀指导教师
	5.4 教学文档	及时认真整理实习计划、教师指导手册、考核材料、实习总结、质量分析、学生实习材料等各项实习文档，归档规范

3. 教育研习。教育研习是总结教育实习工作，促进师范生进一步完善专业知识结构，改进教学技能技巧，提升教育教学理念的重要实践教学课程。教学目标、教学内容、教学方法、考核方式应与课程支撑的毕业要求相匹配。教育研习应围绕教育实习经验交流、教学案例观摩研讨、中学（幼儿园）主题班会评议、教学设计文案研讨、教研教改初步探究等主题，在教师指导下，以实践为基础、以研究为重要特点，运用教学理论对教育实践中的有关问题等进行分析、探讨和研究，以提高发现问题、分析问题、解决问题的能力。教育研习时间不少于1周。

表2-8　教育研习质量标准

环节	质量控制点	质量标准
1. 研习准备	1.1 文件制度	教学大纲符合师范认证要求，对接培养目标和毕业要求
		考核评价体系科学合理

续表

环节	质量控制点	质量标准
2. 研习计划	2.1 研习计划	研习计划符合人才培养要求，内容明确、科学，安排详细合理，以分组教学为主
		按学校要求履行审批程序
3. 研习过程	3.1 研习资料	研习案例等教学资料准备充分，质量高
	3.2 研习内容	研习内容符合学校要求，体现培养目标
	3.3 教师指导	有效组织，充分引导，学生实践反思效果明显，指导记录翔实
	3.4 学生学习	主动反思，发现问题；积极发言，充分讨论；思路清晰，观点充分表达
		研习材料规范
4. 研习总结	4.1 总结	分析研习质量，总结经验与不足，提出改进措施，撰写总结报告
	4.2 成绩评定	关注研习过程，研习表现和成效相结合
	4.3 教学文档	及时认真整理研习计划、记录、考核材料、学生研习材料等各项研习文档，归档规范

三、课程考核质量标准

课程考核是检验教学效果、保证教学质量的重要手段，其目的在于调动学生学习的主动性和积极性，培养学生的创新精神和创新思维。为进一步提高本科人才培养质量，充分调动教师在教学中的主动性和创造性，促进教风和学风建设，根据我校实际情况，制定课程考核质量标准。

《衡阳师范学院课程考核质量标准》从试卷质量、参考答案及评分标准、试卷制作、考核组织与实施、试卷评阅、成绩记载和分析以及成绩归档等方面规范了课程考试及成绩管理。本标准坚持以德为先、能力为重、全面发展理念，采用形成性考核与终结性考核相结合的方式。形成性考核是在教学过程中对学生学习过程的评价，以测验测试、期中考核、实践考核、论文、报告、作业、课堂表现（含答问、讨论等）等方式进行。终结性考核是在课堂教学结束后对教学效果达成的评价，采用笔试、面试、机试、论文（报告）、实验操作、设计（作品）等方式进行。

表 2－9　衡阳师范学院本科课程考核质量标准

质量观测点	质量标准
1. 试卷质量	形成性评价考核制度完善，考核各环节要根据各阶段知识、能力、情感价值要求等设定考核内容
	命题以教学大纲为依据，考核内容覆盖教学大纲要求内容的 80% 以上，考查点分布合理
	注重考核学生对基本概念、基本理论和基本技能的掌握程度，综合应用所学知识分析问题、解决问题的能力
	卷面格式规范，试卷上课程名称与教学计划、教学大纲课程名称一致
	试题表述简明、准确、科学、严谨，无歧义、无差错、无遗漏
	命题题型科学合理，其中基础题、应用题和提高题的所占比例符合要求
	试卷难度适当，区分度合理，题量适中，绝大部分学生能在规定时间内完成，考试时间原则上≤120 分钟
	应拟制题型、题量和难度相当的 A、B 两套试卷及其参考答案和评分标准，A、B 卷完全相同的试题分数之和不得超过 10%
2. 参考答案及评分标准	有参考答案及评分标准，答案正确、无错漏
	客观性试题答案确定，主观性试题答案有得分要点
	参考答案与评分标准措辞应规范、严谨，表述准确，无歧义
3. 试卷制作	试卷制作标准，审查、审批手续齐备
	试卷模板准确，试卷内容经过多层审查，达到零错误
	试卷保密制度及相关预案齐全，并具有确实可行性
4. 考核组织与实施	考试安排科学合理、及时准确，便于学生查询与组织复习
	考试组织严格缜密、细致入微，保密制度严密，无徇私舞弊
	监考人员严格执行《衡阳师范学院考场规则》，维护考场秩序，保证考试顺利进行
	处理违纪、作弊做到公平公正、证据确凿，程序符合要求
	试卷袋相关签字齐全，试卷份数准确，试卷装订整齐

续表

质量观测点	质量标准
5. 试卷评阅	按照试题参考答案及评分标准评阅试卷
	评阅一律使用红色签字笔
	试卷要密封评阅，能严格按照评卷标准及时进行阅卷评分。阅卷采用集体评卷、流水阅卷法
	评卷要做标记：对正确的答案记“√”，在答案全错处记“×”，在答案错误部分的下面划“_”，对未答题目记“0”分。对于每一大题由多道小题组成的情况，每一小题均应做出“√”或“×”等标志
	评卷时用阿拉伯数字记分，记分要准确、工整。大题得分栏和卷首得分栏都必须记载得分
	评分客观公正，核分准确无误；无错判、漏判、统分错误现象
	无随意更改分数现象；如有分数更改，须有阅卷教师签名
	整本试卷批阅完成后，须在试卷封面处有评卷人和复查人签名，评卷人与复查人不能为同一人
6. 成绩记载	平时考核内容、所占比例、考核形式符合教学大纲要求，不得单纯以出勤情况作为考核内容，结课时应向学生公布平时考核成绩分数
	平时成绩按在课程考核中所占比例折算的实际得分记载
	平时成绩规范，评分合理，记录完备。平时成绩要按照考核实际给定，不得作为调整期末课程考核成绩的平衡分数
	有期中考试的课程，期中考试应采用百分制记载成绩
	按规定时间和要求录入成绩，成绩登记准确，填写规范、完整
	教师在教务一体化系统中设置的课程考核成绩计算公式准确，总评成绩按规定比例计算精确，一律采取四舍五入，用整数记
	任何人不得擅自修改成绩，应按教务管理要求履行手续
7. 成绩分析	教师应按照教学大纲要求，对本门课程的课程目标达成情况进行计算和分析，并撰写课程目标达成情况分析和持续改进报告
	对学生考试卷面成绩进行结构性评述，对试卷考核范围、难易程度、区分度等进行分析，对学生出错率高的共性问题进行总结，并分析教学过程、教学方法等存在的问题
	对考试中反映出来的问题提出有针对性的改进措施

续表

质量观测点	质量标准
8. 试卷归档	凡课程考核记录均应整理存档，建立试卷档案
	归档后试卷存放应规范（按学期、专业或课程），方便查找，并确保安全
	试卷归档时，要使用学校统一格式的试卷封面、按学号顺序装订成册，并按试卷封面要求填写清楚应填栏目。答题卷份数应与实际考试人数完全相符，不得缺漏
	期末考试试卷原则上每班每科目考试试卷封装为一册。如试卷过厚，可封装为两册，但试卷封面上应以清晰字迹标明“2－1”和“2－2”字样，专业选修课如每班选修人数较少，也可按教学班即多个班合并封装为一册。补（缓）考试卷可不分班级，每一科目封装为一册。如补考学生数量较少，也可同一个年级的数个科目封装为一册
	课程考核材料（含有关电子、声像等材料）由开课学院办公室登记封存，有专人保管，保存至学生毕业后三年

全校师生牢固树立标准意识，严格依照质量标准开展各项课堂教学、课程考核、教育实践等各项教学活动，校教务处和教学质量监控与评估中心在平时各类评估检查中，以教学主要环节质量标准为指针，督促落实各项质量标准，加强教学质量保障。

第五节　建立校院专业三层级的质量保障组织架构

衡阳师范学院根据师范专业认证关于“质量保障”的新要求，以师范类专业认证工作为契机，推动师范类专业教学改革，引导师范类专业聚焦毕业生核心能力素质培养，建立基于产出的持续改进质量保障机制；2019 年启动师范类认证以来，根据认证要求，陆续修订实施了系列规章制度，改革人才培养体制机制，逐步建立起基于产出的持续改进质量保障机制。在原有校院两级质量保障组织架构的基础上，增加了专业层面的质量保障要求，建立起学校＋学院＋专业的三层级的质量保障组织架构，强化专业质量保障，从根本上推进专业向内涵式发展转变。

一、学校层面的质量保障机构及职能

1. 学校层面质量保障决策机构是学校党委会、校长办公会和学校教学工作委员会，对学校重大教学问题和本科教学质量保障体系建设进行研究决策，党委书记和校长是教学质量第一责任人，分管教学副校长是直接责任人。

2. 教务处是学校教学管理职能部门，负责本科教学质量保障的实施。具体职责是：

（1）负责制订教学各环节质量标准，组织开展教学质量检查与评估，根据检查和评估中发现的问题，制订整改措施。

（2）负责制订教师教学工作规程、教师教学奖惩制度并组织实施，落实教授、副教授为本科生上课制度。

（3）负责制订教学仪器设备建设计划和实验室运行管理办法，定期检查实验室及实习实训基地等教学场所建设与运行情况；加强实验室安全管理。

（4）负责学校课程资源及网络教学资源建设，制订课程建设规划、评价标准并实施。

（5）制订教材建设规划及管理办法、教材征订计划，组织教材的编写和修订，统计并评价教材建设成果。

3. 学校本科教学质量监控责任单位是教学质量监控与评估中心及校教学督导团，具体职责是：

（1）负责组织推动本科教学质量保障体系建设，制定并落实相关制度，指导各职能部门和学院的质量保障工作。

（2）负责组织学校本科教育教学审核评估、专业认证、本科教学基本状态数据的填报及分析等工作。

（3）负责对全校教学管理、教学运行和教学质量总体情况进行常态化监控。

（4）校教学督导团实施督教、督学、督管、督改工作。

（5）检查、指导教学运行过程中的各类教学管理规章制度落实和改进情况，向学校提出教学工作的建议。

（6）收集、汇总师生对教学工作的建议和意见，并向有关部门反馈。

（7）收集、推介各部门质量保障体系建设与管理工作的经验和典型做法。

4. 人事处、计划财务处、资产管理处、信息与网络中心、基建处、后勤处、图书馆等相关职能部门负责学校本科教学质量的条件和资源保障。具体职责是：

（1）人事处负责师资队伍的保障。制订学校师资队伍建设规划，建立师资引进、培养及考核运行机制和管理制度，建立师资流动机制，负责教师职称晋升及定岗工作，负责教师培养工作，指导学院做好教师职业生涯规划；教师发展中心重点面向新入职教师和青年教师，有计划地开展教师培训，着力提高教师职业能力，建设一支高素质创新型的教师队伍。

（2）计划财务处负责本科教学经费的保障。做好年度教学经费预算，规范教学经费的使用，提供并分析生均本科教学日常运行支出、生均本科专项教学经费、生均本科实验经费、生均本科实习经费等数据。

（3）资产管理处负责学校固定资产的管理和调配。负责教学仪器设备的采购、管理和维护，配合教务处加强实验室建设及安全管理。

（4）信息与网络中心负责平台维护，保障校园网络畅通及多媒体设备正常运行，提供网络教学资源建设的技术支撑。

（5）图书馆负责学校文献信息资源规划、建设、管理及利用。

（6）基建处负责教室、实验室及实习实训基地等教学用房建设。

（7）后勤处负责保障校内教室、实验室及实习实训等教学场所设施的正常使用。

二、学院具体实施教学质量保障工作

1. 学院层面决策机构是学院党政联席会和教学委员会，对本科教学质量保障体系建设进行研究决策，学院书记、院长是学院教学质量第一责任人，分管教学副院长是直接责任人。

2. 学院的具体职责。

（1）根据学校教学质量保障工作的要求，制订本院的实施方案，明确本院质量保障组织架构及其职责。

（2）围绕课程建设、课堂教学、教育实践等主要教学环节，建立覆盖教学设计、实施和评价全过程的教学质量常态化监控机制。

（3）定期围绕人才培养工作进行自我评价，重点开展课程体系合理性评价、课程目标、毕业要求、培养目标达成度评价等，并将评价结果用于持续改进。

（4）建立毕业生跟踪反馈机制，定期邀请中学、教育行政部门等利益相关方对毕业生质量进行客观评价，根据评价结果及时调整人才培养方案，有效改进课程教学工作，使专业人才培养与中学教育发展形成良性循环。

（5）作为实验室安全的责任主体，落实学校实验室管理文件精神，健全安全防范管理制度，落实“三防”（防火、防盗、防事故）责任，确保实验室安全。

三、专业层面质量保障的重点工作

专业认证的主体是各个专业，因此质量保障任务要下沉到专业。专业在质量保障方面要履行的职责是：对照认证标准开展自查，总结取得成效，梳理问题与不足，以问题为导向，进行有针对性的改进。围绕毕业要求为核心的“主线”要求和建立面向产出的评价改进机制的“底线”要求开展自评自建。其中，重点工作包括：（1）重新审视修订专业培养目标和毕业要求，通过充分的调研、论证，细化、丰富专业培养目标；培养目标需延伸到毕业要求，得到毕业要求的有效支撑，并能预期反映毕业生毕业 5 年的发展情况。优化课程体系和教学大纲，建立基于产出的质量评价机制，整理教学档案与佐证材料。（2）按照毕业要求、培养目标和课程体系的支撑关系和达成目标要求，制定每门课程的教学大纲。（3）建立基于产出的质量评价机制，做好课程目标达成、毕业要求达成情况评价。

四、质量保障的主要内容和责任单位

学校、学院、专业质量保障的主要内容包括质量目标保障、质量标准保障、培养过程保障。

（一）质量目标保障

质量目标保障的内容主要有：办学定位、培养目标、毕业要求、课程目标等。

1. 学校办学定位的责任单位是发展规划中心，主要负责研究制定学校发展规划，明确学校办学定位，研究制定相应政策，督促落实办学定位。

2. 学校人才培养目标总定位的责任单位是教务处。负责制定学校人才培养总目标，指导各学院和各专业研究制定专业培养目标，并采取相应措施，落实人才培养目标。

3. 专业办学定位和专业人才培养目标、毕业要求、课程目标的责任单位是各学院与各专业。对接国家战略发展和社会需求，以产出为导向，对培养目标、毕业要求和课程目标三者之间的逻辑关系进行深入研究和论证，制定相应措施，保障课程目标、毕业要求和培养目标达成。

（二）质量标准保障

质量标准保障的内容主要有：教学建设质量标准、教学环节质量标准、教学管理制度、课程考核质量标准等。学校质量标准保障的责任单位为教务处和各学院。教务处负责研究制定教育教学建设、改革、管理和考核等全过程各环节的质量标准，学院制定相应措施，落实质量标准。

（三）培养过程保障

培养过程保障的内容主要有：培养方案管理、教学大纲制定、课程教学管理、教学改革与研究管理、课外科技文化艺术活动等。

1. 学校培养方案管理、教学大纲制定、课程教学管理、教学改革与研究管理的责任单位是教务处，具体职责是：

（1）提出制订人才培养方案的指导性意见，组织、指导、审查各专业人才培养方案的制定和修订，制订人才培养方案管理办法，审核培养方案的执行情况。

（2）提出制定课程教学大纲的指导性意见，检查教学大纲的执行情况。

（3）进一步完善课程教学体系，制订课程教学质量管理办法；负责教学运行各环节的检查和教学信息收集、分析和反馈工作；指导和协调各学院做好日常教学管理工作，推进课堂教学与实践教学改革创新。

（4）负责制订教学改革与研究管理办法以及教学改革项目的立项、申报、评审和成果管理工作。

2. 各学院进一步完善人才培养方案、课程教学大纲审核机制，加强教学各环节的检查和教学信息收集、分析、反馈、整改工作，组织教师开展教学改革。

3. 学校课外科技文化艺术活动（第二课堂）由校团委、学生工作处、教务处和创新创业学院具体实施。

（1）校团委负责制订鼓励学生开展社团活动的措施，组织学生开展社会实践，建立和完善活动的考评和奖励机制。

（2）团委、学生工作处负责组织学生开展校园文化活动。

（3）教务处负责制订各类学科竞赛管理办法，并组织实施。

（4）创新创业学院负责大学生创新创业训练各类竞赛和大学生创业园的运行管理。

总之，学校构建了校院专业三层级的教学质量保障组织体系，明确了责任范围和运行机制，使得质量保障工作有章可循，提高了教学质量保障和监控的科学性、有效性。

第六节　建立四个机制

师范类专业认证提出了聚焦“主线”和“底线”关键点的工作思路。“主线”即“三个目标”（培养目标、毕业要求、课程目标），“三个支撑”（课程教学支撑课程目标、课程目标对接毕业要求、课程体系支撑毕业要求）。培养目标，回应需求，找准定位，明确预期；毕业要求，覆盖标准，支撑目标，可衡量；课程目标，对接毕业要求，引导课程教学。“底线”即“三个机制”（质量监控机制——质量标准评学、监控措施；达成度评价机制——三个达成即课程目标、毕业要求、培养目标；毕业要求持续改进机制——基于评价结果的改进)。《普通高等学校师范专业认证标准解读》（二级）对 8 个一级指标和 38 个二级指标从内涵解读、考查要点、佐证材料三方面进行了详细解读，提出了高校需要建立的机制和需要开展的评价。

对照标准解读和“主线”“底线”要求，衡阳师范学院将质量保障和持续改进列为自评自建重点，建立起教学过程质量常态化监控机制、毕业生跟踪反馈以及基础教育机构和教育行政部门等利益相关方参与的社会评价机制、形成性评价机制、持续改进机制等四个机制。围绕课程建设、课堂教学、教育实践等主要教学环节，定期开展了四个评价，即培养目标评价、毕业要求评价、课程评价、教育实践管理评价。通过自主教学检查、评价与反馈、结果分析与自觉改进等方式，定期对各主要教学环节的质量实施监控与评价，如培养目标合理性评价、教学大纲审核、课堂教学监督、课程考试的审核，开展课程目标、毕业要求、培养目标达成度评价并用于持续改进，使监控和整改过程形成闭环，保障毕业要求达成，构建了自觉、自省、自律、自查、自纠的大学质量文化。

一、建立教学过程质量常态化监控机制，定期对各主要教学环节质量实施监控

专业认证要求学校围绕课程建设、课堂教学、教育实践等主要教学环节，建立覆盖教学设计、实施和评价全过程的教学质量常态化监控机制；通过采取自主教学检查、评价与反馈、结果分析与自觉改进等方式，定期对各主要教学环节的质量实施监控与评价，不断提高教学质量。

多年来，学校层面的教学质量监控机制基本健全，通过教学检查、教学督导、信息监控等措施，了解教学全过程中存在的问题并及时采取措施解决。

（一）学校组织的教学质量常态化监控

2021 年 10 月，学校修订了《衡阳师范学院本科教学质量保障体系建设与运行实施办法》，对教学过程中的质量监控作出了详细规定。建立指导机构、执行机构、督导机构“三位一体”的组织架构，构建了以常规教学运行督查、

教学专项质量评估和院级本科教学工作评估为主要内容，以全程监控、全员监控、全要素监控为方式的教学质量监控模式。

教学质量监控与评估中心及校教学督导团负责教学质量监控工作，对照教学管理规章制度和质量标准，通过实施以下工作制度，实现教学常态化、全方位、全过程监控。

1. 听课制度。按照相关规定，学校和学院各级领导、行政管理人员、校院两级教学督导、教师等人员深入课堂，通过随机听课、诊断听课、观摩听课、线上听课等方式，及时了解教学状况，发现和解决教学中存在的问题。

2. 教学检查制度。教学检查分为学校检查和学院自查，分别以规范教学、过程检查、考核质量为重点，组织日常检查和专项督查，包括课堂教学、实验教学、教学实践等环节和培养方案、教学大纲执行情况、试卷命题和批阅、毕业论文（设计）和教学秩序检查等，了解教师课堂教学质量，及时解决存在的问题，改进教学工作。

3. 教学督导制度。强化教学督导队伍建设，优化校院两级专兼职教学督导队伍，开展督教、督学、督管、督改等活动。

4. 学生信息员制度。加强学生信息员队伍建设，收集学生对教师、教学管理部门以及学校的评价、意见或建议。

5. 常态教学信息监控。完善本科教学基本状态数据采集制度，强化教学质量常态化监测。

6. 专项质量监控由教学质量监控与评估中心和教务处负责实施，按照有关要求和质量标准，实施针对性监控。

（二）院系（专业）层面的教学质量常态化监控

开展师范类专业认证以来，教学质量监控的重心逐渐下沉到教学院各专业，各学院是本单位教学质量监控的责任主体，负责围绕课程建设、课堂教学、教育实践等主要教学环节，进行全过程的教学质量常态化监控，发现问题及时反馈改进。教学质量监控和保障的重点也发生了改变。学院和专业充分发挥院级督导对教学工作的监督与指导，使执行过程与监督过程形成闭环，做到以“毕业要求”为核心，持续改进。重点是建立教学过程质量常态化监控机制（包括责任机构、监控环节），聚焦评价学生学习成效，定期开展专业教学质量评价；定期对各主要教学环节质量实施监控与评价，保障毕业要求达成。

以学校首批参加师范类专业认证的教育科学学院学前教育专业为例，学院形成了院级教学质量保障体系架构与运行方式。建构了“五机构、六系统”院级本科教学质量保障与监控体系。“五机构”，即学院教学指导委员会、学院教学办、学院教学督导组、教研室、院学生会。学院教学指导委员会是在院长领导下对本院的教学管理、运行和教学质量监控等方面问题进行评议、决策的管理机构；教学办主要保障本学院本科教学工作的正常运行；学院教学督导组负责学院各专业教学督导等工作；教研室作为基层教学组织，是教学研究、科研活动等的具体组织者；院学生会在教学质量保障体系中的作用表现为反馈各种教学信息。“六系统”，即决策系统、保障系统、监控系统、评价系统、反馈系统和持续改进系统。决策系统主要涉及研究制订学院教学质量标准，建立质量保证措施；质量保障系统主要涉及各主要教学环节的质量保障；监控系统通过听课、座谈、检查、交流等方式促进教学质量的提高；评价系统由各评价主体对所有任课教师进行线上、线下评教，同时通过试卷检查等方式对各类课程的考核质量进行评价；反馈系统主要由各教研室广泛收集课堂教学信息、人才培养方面的相关信息，并及时向任课教师、学院教学指导委员会等反馈；改进系统由任课教师、人才培养方案修订小组等针对问题开展持续改进，并再次接受督导和评价，确保持续改进效果。

学院按照学校本科教学质量保障体系的要求，围绕培养目标、毕业要求达成等方面，对影响学院本科教学质量的各环节和因素进行常态监控，形成“自主运行→自我检查→自我反馈→自我改进”的“内部循环”。

二、建立人才培养质量跟踪反馈的社会评价机制

外部评价是教学质量保障体系的必要环节，对毕业要求达成和培养目标实现产生重要影响。师范专业认证“质量保障”指标要求各专业重视人才培养质量的社会评价，建立毕业生跟踪反馈机制，全面、深入、准确地了解毕

业生履职情况；定期邀请中学、教育行政部门等利益相关方对毕业生质量进行客观评价，根据评价结果及时调整人才培养方案，有效改进课程教学工作，使专业人才培养与中学教育发展形成良好的契合度。

顺应师范专业认证和新一轮审核评估的要求，2020 年，为进一步做好毕业生和用人单位跟踪调查工作，全面、准确了解学校人才培养质量和社会需求状况，为学校教育教学改革提供参考依据，学校出台了《衡阳师范学院毕业生和用人单位跟踪调查工作实施办法（试行）》，明确了跟踪调查对象和范围、主要内容、主要方式，定期开展毕业生跟踪反馈和社会评价工作，对师范类专业培养目标和毕业要求的达成情况进行合理性评价与反馈，建立合理、有效的培养目标达成评价机制，为专业人才培养目标合理性、达成情况评价提供评价数据，推进教师教育质量保障体系建设，提升专业人才培养质量。

2021 年 5—6 月，招生就业指导处对我校 2019—2021 届毕业生（特别是接受认证的英语、学前教育专业毕业生）就业情况进行了统计分析，邀请了省内中学、衡阳市县教育局等用人单位对我校毕业生质量进行了客观评价，反响良好。

（一）毕业生质量跟踪调查情况

1. 毕业生初次就业率较高。近三届，学校毕业生初次就业率一直保持在 80% 以上，高于全省本科高校平均值，居全省同类高校前列。

表 2－10　2019—2021 届我校毕业生初次就业情况一览表

毕业届	毕业人数	初次就业人数	初次就业率（%）	
			我校	湖南省
2019	3830	3433	89. 63	86. 31
2020	3938	3187	80. 93	79. 22
2021	4238	3792	89. 48	约 87

2. 毕业生就业符合学校服务面向定位和师范特色。

（1）从就业地区来看，主要流向本省。我校 2019—2021 届毕业生初次就业人数 10412 人（含升学、出国出境）。毕业生就业地区主要在湖南省内，三年共有6301人，占比为60.52%；其次广东省1328人，占12.75%；浙江省315人，占3.03%；上海市138人，占1.33%；江苏省126人，占1.21%；海南省110人，占1.06%；北京市101人，占0.97%。这符合我校“立足湖南、面向全国，为地方基础教育和经济社会发展服务”的服务面向定位。

表2-11　2019—2021届我校毕业生就业省份分布一览表

毕业届	湖南	广东	浙江	上海	江苏	海南	北京	其他省份
2019	1911	566	100	48	38	35	38	697
2020	1937	363	97	35	43	39	39	634
2021	2453	399	118	55	45	36	24	662
合计	6301	1328	315	138	126	110	101	1993
占就业总人数比例（%）	60.52	12.75	3.03	1.33	1.21	1.06	0.97	19.14

（2）从就业行业来看，主要流向教育行业。我校2019—2021届毕业生初次就业已落实就业单位的毕业生为9182人，其中，教育行业就业4904人，占比为53.41%，契合师范院校的属性，体现了教师教育特色。

表2-12　2019—2021届我校毕业生就业单位行业分布一览表

单位行业	2019届		2020届		2021届		小计	
	人数	比例(%)	人数	比例(%)	人数	比例(%)	人数	比例(%)
教育	1500	49.60	1476	54.34	1928	56.01	4904	53.41
信息传输、软件和信息技术服务业	354	11.71	250	9.20	266	7.73	870	9.48
文化、体育和娱乐业	163	5.39	217	7.99	267	7.76	647	7.05

续表

单位行业	2019届		2020届		2021届		小计	
	人数	比例(%)	人数	比例(%)	人数	比例(%)	人数	比例(%)
租赁和商务服务业	227	7.51	199	7.33	220	6.39	646	7.04
制造业	92	3.04	101	3.72	133	3.86	326	3.55
批发和零售业	144	4.76	140	5.15	179	5.20	463	5.04
居民服务、修理和其他服务业	72	2.38	41	1.51	65	1.89	178	1.94
科学研究和技术服务业	145	4.79	82	3.02	88	2.56	315	3.43
公共管理、社会保障和社会组织	55	1.82	35	1.29	42	1.22	132	1.44
金融业	50	1.65	27	0.99	27	0.78	104	1.13
建筑业	63	2.08	29	1.07	82	2.38	174	1.90
房地产业	26	0.86	22	0.81	18	0.52	66	0.72
交通运输、仓储和邮政业	27	0.89	19	0.70	22	0.64	68	0.74
住宿和餐饮业	18	0.60	16	0.59	25	0.73	59	0.64

续表

单位行业	2019 届		2020 届		2021 届		小计	
	人数	比例(%)	人数	比例(%)	人数	比例(%)	人数	比例(%)
卫生和社会工作	12	0.40	15	0.55	34	0.99	61	0.66
水利、环境和公共设施管理业	33	1.09	5	0.18	11	0.32	49	0.53
电力、热力、燃气及水生产和供应业	10	0.33	9	0.33	14	0.41	33	0.36
农、林、牧、渔业	22	0.73	6	0.22	14	0.41	42	0.46
军队	10	0.33	26	0.96	29	0.84	65	0.71
采矿业	1	0.03	1	0.04	3	0.09	5	0.05

三届师范类专业毕业生共 5523 人，初次就业 4974 人，就业率 89.91%。其中，教育行业就业 3680 人，占已落实就业单位的师范生的比例为 84.62%，说明国家实施教育优先发展战略，教育行业对教师人才需求量逐年增加。

表 2－13　2019—2021 届师范类毕业生就业情况一览表

毕业届	毕业人数	初次就业人数	就业率（%）	落实就业单位人数	教育行业就业人数	教育行业占比（%）
2019	1594	1476	92.60	1271	1059	83.32
2020	1763	1489	84.46	1224	1031	84.23
2021	2175	2009	92.37	1854	1590	85.76
合计	5532	4974	89.91	4349	3680	84.62

注：落实单位就业人数不含升学、出国（境）就业类别

（3）从就业地域层次来看，主要流向基层。在我校2019—2021届毕业生初次就业人群中，到县及以下单位就业3705人，占比为40.57%，说明我校贯彻落实党和国家大力引导和鼓励毕业生到基层就业成效突出。

表2-14　2019—2021届我校毕业生就业地域层次情况一览表

毕业届	已落实就业单位人数（不含升学、出国出境）	县级及以下就业人数	占比（%）
2019	3024	1072	50.72
2020	2716	1377	35.45
2021	3792	1256	33.12
合计	9182	3705	40.57

3. 毕业生就业质量好。

（1）就业协议和劳动合同形式就业人数占比高，达43.54%。

表2-15　2019—2021年我校毕业生初次就业情况一览表

年度	毕业生人数	初次就业人数及占比（%）	就业协议和劳动合同形式就业人数及占比（%）	升学、出国（境）人数及占比（%）	应征入伍人数及占比（%）	国家和地方基层项目人数及占比（%）	其他形式就业人数及占比（%）	自主创业人数及占比（%）
2019	3830	3433	1570	409	9	64	1374	7
		89.63	40.99	10.68	0.23	1.67	35.87	0.18
2020	3938	3187	1686	471	30	127	857	12
		80.93	42.81	11.96	0.76	3.22	21.76	0.30
2021	4238	3792	1972	325	29	39	1401	15
		89.48	46.53	7.67	0.68	0.92	33.06	0.35
合计	12006	10412	5228	1205	68	230	3632	34
		86.72	43.54	10.04	0.57	1.92	30.25	0.28

（2）毕业生就业专业对口度高。据近三年毕业生问卷调研显示，被调研的2155名毕业生中，从事的工作与所学专业相关度达84%，其中，完全一致的占比38%，相关度高的占比19%。

（3）毕业生对职业发展状况满意度高。调研显示，对目前工作总体满意度为95%，对薪酬福利满意度为80%，对职业发展前景满意度为88%。

（二）用人单位评价情况

2021年重点用人单位问卷调研显示，在被调研的351家用人单位中，对我校毕业生总体满意度为99.65%，其中非常满意占比62.02%；对专业知识与技能、文化知识素养、敬业精神与职业道德、创新精神、吃苦耐劳精神、团队合作精神、组织协调能力、自主学习能力、抗压抗挫能力、灵活应变能力、语言表达能力、执行力等方面的满意度均在90%以上，其中非常满意均在50%以上。

表2-16　用人单位对我校毕业生综合素质满意度评价表

序号	评价指标	非常满意的比例（%）	满意的比例（%）	基本满意的比例（%）	不满意的比例（%）
1	总体评价	62.02	30.31	7.32	0.35
2	专业知识与技能	57.49	34.84	7.32	0.35
3	文化知识素养	61.32	32.06	6.27	0.35
4	敬业精神与职业道德	62.02	30.66	6.97	0.35
5	创新精神	52.96	37.63	8.71	0.70
6	吃苦耐劳精神	60.28	31.71	7.67	0.35
7	团队合作精神	58.19	33.80	7.67	0.35
8	组织协调能力	56.45	35.19	8.01	0.35
9	自主学习能力	54.36	37.28	7.67	0.70
10	抗压抗挫能力	53.66	36.93	8.36	1.05
11	灵活应变能力	54.36	38.33	6.97	0.35
12	语言表达能力	54.70	38.33	6.62	0.35
13	执行力	58.89	33.10	7.67	0.35

学校建立了基础教育机构、教育行政部门等利益相关方参与的社会评价机制，由各专业具体实施。以学前教育和英语专业为例，说明社会评价开展的情况。

1. 学前教育开展社会评价及持续改进情况。

（1）根据毕业生跟踪调查结果进一步修订完善培养目标。最近一次毕业生跟踪反馈结果显示，2020 届毕业生在省内就业占 53.1%，其中在衡阳本地就业的 6.2%；省外就业占 27.2%，以广东省为主，占外省就业的 77.3%。据此，本专业将 2019 年培养目标的面向范围修订为“立足湖南，辐射珠三角”；将培养人才目标定位为“能在幼儿园及相关的幼儿教育机构从事幼儿保教及管理工作的高素质幼儿园教师”。

（2）利益相关方参与的多元社会评价机制的建立及最近一次社会评价的开展情况。

①责任机构：学院教学办、学院学工办。

②评价周期：每年 1 次。

③调查对象：长沙市、深圳市、衡阳市等市的 3—5 个幼教集团、教育行政部门。

④调查内容：用人单位对本专业的人才培养方案、课程设置等方面的意见。

⑤评价方法：利用微信、QQ、互联网问卷等新媒体，或通过电话访谈，了解用人单位、同行及学生家长对本专业人才培养工作的意见和建议。

⑥结果利用：收集和整理利益相关方的反馈意见，并将之作为培养目标、毕业要求、课程设置等方面修改的重要依据。

（3）最近一次社会评价的开展情况。

依据相关规定，本专业开展了 2015—2021 届学生培养目标达成度评价、2021 届学生课程体系合理性评价、2017 版人才培养方案修订研讨会等工作，最终形成 2019 版人才培养方案。评价过程实现了幼儿园一线教师、教育行政部门代表的有效参与。

2. 英语专业开展社会评价及持续改进情况。

（1）调查事项：主要包括对英语专业培养目标的认同度、对英语专业培养目标达成情况的满意度、对英语专业毕业要求的认同度、对英语专业毕业要求的满意度等四方面。对英语专业培养目标的认同度和培养目标达成情况满意度内容包括教育信念、执教能力、育人能力、专业发展等方面。对英语专业毕业要求的认同度和满意度包括师德规范、教育情怀、学科素养、教学能力、班级指导、综合育人、学会反思、沟通合作等八个方面。

（2）责任机构：外国语学院、校友办等。

（3）评价周期：每两年1次。

（4）参加对象：用人单位、毕业五年左右毕业生、学生家长。

（5）调查方式和运行机制：利用用人单位到学校招聘的机会，通过座谈、问卷调查等方式调研用人单位、毕业五年左右毕业生、学生家长等利益相关方。由系主任作为评价责任人，院长、教学副院长召集培养目标达成度评价工作小组、专任教师和教学管理人员共同讨论各方的反馈结果，最终形成评价报告。

（6）评价结果。最近一次利益相关方对培养目标达成情况满意度进行评价情况：从对毕业五年左右的本科毕业生、毕业生家长和用人单位等利益相关方对本专业培养目标与毕业要求认同度和达成情况满意度综合评价调查的统计结果来看，我校英语专业培养目标的设定与社会对人才需求的符合度高，毕业要求对培养目标的支撑度高，课程体系设置对毕业要求和培养目标的支撑度高，培养目标和毕业要求的设定获得了利益相关方的高度认可；同时，培养目标和毕业要求达成情况满意度值高于0.9，达成情况获得了利益相关方的充分肯定；毕业生综合素质高，进入工作岗位后能很快适应工作环境，职业竞争力较强，获得了用人单位高度认可。

三、建立形成性评价机制

学校坚持学生中心，在师范生的学业监测方面，改变过去以结果性评价为主的做法，把握教学评价根本，突出形成性评价。

1. 学校基本做法。学校制定颁布了《衡阳师范学院学生综合素质测评办法》《衡阳师范学院优秀学生奖学金评定实施细则》《衡阳师范学院学生奖励办法》《衡阳师范学院学生违纪处分办法》等文件，对学生开展各个方面的测评工作，彰显了过程评价、多元评价和综合评价机制。在课程考核方面，学校出台了《衡阳师范学院本科生课程考核与成绩评定管理办法》，强调课程考核以能力考核为导向，采用形成性考核（测验测试、期中考核、实践考核、论文、报告、作业、课堂表现等）与终结性考核（笔试、面试、机试、论文或报告、实验操作、设计或作品等）按比例综合评定的办法，其中形成性考核成绩占比介于30%—50%之间。此外，2021年9月，学校启动“学生立体综合评价体系的构建”项目，被定为省教育体制改革试点项目。学校改变以智育成绩为主导的评价导向，坚持德智体美劳并举，将思想道德素质、身心健康素质、课程学习成绩、创新素质与实践能力、劳动表现等纳入评价指标体系，引导学生全面发展、各美其美，促进学生综合素质提高。

2. 专业建立师范生形成性评价机制，对学生学习表现进行跟踪与评价。近年来，各专业按照认证要求，健全和完善学生形成性评价机制，尤其是英语专业的做法值得参考借鉴。英语专业一直以来采取形成性评价与终结性评价相结合的方式，明确了形成性评价所占比例，建立起全面客观的师范生形成性评价机制。此外，该专业还通过生涯规划教育、讲座、社团工作、相关竞赛等，及时引导学生规划好大学四年的学习生涯，并利用多种方法、形式、途径，立体多维地协同提升学生整体素质，构建了良好的形成性评价机制。

（1）教师在教学过程中及时记录学生的学习情况，通过课堂出勤率、课堂参与度、课堂检测对学生的认知、情感、态度、策略等方面的表现做出评价，有效地监控教与学的全过程；在学期成绩记录表中对形成性评价进行量化，并折算分数记入学生的课程总评成绩；详细记载学生发展情况；不断完善评价反馈机制，使师范生形成性评价机制逐步健全并形成了动态调整机制。通过对师范生学习表现的跟踪与评估，学院形成了良好的学习氛围。

（2）以“英语人文阅读Ⅱ”课程为例说明课程如何跟踪和评价学生的学习表现，如何根据评价收集的信息，评价和判断学生个体的学业情况，并据此采取改进措施，帮助学生达成课程目标的情况。

“英语人文阅读Ⅱ”课程通过主题式阅读与讨论，学生能够拓展关于哲学、文学、艺术、宗教等领域的知识面，并掌握基本阅读技巧。依托该课程，展示英语阅读课型的教学策略，初步探究师范技能，培养师范意识。学生能够将零散的知识点梳理、选择、整合成不同领域的知识体系，并能主动、客观地辨析、评判相关阅读文本，最终上升至“人与自我、人与社会、人与自然”的思考。

该课程的考核采用考试方式，成绩采用百分制，考核由平时考核、期末考核组成。平时考核（作业）包括：课堂展示、课程作业（如将教材某一章节的内容梳理并做成思维导图）、课堂考勤。平时、期末考核成绩比例符合课程考核办法，其平时成绩占 30%，期末闭卷考试占 70%。综合通过课堂展示、课程作业（对课后作业进行布置紧贴课程目标，有针对性地设置课后批判性思考题目；待学生将课后作业提交后，根据课程目标对学生的作业进行评分，并记录在相应课程目标的平时成绩内）、课堂考勤等方式，及时在期末考试前做好相关记录，通过任课教师随堂记录、评分及试卷评分及时跟踪和评价学生的学习表现，根据评价收集信息，制订适合的学习情况评价表，评价学生以下三个方面的学习表现：①评价学生参与情况。一看多样性，即学生参与教学活动的形式是否多样，如师生谈话、合作交流、动手实践、自主探究等；二看广泛性，即学生是否很投入地参与教学全过程；三看深刻性，即学生在参与教学活动中是否进行深层次的思考和交流。②评价学生的交流情况。一看是否有多边、丰富、多样的信息交流与反馈；二要看是否有良好、有效的人际交往与合作的氛围。③评价学生的达成情况。此种评价既要求能帮助学生掌握知识，又要求能促进学生的发展。本门课程还运用学生学习状态评价方法来评价学生个体的学业情况，取得了良好的效果。在进行具体的评价时，教师运用自然观察法，使用观察工具记录和描述记录相结合的方法，进行全过程观察和有重点观察，同时收集学生学习的反馈信息，使教师能对教学做出全面的评价和改进。

四、建立持续改进机制

为进一步贯彻落实习近平总书记关于教育的重要论述和全国教育大会精神，持续深化本科教育改革，建立产出导向的本科教学质量评价与持续改进机制，完善本科教育教学质量保障体系，提升人才培养质量，根据中共中央、国务院《深化新时代教育评价改革总体方案》《普通高等学校本科专业类教学质量国家标准》《教育部关于深化本科教育教学改革全面提高人才培养质量的意见》（教高〔2019〕6号）和《普通高等学校师范类专业认证实施办法（暂行）》（教师〔2017〕13号）等文件精神，学校于2021年出台了《衡阳师范学院本科教育教学质量评价与持续改进工作实施办法（试行）》，该办法贯彻落实“学生中心、产出导向、持续改进”教育理念，是有效开展学校本科教学质量评价与持续改进工作，确保质量要求得以落实的依据。伴随着该办法在近年师范类专业自评自建工作过程中的贯彻落实，学校逐步形成了持续改进机制。

（一）学校本科教学持续改进工作遵循原则

学校本科教学持续改进工作遵循针对性原则和发展性原则。

1. 针对性原则：凡是在质量监控与评价过程中出现的明显问题，必须有针对性地提出改进目标与方案，并在之后的教学过程中予以重点监控评价，形成闭环。

2. 发展性原则：持续改进工作应以教师教学能力的发展、教学水平的提高、教学质量的提升为导向，根本目标是实现师生共同发展。

（二）本科教学质量持续改进体系

学校建立由课程、专业、学院、学校构成的教学质量持续改进体系。教学持续改进工作在分管教学工作的校领导指导下，由教学质量监控与评估中心、教务处、学生工作处、招生与就业指导处、人事处等职能部门以及各学院、专业负责组织与实施。各职能部门和各学院、专业要根据工作职责，守好“一段渠”，种好“责任田”，落实好教育教学责任。

1. 学校层面的持续改进组织机构。学校建立由教育教学质量评价制度、课堂教学网上评教制度、教学督导工作制度、领导干部听课制度、教师课堂教学质量评价制度、教师评学制度、毕业生质量跟踪调查与反馈制度等构成的教学质量评价与持续改进体系。教学质量监控与评估中心、教务处、学生工作处、招生与就业指导处、人事处等部门，建立健全教育教学质量评价与持续改进工作机制，对反馈的教学信息及时核查、处理、答复，并在后续改进工作中加以改进，改进过程及改进效果要有跟踪、有记录。

（1）教学质量监控与评估中心对教学评价与改进信息建立备案制，对突出问题的持续改进情况进行监督、检查；会同相关职能部门做好各学院、专业人才培养质量监督工作，每年进行教学基本状态数据监测和分析，发布学校本科教学年度质量报告，查找本科教育教学中存在的问题并提出持续改进的措施，为学校制定教育教学规划、改革和创新教育教学工作、配置教育教学资源等提供决策依据。

（2）对于教育教学评价中反映出的师德师风问题，人事处、教务处、教学质量监控与评估中心和相关学院严肃对待，按照学校相关规定及时处理，及时查找问题产生原因并制定改进措施。

（3）对于教育教学评价中教学质量问题较为突出的教师，相关学院、专业应帮助教师制定提升教育教学能力的改进计划，并对实施效果进行跟踪和评价。对长期存在较为严重教学质量问题的教师，学院、专业应制定限期整改措施。对整改后仍无明显改进的教师，学校按照《衡阳师范学院教师教学质量评价实施办法》相应规定处理。

（4）对于教育教学评价中反映突出的学生学风问题，学生工作处、教务处、相关学院、专业共同制定并实施学风改进计划，并对改进效果进行跟踪和评价。

（5）对于教育教学评价中反映出的管理及后勤保障服务问题，教学质量监控与评估中心及时将有关信息反馈给相应职能部门，由其负责制定和实施改进方案，并对改进效果进行跟踪和评价。

2. 学院和专业层面的持续改进组织体系。各学院根据学校评价与持续改进实施办法，结合学科专业特点，制定相应评价与持续改进实施细则，充分发挥学院教学委员会、教学督导工作组的指导和督查功能，按时组织开展评价与持续改进工作，形成稳定有效的工作机制。

（1）各学院积极履行持续改进的主体作用，根据评价制度有关规定，利用评价结果组织各专业、教师和相关人员对师风师德、人才培养方案、理论教学、实践教学、师资队伍建设、课程建设、教材建设、教育实践、毕业论文（设计）、学风建设等主要教学环节所涉及的有关方面进行及时改进，并对持续改进情况给予跟踪和评价。

（2）教师根据教育教学质量评价、教师教育教学质量考核意见、学生评教结果等对教学内容、教学方式方法、考核内容方法、课程教学大纲、课程教学计划等进行及时改进，并对改进情况进行自评，自评结果由教师所在专业审核。

（3）各学院逐步完善和加强教学管理评教及持续改进工作，对教学管理各环节整改过程和效果予以跟踪、再次评价，形成闭环，确保教学质量保障体系有效运行，教学资源条件有效保障支撑毕业要求达成。

（三）持续改进的监督

教学质量监控与评估中心对教学评价与改进信息建立备案制，对突出问题的持续改进情况进行监督、检查；会同相关职能部门做好各学院、专业人才培养质量监督工作，每年进行教学基本状态数据监测和分析，发布学校本科教学年度质量报告，查找本科教育教学中存在的问题并提出持续改进的措施，为学校制定教育教学规划、改革和创新教育教学工作、配置教育教学资源等提供决策依据。

（四）持续改进的实践探索

持续改进贯穿师范类专业认证的整个过程，无论是学校还是各个学院和专业，都需要针对在主要教学环节中发现的问题进行持续整改，尤其是针对培养方案、教学大纲、课程教学和考核、教育实践等重点环节进行持续改进。下面以首批认证的英语专业为例，展示英语专业针对评价结果做出的持续改进情况。

1. 培养方案的持续改进。在 2019 版的本科人才培养方案修订工作中，对应国家中学教育专业学生毕业要求的 8 个条目规定，该专业构建“通识课程 + 学科基础课程 + 专业课程 + 教师教育课程 + 素质拓展课程”的课程体系，并对学分进行了压缩与调整。扩大了各项毕业要求对应的课程范围，明确并细化了各门课程的目标及其所要达成的毕业要求指标点，增加了实践教学课程的比例，新增教师语言、青少年心理健康等课程，为了更好地培养学生的人文素养，将 2017 版的英语阅读改成英语人文阅读等。在新版的人才培养方案中，进一步凸显该专业的特色及优势。

2. 教学大纲制定的持续改进。部分学生及教师反馈，仅用期末卷面成绩作为最终成绩有些片面，据此，该专业初步建立了基于课程考核环节的过程性评价机制，修订了教学大纲，明确了各门课程的培养目标与毕业要求指标点的对应关系，制定了合理的考核方案。

3. 课程教学过程的持续改进。

（1）课堂教学方式的改进。任课教师在教学过程中强化能力导向教育，改“满堂灌”课堂教学方式为“以学生为中心”的教学方式，将讨论式、情境式等教学方法灵活贯穿于课堂教学过程中积极推广，邀请行业专家授课或做专题报告，教师教育类课程聘请中学特级或正高级英语教师授课，同时充分利用教育见习、实习、研习等教学环节让学生深入中学课堂一线，培养学生实践教学的能力。

（2）课程考核方式的改进。建立了包含有实践教学环节的考核评价方法，以实践报告、小组互评相结合的成绩评价方法，合理评价每个同学的贡献和知识掌握情况。同时，加大了平时成绩和实践成绩的比例。

（3）实践教学环节的改进。针对毕业论文中存在论文题目的中学英语教学背景较弱、论文质量监控力度不强等问题，聘请实习基地学校部分一线教学人员参与联合指导本科毕业论文。

针对教育实习中存在实践基地数较少、学生课堂教学时数较少等问题，新建了一批教育实践基地，并延长了实习的时间等。

（4）教师队伍建设的持续改进。一是建立“以老带新”制度，二是实施学院督导制度，三是建立校外导师制度，四是举行各级青年教师教学竞赛，五是大力支持教师参与教学研究与学术交流，六是积极支持教师在职攻读博士学位，七是选派教师前往中学挂职锻炼。

第七节　开展四大评价

《普通高等学校师范专业认证标准》要求各高校开展四大评价，一是目标评价，定期对培养目标的合理性进行评价，并能够根据评价结果对培养目标进行必要修订。评价和修订过程应有利益相关方参与。二是毕业要求评价，专业应通过评价证明毕业要求的达成。三是课程评价，定期评价课程体系的合理性和课程目标的达成度，并能够根据评价结果进行修订。评价与修订过程应有利益相关方参与。四是教育实践管理评价，教育实践管理较为规范，能够对重点环节实施质量监控。实行教育实践评价与改进制度。依据相关标准，对教育实践表现进行有效评价。衡阳师范学院通过两年多的摸索，形成了较为科学合理的达成度评价（包括培养目标、毕业要求、课程）及教育实践管理评价机制。

一、构建并运行达成度评价机制

师范类专业认证强调以师范生的学习效果为导向，对照师范毕业生核心能力素质要求，评价师范类专业人才培养质量。培养质量达成度评价机制的建立是最基本的不可或缺的环节，也是专家评判的重中之重。为进一步贯彻落实习近平总书记关于教育的重要论述和全国教育大会精神，持续深化本科教育改革，推进专业内涵式建设，建立基于产出的评价改进机制，全面保障和提高人才培养质量，根据中共中央、国务院《深化新时代教育评价改革总体方案》《普通高等学校本科专业类教学质量国家标准》《普通高等学校师范类专业认证实施办法（暂行）》《中学教育专业师范生教师职业能力标准（试行）》等文件精神，不断规范人才培养质量达成度评价的程序与方法，2021年，学校制定出台了《衡阳师范学院人才培养质量达成度评价管理办法》并认真执行，建立了较为科学合理的人才培养质量达成度评价机制。

1. 人才培养质量达成度评价的责任主体。人才培养质量达成度评价实行校院两级管理和专业负责人责任制。学校教务处统筹协调、指导监督全校人才培养质量达成度评价工作。教学院负责组织实施专业人才培养质量评价，根据评价结果制定改进措施，形成“评价—反馈—改进”闭环管理的持续改进机制。教学院是人才培养质量达成度评价组织与实施的责任主体，应遵循“学生中心、产出导向、持续改进”理念，成立评价工作小组，明确专人负责评价工作，制定符合本专业的人才培养质量达成度评价办法，安排专人负责，定期对培养目标、毕业要求和课程目标达成度进行评价并形成评价报告。评价结果及时公示并做好存档，各专业根据评价结果提出改进措施，促进教育教学水平提高。通过人才培养质量达成度评价和人才培养工作的持续改进，引导和推动专业人才培养质量提升。

2. 人才培养质量达成度评价的内容。人才培养质量达成度评价包括人才培养目标达成度评价、毕业要求达成度评价和课程目标达成度评价。

（1）人才培养目标达成情况评价重点关注学生毕业 5 年左右职业发展状况与培养方案设定的人才培养目标契合情况，是从宏观层面对人才培养质量达成情况的评判。

（2）毕业要求达成情况评价重点关注某届毕业生在毕业时达到培养方案中设定的毕业要求情况，是从中观层面对人才培养质量达成情况的评判。

（3）课程目标达成情况评价重点关注修读某课程学生在课程结束后达到课程目标设定的学习成果情况，是从微观层面对人才培养质量达成情况的评判。

人才培养目标是毕业要求的顶层设计，毕业要求是对培养目标的分解，且应能支撑培养目标的达成；课程目标是对毕业要求的细化，且应能支持毕业要求的达成。课程目标达成度评价是毕业要求达成度评价的基础，毕业要求达成是培养目标达成度评价的前提。

二、构建并运行人才培养方案合理性评价和课程体系合理性评价机制

为进一步贯彻落实习近平总书记关于教育的重要论述和全国教育大会精神，持续深化本科教育改革，推进专业内涵式建设，建立基于产出的评价改进机制，全面保障和提高人才培养质量，根据中共中央、国务院《深化新时代教育评价改革总体方案》《普通高等学校本科专业类教学质量国家标准》《普通高等学校师范类专业认证实施办法（暂行）》《中学教育专业师范生教师职业能力标准（试行）》等文件精神，不断规范人才培养方案合理性评价的程序与方法，学校出台了《衡阳师范学院人才培养方案合理性评价实施办

法》，明确人才培养方案合理性评价遵循“学生中心、产出导向、持续改进”理念，包括人才培养目标合理性评价、毕业要求合理性评价和课程体系合理性评价。

1. 组织分工。人才培养方案合理性评价实行校院两级管理和专业负责人责任制。学校教务处统筹协调、指导监督全校人才培养方案合理性评价工作。教学院负责组织实施专业人才培养方案评价，根据评价结果制定改进措施，形成“评价—反馈—改进”闭环管理的持续改进机制。教学院是人才培养方案合理性评价组织与实施的责任主体，应成立评价工作小组，明确专人负责评价工作。参照本管理办法，依据《普通高等学校本科专业类教学质量国家标准》《普通高等学校师范类专业认证实施办法（暂行）》《中学教育专业师范生教师职业能力标准（试行）》要求，制定符合本专业的人才培养方案合理性评价办法，定期对培养目标、课程体系和毕业要求合理性进行评价并形成评价报告。评价结果要及时向全体教师和相关部门反馈，用于修订人才培养目标、毕业要求、课程体系、教学大纲等，作为专业配置师资和教学资源、推进人才培养模式创新、深化教育教学改革的重要依据。各专业通过人才培养质量合理性评价和人才培养工作的持续改进，引导和推动专业人才培养质量提升。

2. 人才培养目标合理性评价。

（1）评价依据。人才培养目标的合理性评价主要依据党和国家相关政策对人才培养定位的要求，本专业培养目标与学校定位、专业发展需求、社会发展需求和利益相关方的期望等内外需求的符合度，设定的培养目标必须能有效反映学生毕业五年后在社会和本专业领域预期能够取得的成就。

（2）评价主体和责任人。专业培养目标合理性评价主体，涵盖学校相关管理部门、校级督导、专业负责人、学院教学督导、专业教师、学生、毕业生、用人单位、学生实习实践单位、家长等利益相关方。教学院院长为培养目标合理性评价责任人，学院分管教学的副院长和专业负责人组织专业培养目标合理性评价的具体实施。

（3）评价周期。培养目标合理性评价每两年进行一次。

表 2－17　培养目标合理性评价调查信息采集表

<table>
<tr><th colspan="2">参与评价方</th><th>评价形式</th><th>评价周期</th><th>评价内容</th></tr>
<tr><td rowspan="5">内部评价</td><td rowspan="2">学院教学工作分委员会</td><td>研讨/座谈</td><td>两年</td><td>培养目标与国家政策、学校定位及专业人才培养定位的吻合度</td></tr>
<tr><td>对比分析</td><td>两年</td><td>上一轮人才培养目标达成情况分析</td></tr>
<tr><td>高校同行专家</td><td>问卷调查/座谈/研讨</td><td>两年</td><td>培养目标与行业发展需求的吻合度</td></tr>
<tr><td>专业教师</td><td>问卷调查/座谈</td><td>每年</td><td>培养目标与专业发展、办学特色的吻合度</td></tr>
<tr><td>学生</td><td>问卷调查/座谈</td><td>每年</td><td>培养目标与职业期望的吻合度</td></tr>
<tr><td rowspan="4">外部评价</td><td>毕业生</td><td>问卷调查/座谈</td><td>每年</td><td>毕业 5 年左右学生发展要求与培养目标的吻合度</td></tr>
<tr><td>用人单位</td><td>问卷调查/座谈</td><td>每年</td><td>用人单位对人才的需求与培养目标的吻合度</td></tr>
<tr><td>行业专家</td><td>问卷调查/座谈</td><td>每年</td><td>行业发展对人才的需求与培养目标的吻合度</td></tr>
<tr><td>学生家长</td><td>问卷调查/座谈</td><td>每年</td><td>学生家长对人才培养的期望与培养目标的吻合度</td></tr>
</table>

（4）评价方式。专业通过外部评价和内部评价综合判断培养目标的合理性，其中：外部评价通过毕业生、用人单位、行业专家、学生家长座谈及问卷调查方式进行；内部评价通过学院本科教学工作分委员会、高校同行专家、专业教师及在校生研讨、座谈和问卷调查方式进行。综合专业内外部评价结果，形成符合行业发展的专业定位及社会人才需求报告，并进一步分析研究，最终形成培养目标合理性评价结果。

（5）评价结果及运用。培养目标合理性评价结果是专业人才培养目标修订和完善的重要依据。各专业要对评价结果进行综合分析，给出培养目标是否合理的结论及持续改进建议，并形成“人才培养目标合理性评价”记录文档和分析报告，包括专业人才培养目标、评价依据、评价主体、评价方法、评价结果及分析、主要问题与改进措施等。评价记录和评价报告由教学院存档，保存六年。

3. 毕业要求合理性评价。

（1）评价依据。毕业要求合理性评价以党和国家教育方针政策、《普通高等学校本科专业类教学质量国家标准》、《普通高等学校师范类专业认证实施办法（暂行）》、《中学教育专业师范生教师职业能力标准（试行）》、本专业人才培养目标、毕业要求与课程体系的关联度矩阵、课程教学大纲为依据。设定的专业毕业要求应能够支撑专业人才培养目标。

（2）评价主体和责任人。毕业要求合理性评价面向全体专业教师、用人单位、毕业生（应届、往届）、行业专家等，通过审读和分析相关材料，对毕业要求合理性作出整体判断的评价。教学院院长为毕业要求合理性评价责任人。教学院分管教学的副院长和专业负责人组织毕业要求合理性评价的具体实施。

表 2－18　毕业要求合理性评价调查信息采集表

参与评价方	评价形式	评价周期	评价内容
学院评价工作小组	评审会	每年	审查毕业要求的合理性，毕业要求能否支撑培养目标的达成
专业教师	座谈	每年	毕业要求合理性以及指标点分解的合理性
应届毕业生	问卷调查/座谈	每两年/调整前	毕业要求与学生期望的吻合度
往届毕业生	问卷调查/座谈	每两年/调整前	毕业生主流职业发展与毕业要求的吻合度
用人单位	问卷调查/座谈	每两年/调整前	用人单位对人才的需求与毕业要求的吻合度
行业专家	问卷调查/座谈	每两年/调整前	行业发展对人才的需求与毕业要求的吻合度

（3）评价周期与对象。毕业要求合理性评价主要针对最新一版“本科人才培养方案”中的毕业要求每两年进行一次，并对毕业要求每两年进行一次小修订，每四年进行一次完整修改。

（4）评价方式。毕业要求合理性评价主要通过走访座谈和问卷调查等方式进行。座谈的主题和问卷调查的主要内容围绕认证标准“一践行三学会”等方面的能力和素质进行。

（5）评价结果及运用。各专业要对评价结果进行综合分析，给出毕业要求是否合理的结论及持续改进建议，并形成“毕业要求合理性评价”记录文档和分析报告，包括专业毕业要求及其分指标点描述说明、评价依据、评价主体、评价方法、评价结果及分析、主要问题及改进措施等。各专业毕业要求合理性评价结果用于持续改进工作。分析报告和评价形成的记录文档要完整、可追踪，由教学院存档，保存六年。

4. 课程体系合理性评价。

（1）评价依据。课程设置是支撑专业人才培养目标和毕业要求达成的充分必要条件。课程体系合理性评价要以党和国家教育方针政策、《普通高等学校本科专业类教学质量国家标准》、《普通高等学校师范类专业认证实施办法（暂行）》、《中学教育专业师范生教师职业能力标准（试行）》、学校办学定位、专业定位、专业人才培养方案、专业培养目标、毕业要求为依据。

（2）评价对象。课程体系合理性评价主要评价课程体系能否合理支撑所有的毕业要求，课程教学能否落实相关毕业要求的支撑任务。

（3）评价主体和责任人。课程体系合理性评价主体涵盖本专业学生、毕业生、专业负责人、课程（模块）负责人、专任教师、学院教学督导与管理人员、校外专家、学生家长及学生实习实践单位、用人单位等利益相关方。教学院院长为专业课程体系合理性评价责任人，教学院分管教学的副院长和专业负责人组织专业课程体系合理性评价的具体实施。

（4）评价周期。课程体系合理性评价与人才培养目标评价同时进行，每两年进行一次。

（5）评价方法。课程体系合理性评价主要采用定性评价的方法，包括但不限于课程设置调查问卷、个别访谈、集中座谈等。评价方式有以下两种：一是专业培养方案修订过程中，为检验修订质量而进行的审核式评价；二是基于毕业要求达成情况开展的诊断式评价。

（6）评价结果及运用。专业课程体系合理性评价结果，是专业培养目标能否达到预期质量标准的基础保障和依据，也是指导专业人才培养方案、培养目标和课程体系持续改进的重要依据。各专业要形成“课程体系合理性评价”记录文档和分析报告，包括评价内容、评价依据、评价主体、评价方法、评价结果及分析、主要问题及改进措施等。分析报告和评价形成的记录文档要完整、可追踪，由教学院存档，保存六年。

三、组织开展培养目标、毕业要求、课程达成评价

（一）培养目标评价

人才培养目标达成情况评价重点关注学生毕业 5 年左右职业发展状况与培养方案设定的人才培养目标契合情况，是从宏观层面对人才培养质量达成情况的评判。

1. 评价依据：评价的外部依据包括党的教育方针、国家教师教育相关政策、国家或地区基础教育改革发展和教师队伍建设重大战略需求、《普通高等学校本科专业类教学质量国家标准》、《普通高等学校师范类专业认证实施办法（暂行）》、用人单位对人才发展潜力、专业技能与综合素质的需求、毕业生主流职业发展需求、学生毕业后 5 年左右的职业发展状况等。评价的内部依据是学校的办学定位与人才培养目标定位。

2. 评价主体和责任人：人才培养目标评价采取多方合议制度，评价主体涵盖本专业学生、教师、校院教学督导、教学院管理人员、学校相关部门管理人员、各级教育行政部门、毕业生、用人单位和学生实习实践单位、校外专家、家长等利益相关方。教学院学术分委员会主任为专业人才培养目标达成度评价责任人，教学院主管教学的院长和专业负责人组织专业人才培养目标达成度评价的具体实施。

3. 评价方法：人才培养目标评价综合采用直接和间接评价结合、定性与定量评价结合、内部评价与外部评价结合的多样化评价方式及评价策略。常用的评价方法包括个别访谈法、集体访谈法、问卷调查法和专家评议法等。评价前需对评价方法进行选择和优化。

4. 评价周期：专业人才培养目标达成度评价每两年进行一次，形成“人才培养目标达成度评价”记录文档，包括评价内容、评价依据、评价主体、评价方式、评价工具、评价结果等。要求评价记录完整、可追踪，为专业人才培养目标的修订提供证据支撑。

5. 评价结果及运用：教学院评价工作小组要对通过多种评价方法获得的评价结果进行综合分析，按学校要求形成“人才培养目标合理性评价”分析报告和“人才培养目标达成情况评价”分析报告，包括专业基本情况、评价依据、评价方法、评价对象、评价结果及分析、主要问题及改进措施等。分析报告和相关支撑材料（评价实施方案、相关记录、数据和结果使用情况）完整、可追踪，由教学院存档，保存六年。评价结果及时向全体教师和相关部门反馈，用于修订人才培养目标、毕业要求，完善课程体系、优化课程结构等工作，作为专业推进人才培养模式创新、深化教育教学改革的重要依据。

6. 培养目标问题反馈与持续改进：问题反馈内容包括培养目标与经济、社会、专业建设、学生发展等方面所有相关意见与建议；反馈主体：毕业生、任课教师、国家、社会、行业企业、学生家长等；通过学校—学院—专业开展的座谈会、问卷调查等途径充分表达意见与建议；反馈周期每两年 1 次。持续改进内容主要是指改进培养目标与社会经济发展变化、用人单位、学校专业实际发展、毕业生职业规划、学生预期等各个方面不相符合的部分；改进主体是制定培养目标的专业负责团队；改进周期原则上每 4 年开展一次培养目标的整体修订。在整体修订期内，可以进行微小调整。如遇特殊情况，可随时组织培养目标专业负责团队进行统一修订。

7. 培养目标达成评价范例（英语专业）。

（1）培养目标合理性评价情况。截至 2021 年 6 月，通过问卷调查、访谈、座谈、线上会议等形式，学院组织了 9 轮次校友、毕业生、用人单位、学科专家对 2019 版人才培养方案的目标合理性进行评价。①校友反馈意见。校友对专业培养目标认同度总体较高，认为课程结构合理，毕业要求清晰，能力培养全面。同时，建议进一步强化本专业学生的专业技能特别是教学技能的培养，加强现代教育技术能力的培养。② 毕业生反馈意见。在毕业生中进行了问卷调查，95%的毕业生对本科四年的学习表示满意，认为本专业培养目标符合实际情况。在建议和意见方面，18.32%的毕业生建议要多进行英文书法和简笔画、形体、音乐修养的培训，7.42%的毕业生认为本科期间要多重视科研能力的培养。③ 用人单位反馈意见。用人单位对培养目标达成情况的满意度高，98%认为我院毕业生具有良好的职业道德、坚定的从教信念和扎实的教育教学基本功。部分用人单位建议加强说课评课训练。④ 学科专业专家反馈意见。受访专家认为，衡阳师范学院英语专业人才培养模式架构合理，协同育人特色优势明显，建议进一步提高实践课程的学分比例。

（2）学院根据校友、毕业生、用人单位、学科专家反馈意见，对培养目标进行了最新的修订，进行了人才培养需求调研，形成了“衡阳师范学院英语专业人才培养质量达成度评价分析报告”。

（二）毕业要求评价

1. 评价依据：外部依据主要是党和国家教育方针政策、中小学教师专业标准、中小学教育专业认证标准；应届毕业生、任课教师、教育主管部门和用人单位等从亲身体验和主观感受方面对专业毕业要求达成评价情况。内部依据包括专业人才培养目标和专业培养方案；课程目标达成评价情况。

2. 评价主体和责任人：毕业要求达成度评价采取多方合议制度，主体涵盖本专业毕业生、专业教师、兼职教师、辅导员、教学院领导及教学管理人员、校外专家、教育主管部门、用人单位和学生实习实践单位等利益相关方。教学院院长为毕业要求达成度评价责任人。各专业成立毕业要求达成度评价小组。评价小组的主要成员为教学院领导、专业系主任（或专业负责人）、各课程组组长、教学院教学督导、骨干教师代表、辅导员和校外专家。评价小组的主要职责包括：确定和审查本专业毕业要求各指标点和相关支撑课程的合理性；确定各指标点支撑课程的权重值；制定和审查评价方法；收集数据，实施评价，撰写报告，提出持续改进要求。

3. 评价方法：各专业毕业要求达成度评价小组对本专业所制定的毕业要求进行合理分解，每个毕业要求一般可分解为2—6个能反映毕业要求本质、较具体和评价性强的指标点。根据各指标点适用的评价方法，使用适宜的评价方式进行评价。毕业要求达成度评价可采用多种评价方式进行，但一般应包括定量的课程考核成绩分析法，即毕业要求分解的每个指标点应该由2—6门课程支撑，每门课程按照对指标点贡献度的大小分配合理的权重，支撑权重值之和为1。具体流程为：①针对每门课程，用抽取样本学生相关考题的平均得分和支持毕业要求指标点的试题总分，计算出课程对毕业要求指标点目标达成度评价值；②用课程目标达成度评价值和相应课程的支撑权重，计算出"毕业要求指标点达成度评价值"，然后用权重法或最小值法得到毕业要求达成度评价值；③将毕业要求达成度评价值与制定的合格标准进行比较，进而得出支持毕业要求达成情况的评价结果。

4. 评价周期：专业毕业要求达成度评价每年进行一次，确保对每一届毕业生都进行毕业要求达成度评价。评价结果形成"毕业要求达成度评价"记录文档，要求评价记录完整、可追踪。

5. 评价结果及运用：教学院评价工作小组对通过不同评价方法获得的评价结果进行交叉对比、综合分析，形成"毕业要求合理性评价"和"毕业要求达成情况评价"分析报告，包括专业毕业要求及其分指标点描述说明、评价依据、评价方法、评价人、评价结果及分析、主要问题及改进措施等。分析报告和评价形成的记录文档要完整、可追踪，由教学院存档，保存六年。评价结果及时向全体教师和相关部门反馈，用于修订人才培养目标、毕业要求、课程体系、教学大纲等，作为专业配置师资和教学资源、推进人才培养模式创新、深化教育教学改革的重要依据。毕业要求达成度评价主要采取课程考核成绩分析法形成（或计算）毕业要求达成度，并与毕业要求的达成标准进行比较，得出毕业要求达成度评价结果。

6. 问题反馈。

（1）反馈内容：主要围绕学生学习产出与师范专业认证标准、课程体系支撑、指标分解、毕业生就业及用人单位满意度上存在的问题。

（2）反馈主体：专业人员、一线教学人员、用人单位以及毕业生等。

（3）反馈途径：学校—学院—专业开展的座谈会、问卷调查等。

（4）反馈周期：根据评价周期（每年1次），进行评价建议与意见的反馈。

7. 持续改进。

（1）改进内容：改进学生的学习产出与师范专业认证标准、课程体系支撑、指标分解、毕业生就业及用人单位满意度上存在的问题。

（2）改进主体：学校、学院及专业团队组成的毕业要求修订组。

（3）改进周期：原则上每 4 年开展一次毕业要求的整体修订。在整体修订期内，可以进行微小调整。如遇特殊情况，可随时组织毕业要求修订组进行统一修订。

（三）课程目标达成度评价

1. 评价依据：课程目标达成度评价以专业人才培养目标和毕业要求为依据。课程目标达成度评价是毕业要求达成度评价的基础，其可靠性和合理性决定毕业要求达成度评价是否合理和可信。

2. 评价主体和责任人：主体涵盖学生、专任教师、教学院教学督导、教学院管理人员、校外专家等利益相关方。课程负责人为评价责任人。

3. 评价方法：主要采用定量评价与定性评价相结合的方法。课程目标达成度评价旨在多层面了解与反馈课程建设与实施情况，根据不同主体的多样评价目的，综合运用多种评价方式匹配评价需求。具体可运用的评价方法包括：课程问卷调查、访谈、课程考核成绩分析法等。

4. 评价周期：课程目标达成度评价每学期进行，评价结果形成“课程目标达成度评价”分析报告，要求评价记录完整、可追踪。课程目标达成度评价分析报告由教学院存档，保存六年。

5. 评价结果及运用：对专业主要课程目标达成情况进行评价，评价课程对毕业要求指标点的贡献是否达成，并及时反馈给相应教师，帮助教师了解课程特点及所处水平，发现课程教学短板，有针对性地改进相应教学环节，调整教学内容，改善教学方法；帮助专业结合专业培养目标与毕业要求，优化课程体系，推进课程教学改革，推动本科人才培养质量的持续改进。

课程目标达成度评价是毕业要求达成度评价的基础，其可靠性和合理性决定毕业要求达成度评价的合理性和可信度。针对每门课程，根据学生人数，抽取具有统计意义的试卷样本数，要求样本好、中、差三个等级比例基本均等，或者抽取一个教学班，采用课程考核成绩分析法等方式得到课程目标达成度。

6. 问题反馈。

① 反馈内容：课程目标达成方面存在的问题、课程体系不能完全支撑毕业要求的问题、课程设计的方式方法以及实施过程方面存在的问题等。

② 反馈主体：教学委员会、行业专家、学生、校友、任课教师、教学督导、用人单位等。

③ 反馈途径：日常听课抽查，学校—学院—专业开展的座谈会、问卷调查等。

④ 反馈周期：定期反馈与日常反馈相结合。

7. 持续改进。

① 改进内容：持续改进课程目标达成度评价，进一步完善课程体系，使之完全能合理支撑所有毕业要求、科学解决课程设计的方式方法以及实施过程方面存在的问题等。

② 改进主体：教学专业委员会、任课教师。

③ 改进周期：原则上每 4 年开展一次课程体系的整体修订。在整体修订期内，可以进行微小调整。如遇特殊情况，可随时组织毕业要求修订组进行统一修订。

四、构建并完善教育实践管理评价机制

实践教学是帮助学生深化对专业知识理解、形成专业实践能力、养成专业态度和情感关键环节。师范专业认证要求中学教育专业重视实践教学工作，建立健全完整的实践教学体系，能够做到学科专业实践与教育教学实践有机结合，教育见习、教育实习、教育研习互相贯通，师德体验、教学实践、班级管理和教育研究一体，并能够与课堂教学、理论学习等其他教育环节有机衔接。学校高度重视教育实践，根据认证要求，修订教育实践各项规章制度，加强教育实践的管理和跟踪评价，做到“三习贯通、协同育人”。

（一）建立教育实践管理和质量监控的相关制度，教育实践管理规范有序，质量监控行之有效

1. 学校修订完善了教育实践管理制度，使教育实践工作有章可循。为增强师范生的实践能力、创新精神和社会责任感，全面提升师范生教育实践质量和人才培养质量，根据《中共中央国务院关于全面深化新时代教师队伍建设改革的意见》《教育部关于加强师范生教育实践的意见》《教师教育振兴行动计划（2018—2022）》等文件精神，结合学校实际，2022 年特制定《衡阳师范学院师范专业教育实践管理办法》（校教字〔2022〕8 号）。《衡阳师范学院师范专业教育实践管理办法》明确指出：教育实践适用于学校全体师范本科专业，分为教育见习、教育实习、教育研习三个部分，涵盖师德师风、教学实践、班级管理与学生指导实践、教研实践等内容。教育实践实行学校、学院二级管理。通过教育实践全面检验教育教学质量，及时反馈信息，不断总结经验，持续改进工作，提高教育质量，深化教育特色。教育见习内容包括学校整体感知教学工作见习、班级管理工作见习、教研工作见习；教育实习内容包括教学工作实习、班级管理工作实习、教研工作实习；教育研习内容包括教学工作研习、班级管理工作研习、教研工作研习。此外，学校还出台了《衡阳师范学院本科生实习工作管理办法》《衡阳师范学院师范生顶岗实习工作管理办法》《衡阳师范学院实践教学基地建设与管理办法》《衡阳师范学院教学实践“双导师制”管理办法》《衡阳师范学院派驻教师专业发展学校人员管理试行办法》，进一步明确见习、实习、研习等教育实践环节的考核内容、方式、参考标准等，强化过程性与表现性考核评价。各学院在制定教育实践（见习、实习、研习等）课程大纲的基础上，出台教育实践管理具体细则，将教育实践工作落细落实。形成了全面覆盖实践基地管理、指导教师管理和实习生管理的实践教学管理制度体系，分管校长、教务处、学院和各专业建立了严密的管理队伍，构建了层层落实的实践教学质量健康运行机制，教育实践管理较为规范，能够对重点环节实施质量监控，为教育实践活动的质量提供了有力保障。

2. 加强教育实践的常态化过程监控。学校出台了《衡阳师范学院本科

教学质量保障体系建设与运行实施办法》，明确“各学院是本单位教学质量监控的责任主体，负责围绕课程建设、课堂教学、教育实践等主要教学环节，进行全过程的教学质量常态化监控”。学校对教育实践教学情况进行全过程监控，包括实习动员—基地走访—实习汇报—实习材料专项检查。学校建有虚拟仿真实验中心，可以利用实践教学监控系统实现与教育实践基地的远程互访，通过在线听课、评课、座谈等形式，对教育见习、实习进行实时监控；每年集中实习期间，学校教务处、教学质量监控中心组织专门人员下到各实习点，了解实习情况；实习结束后，组织开展实习汇报、实习档案袋专项检查并进行通报，全面总结教育实践的经验，发现问题及时整改。各教学院落实教育实践管理监控主体责任，负责审定教育见习、实习、研习教学大纲，依据大纲有效开展教育“三习”，做到“三习”贯通；对师范生的实习任务与要求，包括教学时数、教育调查研究任务、班级管理要求等做出具体规定，并以此作为标准来监控评价学生的教育实习情况。各专业根据学校相关制度，加强教育实践全过程质量监控，将实习学生、实习指导教师、学院实习管理机制纳入人才培养质量监控体系，贯穿学生教育见习、教育实习和教育研习全过程。专业坚持学生自练与教师指导、分层培训与个别强化的培训方式，一对一进行个别化指导，针对学生实践教学中发现的问题进行有效强化与指导，使学生的实践能力得到有效改进和进一步提升。同时，每次实习结束后，本专业都专门举行实习汇报教学比赛，展示优秀学生的教学水平，使学生反思实习期间存在的主要成绩、经验与不足。要求每个学生和实习指导教师都进行总结，通过总结，发现问题，对存在的问题加以整改，对存在问题的学生进行指导，确保学生在毕业前适应本专业教学岗位要求。实践证明，实施师范生实践教学个别化教育和指导后，学生的教育教学能力得到了极大提升。

学院和专业在各类教育实践结束后，由各负责人及时完成相关评价，并形成报告。总结报告反映了本专业毕业生教育实践的基本情况，对毕业生的业务能力进行了具体分析，指出存在的问题，提出今后改进教育实践的意见。

（二）制定并严格执行教育实践评价与改进制度，持续优化教育实践模式，不断提高教育实践成效

学校实行教育实践评价与改进制度，师范生教育实践考核评定标准具体明确，专业依据评定标准对教育实践表现进行有效评价。教育实践成绩考核由学生所属专业组织实施，考核方式采取终结性考核、过程性考核和表现性考核相结合，指导教师考核、同伴考核和自我考核相结合，定性和定量相结合的方式。

1. 教育见习。

教育见习考核评价参考标准如下表：

表 2－19　教育见习考核评价标准

考核项目	考核指标	分值
态度（20分）	见习准备充分，见习计划具体、合理	5
	出勤、表现情况良好	5
	积极参加教育见习活动	10
完成情况（30分）	完成指导教师布置的见习任务	10
	完成教育见习档案材料	20
实效（50分）	教育见习活动记录真实、过程翔实	10
	具有一定的观察能力与反思意识	10
	能够理论联系实际，围绕问题的思考较为深刻	10
	教育见习总结报告内容丰富、条理清晰、格式规范	20

2. 教育实习。

（1）教育实习考核流程。实习学生进行自我实习总结、同伴评价→实习校指导教师、学院指导教师根据实习生表现和实习质量分别给出评定→学院根据双方指导教师的评分，结合学生教育调研报告质量进行综合评议，给出学生的最终教育实习成绩。

（2）教学工作实习考核参考标准。

表 2－20　教学工作实习考核参考标准

一级指标	二级指标	满分 100 分	优 90—100 分	良 80—89 分	中 70—79 分	及格 60—69 分	不及格 60 分以下
课前准备	备课	10 分	熟悉学生特点，体现教学目标，突出课程的基础性与选择性，体现学生自主、合作、探究的学习方式，注重过程评价；备课认真，教案完整，质量较高，按时完成	体现教学目标，体现学生自主、合作、探究的学习方式，关注过程性评价；备课认真，经备课组讨论或教师启发，教案完整，有一定质量，按时完成	基本体现教学目标，基本体现学生自主、合作、探究的学习方式，适当关注过程性评价；备课努力，经帮助后教案比较完整，质量一般，按时完成	基本体现教学目标与过程性评价方式，备课较努力，经较多的帮助后教案尚完整，质量较差，能按时完成	不能体现教学目标与过程性评价方式；备课不认真，组织教案有较大困难，虽经多次帮助，仍不能按时写出较完整的教案
	试讲	10 分	内容熟悉，知识准确，实现教学目标，评价适当，教态自然，符合教学要求，态度认真、虚心	内容熟悉，基本按教案试讲，基本实现教学目标，评价基本合理，教态自然，能接受意见，不断改进	内容基本熟悉。试讲能完成，有教学目标，能接受意见，注意改进	内容欠熟悉，试讲有缺陷，尚能接受意见，改进不大	内容不熟悉，随意发挥，不符合教学要求，接受意见不虚心

续表

一级指标	二级指标	满分	优	良	中	及格	不及格
		100分	90—100分	80—89分	70—79分	60—69分	60分以下
课堂教学	授课	10分	教学目标明确，教学内容精确，引导与评价适当，符合学生生理心理特点，关注基础性、选择性、人文性	教学目标明确，教学内容准确，引导适当，评价适当，符合学生生理心理特点，关注基础性与选择性	教学目标基本明确，教学内容基本准确，评价基本合理，基本符合学生生理心理特点	教学目标基本明确，主要教学内容较为准确，评价基本合理	教学目标不明确，教学内容不正确，无评价或评价不适当
	教学方法	10分	方法恰当，引导得当，有放有收，善于调动学生学习积极性；学生自主、合作、探究的学习方式实现得好；过程性评价恰当；恰当运用现代教育技术；贯彻“为学生的终身发展”理念	方法适合，引导基本得当，有放有收，能调动学生的学习积极性；能使学生实现自主、合作、探究学习；过程性评价基本恰当；正确运用现代教育技术；体现“为学生的终身发展”理念	方法基本适合，注意引导，注重调动学生的学习积极性；基本能使学生实现自主、合作、探究学习；过程性评价基本合理；能运用现代教育技术	方法不太适当，不注重引导，不注重调动学生学习积极性；学生有自主学习的过程，但效果欠佳，有过程性评价；运用其他教学手段欠缺	教学不得法，不关注学生学习方式的变化，没有过程性评价或不合理，不重视采用必要的教学手段

续表

一级指标	二级指标	满分 100分	优 90—100分	良 80—89分	中 70—79分	及格 60—69分	不及格 60分以下
课堂教学	语言板书	10分	能用标准的普通话教学，教学语言准确、简洁、流畅、生动；板书安排有序，工整美观，文字书写规范	能用普通话教学，教学语言基本简洁、流畅；板书安排有条理，字迹清楚，文字规范	普通话不标准，有方言口头语，教学语言欠流畅；板书欠条理，文字基本规范	普通话不标准，方言口头语较多；板书欠合理、规范，偶有错别字	不能用普通话教学，口头语多，表达词不达意；板书随便，字迹潦草，错别字较多
	教学组织	10分	能全面调动和严格要求学生，课堂教学组织严密，课堂秩序活而不乱，应变能力强	能面向大多教学生，要求严格，课堂教学组织有序，课堂秩序较好，有一定的课堂应变能力	能面向大多数学生，对学生有要求，课堂秩序基本良好，课堂应变能力一般	对学生有一定的要求，课堂秩序尚好，但不能控制好课堂，对突发事件缺乏应变能力	无法顾及大部分学生，不能控制课堂秩序，教学组织不严密，课堂应变能力差
	教学效果	10分	达到了教学目标，评价准确，学生基本掌握教学内容，并有自主、深入、探究性的理解与实践，效果很好	达到了教学目标，评价基本准确，但有某些不足之处。学生基本掌握教学内容，能自主学习，教学效果较好	达到了教学目标，有评价过程，但欠准确、全面，学生基本掌握教学内容	基本达到教学目标，但有较多缺点，有评价过程，但不准确全面，大部分学生基本掌握教学内容	没有实现教学目标，没有评价过程，大部分学生未掌握教学内容，教学效果差

续表

一级指标	二级指标	满分 100 分	优 90—100 分	良 80—89 分	中 70—79 分	及格 60—69 分	不及格 60 分以下
课后活动	课外辅导	10 分	主动、经常、耐心细致，解疑答问准确，有启发性，能区别情况，强调探究性学习，指导科技活动和兴趣小组的能力强	认真、经常，解疑答问正确，有启发性，指导科技活动和兴趣小组的能力较强	比较认真，解疑答问基本正确，指导科技活动和兴趣小组能力一般	进行了课外辅导，解疑答问基本正确，指导科技活动的能力较差	不会作课外辅导或辅导敷衍了事，不能正确解疑答问，指导科技活动的能力差
	作业批改	10 分	批改作业及时、仔细、正确，根据作业觉察学生学习情况，并有提高、改进方法反馈给学生，效果好。	认真批改和讲评作业，根据作业发现部分学生学习情况，无差错、效果较好	能认真批改作业，偶有错误，讲评作业能力较一般	批改作业不太认真，偶有错误，讲评作业能力较差	批改作业马虎，错误较多，无讲评作业的能力
	听课评课	10 分	能作全面深刻的自我分析，虚心听取别人意见，不断改进教学，能准确发现并善于评论别人的教学得失，并提出恰当意见和建议	能认真地作自我分析，听取别人的意见，改进教学，能发现并提出别人的教学不足并帮助分析，提出意见和建议	能比较认真地作自我分析，也能接受别人的意见，注意改进教学，能发现别人的主要教学不足，但不能提出合理意见和建议	自我分析不够深刻，接受别人意见不够虚心，教学改进不明显，不能发现别人的教学不足，或提不出意见和建议	不会自我分析或抓不住重点，接受意见不虚心，教学无改进，对别人不关心，不提意见和建议

（3）班级管理工作实习考核参考标准。

表 2－21 班级管理工作实习考核参考标准

一级指标	二级指标	满分 100 分	优 90—100 分	良 80—89 分	中 70—79 分	及格 60—69 分	不及格 60 分以下
工作准备	熟悉情况	10 分	能快速准确掌握全班学生姓名、个性特点、兴趣爱好、思想情况、组织情况（干部、团队员）及班级特点	能掌握全班学生姓名、个性特点、兴趣爱好、思想情况、组织情况（干部、团队员）	能逐步调查了解班级基本情况	较为缓慢的掌握班级基本情况	对班级的基本情况心中无数
	制定计划	10 分	能以正确的教育思想为指导，根据实习学校要求，制定明确、具体、切实可行的计划	能根据实习学校的要求制定切实可行的计划	能根据实习学校要求制定工作计划，但不够完善	基本能根据实习学校要求制定工作计划，但不具体，或不切合实际	不能制定出班主任工作计划

续表

一级指标	二级指标	满分	优	良	中	及格	不及格
		100分	90—100分	80—89分	70—79分	60—69分	60分以下
工作内容和要求	方法态度	10分	有良好师德修养，能积极主动配合原班主任工作，深入细致；能正确教育、引导学生思想，态度诚恳耐心；能收集相关教育案例并做准确分析，积累经验	有良好师德修养，能主动配合原班主任工作，能正确教育、引导学生思想，态度诚恳耐心；能收集相关教育案例，积累经验	有良好师德修养，能按照原班主任提出要求进行工作，能收集相关教育案例，积累经验	能在原班主任指导下进行一些工作	工作缺乏主动性，工作方法不当，或简单粗暴
	日常工作	10分	坚持参加学生的课外活动，处理日常事务，会做学生思想工作，效果好	参加学生课外活动并能通过班级日常活动对学生进行思想教育，效果较好	参加学生的课外活动，对学生进行思想教育，效果尚好	参加学生的某些课外活动，对学生进行一定的思想教育，效果一般	很少参加学生课外活动，不会做思想教育或教育效果差
	集体活动	10分	组织和辅导主题班会、班级活动、兴趣小组，内容丰富，有针对性，适合中学生特点，能开拓思想，开发智力，促进学习，效果好	组织和辅导主题班会、班级活动、兴趣小组，有一定的内容和针对性，对开拓中学生思想、开发智力和促进学习有积极作用	组织和辅导主题班会、班集体活动，有一定的内容，对开拓中学生思想、促进学习有一定的效果	能组织主题班会和某些形式的集体活动，有一定的效果	在原班主任指导下，组织主题班会和集体班级活动有困难

续表

一级指标	二级指标	满分 100分	优 90—100分	良 80—89分	中 70—79分	及格 60—69分	不及格 60分以下
工作内容和要求	个别教育	10分	有目的地了解个别学生的学习、思想、生活、健康、家庭等情况，做学生的知心朋友，能针对学生情况进行个别教育，效果好	对个别学生学习、思想、生活、健康、家庭等情况有所了解，能针对学生情况进行个别教育，效果较好	对个别学生学习、思想、生活、健康、家庭等情况有所了解，能进行个别教育，效果一般	对个别学生的学习、思想、生活、健康、家庭等情况了解较少，开展了个别教育	对个别学生有关情况不清楚，不关心
	家校联系	10分	善于运用家访、家长会议或其他形式开展工作，并取得家长的密切配合，效果好	运用家访、家长会议或其他形式开展工作，取得较好的效果	运用家访、家长会议或其他形式开展工作，取得了一定效果	对部分学生运用家访、家长会议或其他形式开展工作，效果一般	未开展家校联系工作或工作效果差
	工作能力	10分	独立工作能力强，能开动脑筋想办法，克服困难开展工作，成绩显著	独立工作能力一般，能克服困难，开展工作，取得一定的成绩	独立工作能力不强，办法少，尚能克服困难，工作有成绩	独立工作能力较差，经指导教师帮助，仍有某些困难，成绩不显著	没有独立工作能力，工作不主动

续表

一级指标	二级指标	满分	优	良	中	及格	不及格
		100分	90—100分	80—89分	70—79分	60—69分	60分以下
工作表现及效果	行为素养	10分	言行端庄，衣着整洁，团结互助，遵纪守法，成为中学生的表率；爱护学生，师生关系好，受到学生尊敬和爱戴	言行端庄，衣着整洁，能团结互助，遵守纪律，成为中学生的表率；关心学生，师生关系较好，受到学生一定程度的爱戴	对自己的言行举止、衣着打扮有一定要求，能关心学生，师生关系正常，有一定程度的沟通	言行举止、衣着打扮比较随便，尚能关心学生，未能建立师生情感，反映一般	言行举止不得体，服装发型奇异特殊，引起不良反应；师生关系不融洽，有明显违背师德的言行
	自我评价	10分	对自己工作的分析比较全面、客观、深刻，能提出某些有价值的经验和教训，能虚心听取别人的意见	对自己工作的分析不够全面、客观、深刻，基本符合工作实际，能听取别人的意见	对自己工作的分析不全面、客观、深刻，尚能听取别人的意见	对自己工作的分析琐碎肤浅，不能很好地听取别人的意见	对自己工作的分析空洞贫乏，不能发现问题和提出解决办法，不能听取别人意见

（4）教育调研报告考核参考标准。

表2－22 教育调研报告考核参考标准

一级指标	二级指标	满分 100分	优 90—100分	良 80—89分	中 70—79分	及格 60—69分	不及格 60分以下
基本情况	选题意义	10分	选题能从实际出发，具有针对性和现实意义	选题具有一定的针对性和现实意义	选题具有一定的针对性	选题一般化	选题不适当
	材料运用	10分	材料全面、客观，精确、具体，具有代表性，运用恰当	材料比较全面、客观、精确、具体，具有一定代表性，运用较好	材料尚全面、客观，但不够精确、具体，能说明一般问题	材料不够全面、客观、精确、具体，能说明某些问题	材料不全面、不客观，虚假、抽象，不能说明问题
报告质量	结构表述	20分	文章结构严谨，层次清晰，逻辑性强，文字表述准确流畅，不少于3000字	文章结构合理，层次、逻辑清楚，文字流畅，不少于3000字	文章结构基本合理，文字表述基本到位，尚能表情达意，不少于3000字	文章结构有缺陷，文字表述能力弱，不少于3000字	文章结构无条理，文字表述能力差，词不达意，少于3000字
	论述分析	20分	观点鲜明，论据充分，分析深透，具有较强说服力	观点鲜明，有论据，有分析，具有一定的说服力	有观点、论据，论述尚有一定的说服力	观点不鲜明，论据不充分，论述说服力不强	观点、论据杂乱，论述无说明力
	结论建议	20分	结论正确，建议切实可行	结论有理，建议可行	结论基本正确，建议主要方面可行	结论有一定根据，建议某些方面可行	结论无根据，建议脱离实际

续表

一级指标	二级指标	满分	优	良	中	及格	不及格
		100 分	90—100 分	80—89 分	70—79 分	60—69 分	60 分以下
调研能力	调研能力	20 分	态度认真，工作深入，观察力和判断力较强，善于运用各种方式和方法获取材料	态度认真，工作深入，有一定的观察力和判断力，能运用常规调查方式和方法获得材料	态度尚认真，观察和判断能力不够强，尚能运用常规调查方法获得材料	态度不够认真，不能深入，分析判断能力不强，有片面性，获得材料困难	态度不认真，方法不对，未能获取有用材料

（5）实习生考核评价参考标准。

表 2－23　实习生考核评价参考标准

评价项目	评价指标	分值
实习态度	实习态度认真，工作积极，责任心强，遵纪守法，注意安全	10
	积极上进，虚心学习，尊敬师长、团结同事、关爱学生，较好地维护集体利益和荣誉，表现出良好的师德师风和精神面貌	10
实习过程	了解本学科基础教育改革基本情况，积累成熟经验，并能适当进行探索；熟悉本学科知识及教学内容，能根据年级特点做正确区分；掌握基本教学方法与技巧，具备独立组织教学工作的能力，按要求完成教学实习任务	20
	积极主动深入学生，参加学生课外活动，具备学生集体和个人思想教育和组织管理工作能力	20
	掌握调查方法，具备较好的分析、研究和写作能力	10
实习成效	教学实习、班级管理工作实习、教育调研报告成绩均在 80 分或以上	10
	按要求提交各类实习材料，质量较好	10
	受到实习学校和指导教师的表彰或好评	10

（6）实习指导教师评价参考标准。

表 2－24　实习指导教师考核评价参考标准

评价项目	评价指标	分值
职业素养	热爱党的教育事业，具有良好的师德师风	10
	了解基础教育的内涵和发展趋势，熟悉课程改革的特点和发展动态	10
	有较为深厚的专业知识和扎实的教学、教研能力	10
指导情况	实习前准备工作充分，计划周详，安排得当	10
	指导认真负责，为人师表，言传身教，受到实习学校及实习生的好评	10
	注重培养实习生的教育教学教研能力，实习生进步很大，实习成绩突出	10
	关注实习生的思想、工作发展、生活情况，教育实习生热爱教育事业、遵纪守法，积极传授教法技能	10
	指导实习生完成各项教育实践材料，按要求提供实习指导教师相关材料	10
联系反馈	在实习基地建设方面做出一定贡献	10
	对学校提出切实可行的教学、实习改革建议	10

（7）实习基地考核评价参考标准。

表 2－25　实习基地考核评价参考标准

考核评价项目	评价指标	分值
组织领导	成立教育实习领导小组，由实习学校领导、学科教研组长、指导教师及有关人员组成	10
	制定本校实习指导工作计划，确定实习班级，选聘指导教师	10
实施情况	向实习师生介绍有关情况，为实习师生提供必要的工作和生活条件	10
	组织有关报告、座谈、教学汇报、教研等活动	10
	安排、督促、检查实习生的教学、班主任工作、教研等与实习任务相关的活动，对实习生严格要求，热情关怀	10

续表

考核评价项目	评价指标	分值
评价反馈	根据实习生在教育实习中的表现评定教育实习成绩，并加盖实习学校公章	20
	根据本校指导教师的实际指导情况，对其进行考核	10
	及时反馈学生实习过程中存在的问题，提出建议和改进意见	10
持续帮助	该校教师指导实习生撰写毕业论文（设计）	5
	接收实习生毕业后到该校就业	5
实习基地考核评价结果分三类：优秀（80 分及以上）、合格（60 分及以上）、不合格（60 分以下）		

（8）分散实习考核评定。

按照实习学校、教学院并重的原则，学生在实习期间接受“双导师”指导，按规定向学院提供完整的教学工作、班级管理工作实习视频或其他证明材料。实习成绩由学院根据实习学校评价意见、结合学生实习过程材料进行综合评定。

3. 教育研习。

表 2－26　教育研习考核评价参考标准

考核项目	教育研习考核指标	分值
研习准备	准备充分，计划完整、合理	10
	按要求准备课后反思、教学后记、案例材料、实习体会等相关研习材料	10
研习过程	按要求参加研习训练，态度积极，主动发言和参与讨论	15
	提升了教学研究与教育实践的能力	30
	在研习过程中思路清晰、观点表达充分、语言流畅	15
研习结果	研习材料层次清晰，格式规范	10
	研习报告内容贴合个人教育实践经历，反思效果明显	20

（三）评价结果证明学生师德体验、教学实践、班级管理实践、教研实践能力达成情况

学校制定了《衡阳师范学院教育实习质量标准》《衡阳师范学院教师专业

技能训练考核标准》和教育见习、实习、研习教学大纲，定期对教育实践进行考核评价。教育实践考核涵盖教学工作技能考核、班级管理工作技能考核、师德体验、见习态度、研习表现、主题班会活动方案设计等内容。教育实践成绩考核由学生所属专业组织实施，考核方式采取终结性考核、过程性考核和表现性考核相结合，指导教师考核、同伴考核和自我考核相结合，定性和定量相结合的方式。

以英语专业为例，该专业按照学校要求，对应毕业要求，制定了技能训练、专业实践、教育实践、毕业设计（论文）等实践课程教学大纲，特别是在制定教育见习、教育实习、教育研习等课程教学大纲时，着重覆盖师德体验、教学实践、班级管理实践和教研实践等，既体现教育见习、教育实习、教育研习在实践教学中的整体性，又明确三者在对应毕业要求指标时的针对性，即教育见习主要支撑“师德规范”和“教育情怀”；教育实习主要支撑“教学能力”“班级指导”和“综合育人”；教育研习主要支撑“学会反思”等毕业要求指标点。

教育见习、教育实习、教育研习成绩考核采用“分项考核”办法，内容包含课堂教学工作实习成绩和班主任工作实习成绩两个方面。

实践教学成绩考核由指导教师在指导实习生工作过程中，依据统一的过程性评价标准，如“外国语学院实习生课堂教学考核评分表”等，记载、考核、评定每个实习生的实习工作情况和成绩，并与实习学校指导教师及时交流考核意见，调整指导策略，争取最大成效。

各项实习成绩均采用五级记分制，即优秀、良好、中等、及格、不及格。对优秀实习生，由学院统一进行表彰奖励。

根据《衡阳师范学院师范生教育实践标准》和英语专业的毕业要求指标点，实践能力和教育教学反思能力主要通过教育研习来实现。本专业的教育研习主要通过观摩优秀中学英语教师教学现场或视频案例、师范生教育实习之后的授课现场或录像，以及实习经验交流、教学设计、中学生主题班会和基础教育调研报告等多种成果开展研讨，结合教育科学和学科教学的新理念、新思想、新方法、新技术以及新课程的实施要求，对师范生实习过程以及中学名师课堂教学中的教育教学行为加以分析、探究与评价，初步探究教研教改，以达到深度交流与反思、合作分析与改进、回顾总结与提升的目的。

根据英语专业毕业要求和《教师教育课程标准（试行）》实践要求，制定了可衡量的教育实践表现性考核标准，形成教育实践能力达成情况评价与改进报告。教育实习基地学校分别就实习学生教学工作和班主任工作进行评价，评语中对实习学生的师德规范、教育情怀、教学能力、班级管理能力均表示了充分肯定。以 2016 级英语 1 班为例，实习成绩优秀率为 30.3%，研习成绩优秀率为 18.18%，说明英语专业教育实践能力达成情况良好。

参考文献

[1] 王战军，乔伟峰．中国高等教育质量保障的新理念和新制度［J］．清华大学教育研究，2014，35（03）：29—34+35.

[2] 教育部高等教育教学评估中心编．普通高等学校本科教学工作审核评估工作指南［M］．北京：教育科学出版社，2014：61.

[3] 李婷．教学基本状态数据采集对新建本科院校教学质量监控体系构建的启示［J］．齐鲁师范学院学报，2015，30（02）：7—11.

[4] 李群英．地方师范大学本科教学基本状态数据采集的实践与思考［J］．大学教育，2015（12）：38—39.

[5] 程凤春，俞继凤．学校教学质量持续改进的三种模式［J］．教师教育研究，2004（01）：52—56.

[6] 梁志星，韩雁，初晓，周立春．编制发布本科教学质量报告高等院校教学质量年报制度的理论与实践——基于新一轮本科教学评估工作的思考［J］．重庆理工大学学报（社会科学），2014，28（02）：123—126+136.

[7] 许祥云．高校内部本科教学质量标准：概念界定与体系构建［J］．清华大学教育研究，2018，39（03）：58—66.

第三章　地方高师院校本科教学质量的监控与保障

第一节　教学质量监控与质量保障

一、教学质量监控与质量保障的关系

为进一步贯彻落实习近平总书记关于教育的重要论述和全国教育大会精神，建立完善、科学和行之有效的教学质量保障体系，提升人才培养质量保障能力，形成持续改进的质量文化，根据《深化新时代教育评价改革总体方案》《普通高等学校本科专业类教学质量国家标准》《教育部关于深化本科教育教学改革 全面提高人才培养质量的意见》（教高〔2019〕6号）和《普通高等学校师范类专业认证实施办法（暂行）（教师〔2017〕13号）等文件精神，各高校均加强了自身的教学质量监控，实行有效的教学质量保障。

教学质量监控是根据教学管理制度与教学质量评价标准，通过一定的组织，按照一定的程序，对影响教学质量的诸要素和教学过程的各环节，进行规划、检查、评价、反馈和调节，以确保学校的教学工作按计划进行并达到预期教学质量目标的过程。

教学质量保障是根据教学质量保证对象和质量保证活动需要，通过制定贯穿整个办学过程的质量管理措施，建立一种推动学校自身教育教学质量持续改进与提高的机制，实现对教学全过程、全环节、全方位的质量保证，促进教学活动的持续改进和教学质量的持续提高。

教学质量监控是教学质量保障的前提，教学质量保障是教学质量监控的

目的，二者有机结合构成一个严密的体系。

一般来说，地方高师院校教学质量保障与监控的主要任务是：加强教学建设，改善教学条件，为提高教学质量提供保障；建立健全教学管理制度和质量标准、评价标准，为教学质量保障与监控提供依据；研究教学中的新事物、新情况和新问题，为提高教学质量提供指导；促进和激励教师进行教学内容、教学方法和教学手段的改革，为提升教学质量提供动力；完善教学质量监控机制和监控体系，为教学质量监控提供科学方法。

衡阳师范学院根据形势要求，适应新时代高等教育发展变化的需要，结合师范类专业认证和本科教学审核评估的要求，近五年来，先后修订出台了《衡阳师范学院教学质量保障与监控工作规定》《衡阳师范学院本科教学质量保障体系建设与运行实施办法》，落实“学生中心、产出导向、持续改进”理念，有效开展学校本科教学质量督导监控工作，有效保障了教学质量。

二、地方高师院校质量监控的组织建设和实施

（一）组织建设

1. 衡阳师范学院构建了校院两级教学质量监控组织体系，明确了责任范围，提高了教学质量监控的科学性、有效性。

学校层面：校党委书记、校长领导学校的教育教学工作，是学校教学质量的第一责任人；分管教学副校长负责学校教学质量监控体系的建设和运行；校教学工作委员会是教学质量保障与监控的指导机构，负责审议有关教学质量保障与监控工作的规定，审定有关教学质量监控评价结果。教学质量监控中心具体负责教学质量监控、评估的安排组织工作，协调和考核全校各部门、教学院教学质量保障与监控工作。教务处负责制定各教学环节质量标准，安排和实施教学质量检查与评估，根据监控和评价中发现的问题，制定整改措施和建设方案。学校各职能部门按职责履行教学质量保障工作。

学院层面：各教学院是本科教学质量管理的责任主体，负责对本学院的本科教学进行监控管理。院长是本科教学质量第一责任人，教学副院长、教学秘书、系（部）主任负责执行并落实本院的质量监控与评价实施方案、建

设方案和整改措施，负责对本院教师教学质量进行考核与评价，并按学校和学院的要求做好教学质量监控工作。

2. 学校按照“指导—执行—监督—反馈”的管理架构来建设教学质量管理队伍。现已建成由“一个委员会、两大组织主体、三支监督队伍”组成的教学质量保障队伍。

一个委员会：学校教学工作指导委员会。教学工作指导委员会是衡阳师范学院本科教学质量监控工作的指挥中心。该委员会定期研究本科教学和管理质量建设方面的重要议题、政策和措施，为学校的重大教学改革决策提供咨询意见。

两大组织主体：学校教学质量监控中心和教务处是校级教学质量管理与监控的组织主体，负责对各学院教学工作组织管理与监控评价。各学院是教学质量建设的管理主体，负责本单位的教学质量管理和教师教学业绩考核的实施。

三支监督队伍：校教学督导团、院教学督导组和教学信息员，对全校本科教学质量管理与监控发挥着监督、反馈和评价职能。

校教学督导团是一支教学与教学管理专家型队伍，主要从学校的有着浓厚的教学情怀的转岗、退休教师以及在职的优秀教师中选拔。校教学督导在工作职能上，发挥着“督管、督教、督学、督改、反馈”等职责；在工作对象上，教学管理人员的管、教师的教和学生的学都要接受其督导；在工作内容上，以听课、评课为主，兼顾教学与考试过程巡查、试卷检查、教学调研、信息反馈等工作。

院教学督导组由各学院党政班子成员、系主任及教师代表构成，对本学院的教学管理与质量保障工作进行全方位、全过程监督，包括教师课堂教学、试卷检查、毕业论文（设计）检查、学院教学工作评价等。

教学信息员队伍由诚信热情、成绩优异的学生构成，发挥着沟通学校与学生的桥梁作用，是学校获取教学信息的重要渠道。教学信息员按照《衡阳师范学院学生教学信息员制度实施办法》履行职责，主要负责及时反映身边的教学情况，特别是教风学风与教学后勤服务。

（二）实施运行

学校单独成立了质量监控与评估中心，下设校教学督导团，具体负责实施学校层面的教学质量监控工作，对照教学管理规章制度和质量标准，通过实施以下工作制度，实现教学常态化、全方位、全过程监控。

1. 听课制度。按照相关规定，学校和学院各级领导、行政管理人员、校院两级教学督导、教师等人员深入课堂，通过随机听课、诊断听课、观摩听课、线上听课等方式，及时了解教学状况，发现和解决教学中存在的问题。

2. 教学检查制度。教学检查分为学校检查和学院自查，分别以规范教学、过程检查、考核质量为重点，组织日常检查和专项督查，包括课堂教学、实验教学、教学实践等环节和培养方案、教学大纲执行情况、试卷命题和批阅、毕业论文（设计）和教学秩序检查等，了解教师课堂教学质量，及时解决存在的问题，改进教学工作。

3. 教学督导制度。强化教学督导队伍建设，优化校院两级专兼职教学督导队伍，开展督教、督学、督管、督改等活动。

4. 学生信息员制度。加强学生信息员队伍建设，收集学生对教师、教学管理部门以及学校的评价、意见或建议。

5. 常态教学信息监控。完善本科教学基本状态数据采集制度，发布本科教学质量报告，强化教学质量常态化监测。

6. 专项质量监控由教学质量监控与评估中心和教务处负责实施，按照有关要求和质量标准，实施针对性监控。

各教学院是本单位教学质量监控的责任主体，负责围绕课程建设、课堂教学、教育实践等主要教学环节，进行全过程的教学质量常态化监控，发现问题及时反馈改进。

在长期的实践探索过程中，衡阳师范学院教学质量监控与评估中心围绕专业认证和新一轮普通高等学校本科教育教学审核评估工作，依靠校教学督导团积极开展教风督查、学风督查、教学管理督查，进一步加强督教、督学、督管，促进优良教风、学风建设，促进教学管理规范化水平的提高，为提高人才培养质量做出应尽的贡献；各学院督导组依据毕业要求，建立起教学过程质量常态化监控机制，开展培养目标、毕业要求、课程目标达成情况和课程体系合理性评价，并依据评价结果开展持续改进。多年来教学质量监控人员对教学督导工作有了较为深入的思考和研究，在教学质量督导监控方面形成了自身的特色，发表了系列论文，积累了良好的经验，不断总结和推广，在全省产生了广泛而良好的影响。

第二节　地方本科院校教学督导的地位与作用

近年来，我国高等教育有了较大发展，保证和提高教育教学质量已成为深化教育教学改革的焦点。而要做到这点，完善教学质量监控体系是不可缺少的一项工作。目前各高校都在完善教学质量监控体系，其中教学督导就是提高教学质量的途径之一。

高校教学督导是一级教学主管部门为深化教学改革和发展，不断提升教学质量而对学校教学工作实施监督、指导与评价的一项保障制度，是确保学校教学目标实现和教学质量提高的重要举措。

地方本科院校教学督导工作的实施是在高校扩招后，高等教育进入大众化教育，按照教育部《关于加强高等学校本科教学工作提高教学质量的若干意见》的相关精神而开展的，设立教学督导目标是为人才培养质量的提高提供有力监督、指导保障。衡阳师范学院于1999年开办本科教育后，成立了学校教学督导团，实施了“教学督导”工作措施，加强了教学过程的监督。二十多年实践证明，教学督导工作在教学管理中，对加强教学质量监控，提高教学质量起到了良好的作用，收到了成效。

一、地方本科院校教学督导地位

地方本科院校都按教育部要求成立了教学督导团或教学督导委员会，其机构设立于学校教学质量评估中心或教务处。教学督导工作直属设立学校机构管理，工作职责虽是围绕“监督、检查、评估、指导”，但多数学校主要是深入课堂进行听课、评课活动，记录信息反馈，形成资料存档保存，对教师进行教学评价。久而久之，在教学督导运行机制中有失初衷，未达到应有的工作目标，未发挥真正的作用。

地方本科院校教学督导地位需要学校领导正其身：一是其机构的界定，二是其上级主管的确定，三是其职责范围，四是其行使的工作职能，五是其人员组成，六是其待遇。只有学校领导高度重视教学督导工作，在校长或主管教学副校长直接指导下，才能充分有效发挥教学督导检查监控、鉴定评价、信息反馈、教学指导的作用，达到提高教学质量的目标。

（一）地方本科院校教学督导界定

教学督导在美国意为“教学视导”，1906 年美国一位学者写道：“学校督导这种特殊的职能及其机构的产生是公众对由公共基金所负担的学校进行控制的结果。”美国教学督导的产生是与公共教育产生及发展的历史交织在一起的。当欧洲第一批移民在新大陆定居下来，1647 年马萨诸塞州通过了一个法案，由市镇委员会审查和聘请教师并负责学校的督导工作。直到十八世纪初，1709 年波士顿地区成立了由牧师、市镇委员及市民代表组成的“学校委员会——教学督导”，负责走访学校，视察校舍，考查学生的学习情况，检查教师的教学。我国教学督导工作始于十九世纪，在中国近代意义上的教育督导始于清朝末年。1986 年《义务教育法》颁布后，为保障其贯彻实施，1991 年颁布了《教育督导暂行规定》，教育督导对相关教育部门和教育工作进行监督、检查、评估、指导。

（二）地方本科院校教学督导特性

教学督导团（或教学督导委员会）是一个非行政职能机构，人们普遍认为教学督导是以个人身份对教学工作进行检查、监督、评价和指导，仅仅是向教学管理职能部门及教与学双方反馈教学现状，提出教学改进建议。人们对教学督导特性的误解，导致其威慑不足。教学督导机构应是相对独立于教学行政管理部门，由懂得教学规律，具有专业水平和教学经验的专家组织，应该是学校教学质量监控体系中的一个非行政性的权威监督机构。教学督导挂靠教学管理部门，但应有它的独立性，当好主管教学校领导的参谋和顾问，在“督教、督学、督管、督导”中有其话语权。

（三）地方本科院校教学督导定位

地方本科院校教学督导要依据其办学理念和目标进行定位，只有将教学督导放到合适的位置，才能最大地发挥其有效作用。虽然教学督导机构是非职能部门，教学督导成员不能直接参与学校教学工作的决策，不能直接处理教学过程中发现的问题，但教学督导机构不能形同虚设，要让其当好参谋和助手。在维护教学秩序、规范教学活动、加强教学管理、培养教师队伍、深化教学改革、提高教学质量等方面发挥积极的、重要的作用。地方本科院校是以教学型为主，教学督导正确定位不言而喻。

第一，教学督导应是在校长或主管教学副校长直接领导和指导下，代表学校行使教学“督导”工作，而不是挂靠、附属某个教学职能部门开展工作。第二，全校要认同教学督导是地方本科院校教学质量监控体系中不可缺失的重要组成部分。第三，学校要明确教学督导的职责、职能、工作形式和工作方式等，让教学督导工作不错位、不缺位、不越位。第四，要重视教学督导机构建设和教学督导成员的水平和素质培养。

（四）地方本科院校教学督导职能

职能是指人、事物、机构所应有的作用。人的职能是指一定职位的人完成其职务的能力。事物的职能一般是等同于事物的功能。机构的职能主要是包括机构所承担的职权、作用等内容。职能是指知识、技能、行为与态度的组合，能帮助提升个人的工作成效，带动事物的影响力与竞争力。地方本科院校教学督导依据教育教学特点和对象，职能主要涵盖七个方面：

一是课堂教学督查（覆盖全校课程、教师、学生、班级，涉及理论课、实验课、实践课）；二是分类督查督导（涉及课堂、实习、实训、考试、人才培养方案、教学计划、考试大纲、试卷、毕业论文或毕业设计）；三是监督检查（包括教学环节、教学过程、教学管理）；四是评价、反馈（涉及专业、课程、教学环节、教师、学生、教学单位、相关教学管理部门）；五是建议、指导（根据第一线督查获得的信息，提出合理化建议，指导监督检查的对象）；六是咨询、服务，为新进教师、青年教师提供教学咨询服务，快速提升其教学水平；七是参谋协调，对督查的信息及时归纳、总结、分析，为学校教学部门提高教学管理水平和教学人员提高教学能力提供决策依据，并为学校与教学主管部门、教学主管部门与教学院系、教学院系与教师、教师与学生之间架起一座相互沟通的桥梁。

（五）地方本科院校教学督导职责

教学督导职责核心是监督、检查、评估、指导。高校教学督导的职责都是围绕核心的八个字，但不同学校教学督导地位不同，发挥的作用不同，涉及的职责范围不同。地方本科院校教学督导的职责应为：一是深入课堂一线，开展课堂教学质量评价，对教学质量、教学秩序进行检查、反馈；二是督促、指导课堂教学，为新任教师、青年教师快速提升教学水平；三是督查教学过程、教学管理，为保障教学有良好的环境提供支撑；四是积极参与教学主管部门组织开展的教学专项检查和巡查；五是参与教学单位的各种教学活动，为专业建设、课程建设、教学团队建设开展教学咨询服务；六是跟踪了解教育教学改革举措，促进地方本科教育特色发展；七是深入调查、调研，推广良好的教学经验与做法，为全面提高学校人才培养质量服务。

（六）地方本科院校教学督导组成

教学督导的组成决定着教学督导发挥作用的成效，也反映着学校对教学督导工作重视程度。纵观不同高校教学督导工作条例，教学督导的组成各有不同取向尺度，地方本科院校教学督导的遴选、结构组成一定要有学校的高度重视取向才能最大化发挥教学督导的作用。

教学督导人员选拔标准：品德优良为人师表，热爱教育事业；治学严谨，为人正直，责任心强；有创新精神乐于奉献；敢说真话，为人公道；熟悉教育法规，有先进教育理念；掌握现代教学技术，熟练使用计算机和网络；从事高教十年以上，具有副教授及以上职称；有较高学术水平，教学和管理经验丰富；年龄在65岁以下，身体健康，精力充沛。

教学督导人员选拔范围：学校离退休教师、校院领导、管理人员；在职教师、教学管理领导；聘请校外德高望重的教育型专家、教授。教学督导人员组成比例：专业覆盖学校所有一级学科；专职的在职人员占40%，专职的离退休人员占20%，兼职的在职人员占40%；均具有教学管理经历和一线教学能力。

教学督导人员管理组成：教学督导团设团长一名，由专职的在职人员担任；设专职秘书1人，由具有本科及以上学历在编人员担任。教学督导团可设为直接由学校主管领导垂直管辖，也可挂靠教务处或教学质量监控与评估中心。

二、地方本科院校教学督导地位与作用关系

“有为才有位，有位才有为。”“有位”，通常是指所在的岗位，所处的职位和地位。“有为”，是指有作为。应该说“有位”和“有为”是相辅相成的关系，“有为”是“有位”的基础和前提条件。“有位才有为”是对一个体系而言，应提供一定的体系条件和平台，让个体有所作为；“有为才有位”是对个体而言，在一定体系条件下和平台上，充分发挥个体的作用获取社会认可和地位。地方本科院校教学督导地位与作用的关系，应遵循“有位”和“有为”的关系。

第一，地方本科院校教学督导的“有位”应是指学校给予教学督导工作领域空间的“位置”，体现在教学质量监控中有一定的权威性和地位，这种地位是源于学校领导高度重视和信任。教学督导地位的提升，能让教学督导大胆地、自信地、创新地履行其职责，必定能发挥教学督导更好的作用。应该说“位”是“为”的基础。

第二，地方本科院校教学督导的“有为”是指全体教学督导努力围绕工作核心的八字方针“监督、检查、评估、指导”获得工作业绩的体现。只有教学督导在参与教学的“督”和“导”的全过程中，踏实工作，无私奉献，提升教师的教学水平，提高人才培养质量，就一定能赢得学生的欢迎、教师的信任支持、领导的重视。有所作为才拥有地位，“为”是“位”的关键和保障。

三、有效发挥地方本科院校教学督导作用

20世纪末以来，我国高等教育连续大规模扩招，高等教育进入大众化教

育阶段，地方本科院校作为高等教育体系中的本科教育层次，因扩招带来数量增长的同时，要确保人才培养质量的立校之本。教学督导是顺应高校教学发展需要而建立对教学开展监督与指导的一项制度，也是高校教学质量保证与监控体系中的重要组成部分。由于教学督导既不是教学过程的组织者，也不是教学过程的参与者，因此，能独立、客观、公正、准确反馈教学过程信息和结果，能有效地进行“督教”“督学”“督管”，为学校改进教学和教学管理提供可靠依据，为保障教学质量和提高人才培养质量起到非常关键的作用。

（一）教学督导的内容和范围

学者刘长慧提出教学督导内容“三全化”——全员化、全程化、全面化，即督导每一位教师和学生，督导教学工作全过程，督导工作直接和间接影响教学质量的方方面面。教学督导要涉及各个教学活动、教学环节、教学改革、教学管理、教学评定等。教学督导机构不能形同虚设，仅附属于某职能部门跟着做点检查或评价工作，要作为地方本科院校教学质量保证与监控体系不可或缺的重要部分，要相对独立于教学行政管理职能部门，具有其发挥作用的权威性。

（二）发挥监督和督促作用

教学监督是教学督导按照人才培养方案制定相关一系列教学活动实施过程进行监视、督促和管理，使教学工作达到预定的人才培养目标。监督是教学督导最重要、最基础的工作。监督能获得教学一线真实的、及时的信息，掌握教师的教、学生的学、教学状态、教学效果以及教学管理配合以教学为中心的各个方面；能实时传递教学信息，让学校领导、教学管理部门迅速掌握教学情况，做出正确判断和决策；能有效督促教学过程规范、有序、良好地开展。

（三）发挥检查和保障作用

教学督导开展教学检查是针对学校或个人已制定的教学制度和教学管理条例执行的情况，分为阶段检查、专项检查、过程检查。一是教学各项检查能对教学质量进行有效监控，树立榜样、发现问题、及时纠正，实现制度不是束之高阁的摆设品，而是指导教学过程的行动指南。二是教学各项检查能发现教学制度和教学管理条例的缺陷，能及时弥补支撑体系可持续发展，实现人才培养质量的提高。

（四）发挥评价和促进作用

教学评价是教学督导按照教学目标对教学过程和教学效果进行评判的一种服务教学决策的有效活动。教学督导深入课堂、深入教学实际之中掌握教师的教学过程、学生的学习效果、教学环境、教学管理等现况，获取评价的资料，并依据教学规律和教学目标做出科学、全面、客观、公正的评价。教学评价的旨意是全面、真实反映教学过程和教学效果，促进教学管理科学化、规范化；促进良好的教风、学风的形成；促进教学质量提高。

（五）发挥指导和提升作用

地方本科院校教学督导工作目的应该是以提升教师的教学水平、提高教学质量为目标。教学督导是对教学过程进行监督和指导，指导是教学督导工作的重要组成部分。仅“督”不“导”，只是查找问题，没提供解决问题的方法，不能达到提升教学水平、提高人才培养质量的工作目标。教学督导是具有丰富教学经验或教学管理经验的专业人员，他们能较好地掌握教育方针、政策和教学规律，能对老师的教学，对教学管理过程开展行之有效的指导。

（六）发挥参谋和顾问作用

教学督导工作的特性和职能，让其面向教师、学生、教学单位和教学管理部门，掌握全校教学现状、教学过程、教学质量、教学改革；了解人才培养方案、专业设置、教学管理等是否合理；能对老师的教学、学生的学习、教学的管理、人才培养的质量等方面提供第一手客观资料，反映真实可靠的教学信息。因此，教学督导为学校制定教育发展规划、人才培养方案、专业设置、教育教学改革、教学管理制度起到参谋作用。教学督导对教学状况进行定性、定量分析，能为教学工作出谋划策，提出合理化建议，为教学服务起到咨询作用。教学督导活跃在教学一线，他们能客观公正评价教师、教学部门、教学管理部门，为学校领导相关决策起到顾问作用。教学督导无论是为教学质量监控、教学评价，还是为教学制度制订、学校领导决策都可以提供有说服力的建议和有价值的参考，学校应让教学督导充当好参谋和顾问，为提升教师教学水平、规范教学管理、促进教学质量提高发挥智囊团的作用。

第三节　地方本科院校教学督导在教学质量监控中的运行机制创新

教学质量是学校生存发展的生命线，教学质量监控是保障人才培养质量不可缺少的重要手段，教学督导是教学质量监控体系中的重要组成部分，在教学质量监控中起着至关重要和不可替代的作用。尤其是地方本科院校随着办学规模的扩大，面临生源质量、教师队伍、学校条件等方面的问题。因此，确保人才培养质量，实现可持续发展，创新教学督导在教学质量监控中的作用机制，值得我们认真探讨和实践。

一、重视教学督导在教学质量监控中的地位

1922 年，美国学者布尔顿认为教学督导是一个为提高教学质量而进行的有组织的活动。1991 年，我国颁布了《教育督导暂行规定》。2012 年，国务院发布了《教育督导条例》。随着高等教育改革的深化和教育竞争的加剧，各个高校为了保证教学质量与提高竞争能力，普遍建立了教学督导机构和相应的教学督导制度，但对于如何完善教学质量监控体系、有效发挥教学督导的作用认识不到位，教学督导工作停留于表面形式。确立教学督导在教学质量监控中的地位有助于突破教学督导工作良性运行的瓶颈。

强化教学督导工作在教学质量监控中的重要地位，具体措施主要有：一是学校领导应高度重视，成立专门的教学督导机构，有直属组织机构管理和指导；二要对教学督导人员组成有严格要求和遴选，不可随意拼凑；三要明确教学督导工作的性质、范围和职责；四要营造良好的教学督导工作氛围，树立教学督导权威；五是教学督导工作要有目标、有要求、有检查、有权限、

有奖罚；六要培训教学督导人员，提高教学督导的工作水平和工作能力。

二、明确教学督导在教学质量监控中的主要职责

教学督导工作主要是“督”还是“导”，这是建立督导制度以来一直被讨论，仁者见仁、智者见智的问题，也是关乎教学督导在教学质量监控中的主要职责定位问题。教学督导的核心职责是监督、检查、评估、指导，工作职责是督教、督学、督管。在教学质量监控中教学督导怎样做好“督”与“导”与学校现状、要求相关，是一个动态函数。应该说，“督”与“导”是相辅相成的：“督”是约束，“导”是示范；“督”是手段，“导”是目的。教学督导在教学质量监控中履行职责应做到目标明确。

（一）主体工作有方向

在教学质量监控中，教学督导目前的工作职能主要体现在“督教”，把课堂教学作为监督主阵地，而对“督学”“督管”关注较少，忽略了对教学过程的全程监控，造成督导工作主要是针对教师而开展。

（二）主要工作有目的

教学督导在教学质量监控中，紧紧围绕教师、学生、管理这三个影响教学质量的因素进行督导，以提升教师的教学水平，提高学生学习的主观能动性，营造良好的育人环境。

（三）重点工作有点有面

教学督导围绕“监督、检查、评估、指导”来开展工作，涉及教学质量监控工作的方方面面，因此督导工作要有的放矢，做到有点有面。对学校教学动态做到全面督导，对不同内容、不同层次的教学信息做到以点带面。要全面督导教学管理的各个环节，因为任何管理纰漏都会干扰教学的有序进行，影响教学效果。

三、发挥教学督导在教学质量监控中的独特作用

教学督导机构是相对独立于其他教学行政管理职能部门的专家咨询性组

织，是学校教学质量监控体系中的一个非行政性的权威监督机构。教学督导在教学质量监控体系中特殊的组织形式，赋予其独特的工作优势，为保障地方本科院校教学质量的提高起到不可替代的作用。

（一）实施全面的“督”，确保教育教学环境良好

“督教、督学、督管”是对教学全过程实行监管、督促，“督”是一种压力。教学督导在实施全面监督中，一方面对教师的教、学生的学、管理者的管，都会在无形之中形成督促作用。另一方面，教学督导的全面监督能及时了解教学状况和发现问题，通过及时反馈和沟通解决，有利于保障正常的教学秩序，营造良好的教育教学环境。

（二）实施认真的“导”，促进教学活动规范有序开展

教学督导工作不能只督不导，因为教学督导工作的出发点和落脚点是提高教学质量。督导如果只发现问题，而不提出解决问题建议并督促问题解决落实到位，则会失去设立督导的意义和作用。导是一种引导、指导，督导工作应以督促导，督与导有机结合，认真到位的“导”使全面“督”的工作得到落实，提升教师的教学水平，提高学生的学习积极性，增强管理者的工作责任感，使教学活动规范有序开展，培养高质量人才。

（三）实施权威的“评”，有效督促教学质量提高

教学督导是非行政管理机构人员，他们工作积极、责任心强，且督导的工作贯穿于教学的各个环节，与实施教学过程的一切对象直接接触，他们掌握的教学信息全面、准确。这有利于教学督导对教学做出客观、公平、公正的评价。要提高地方本科院校的教学质量，对教师教学进行客观评价是不可缺少的，尤其是教学督导权威性的评价是规范教学秩序、促进教师教学水平提高、产生良好教学效果的有效手段。

四、创新教学督导在教学质量监控中的运行机制

教学督导在教学质量监控中的工作是围绕“监督、检查、评估、指导”开展的，不同院校、不同时期、不同观念其工作运行模式各有千秋。教学督

导开展的各项工作和活动都必须遵循高等教育发展的规律，不断创新教学督导在教学质量监控中的运行机制，使教学督导工作运行科学化、合理化，卓有成效地发挥教学督导在教学质量监控中的作用。

（一）营造良好的教学督导工作氛围

在教学实施的全过程中，教学督导在教学质量监控中起着“守护神”的重要作用，而教学督导们的工作现状在很大程度上反映着其作用发挥的状况。营造良好的教学督导工作氛围，充分调动教学督导的工作积极性是创新教学督导在教学质量监控中运行机制的有效途径。学校领导应高度重视，做到制度有保障，工作有人管，待遇有支撑，事业有奔头，感情有倾诉，能将优秀的退休教师和优秀的在职教师吸引到教学督导队伍中来。

（二）构建科学合理的督导体系

首先，必须建立一支有敬业精神、有专业水平、结构合理、可持续发展、专业素养高的教学督导队伍。他们忠诚于党的教育事业，为人师表，懂教育教学规律，有奉献精神，有丰富的教学经验和一定的管理经验，受人敬重，能全面胜任教学督导工作。其次，必须建立专属的教学督导组织管理机构。教学督导体系的设立应有专属的行政管理，工作有指导、有交流、有反馈、有回应。不能形同虚设、工作无目标、应付了事。最后，必须建立科学规范的教学督导制度。明确教学督导工作目标、工作职责、工作任务、工作方式以及奖罚制度。教学督导工作要有章可循、有规可依，确保教学督导工作有序、有效进行。

（三）建立融洽的督导关系

教学督导工作的任务是发现问题、反映问题和督促解决问题，且教学督导工作既是面对学校领导和管理职能部门，也是面对每一个教师、学生和管理人员，这就要求教学督导必须协调好相关关系，以便于顺利有效地开展相关工作。一是处理好与学校分管校领导和主管职能领导的关系。教学督导工作应听从他们的领导，按照其指示和工作重点全面履职，发现问题只需反馈和提出建议，不能越位越权开展工作。二是处理好与被督导一线教师的关系。

应尊重他们，加强沟通和交流。虽要严格地督，中肯地评，但帮是目的，更要认真地导。让一线教师心情愉悦地接受指导，真正达到改进教学、提高教学水平的目的。三是处理好与被督导学生的关系。学生是被教育者，对学生要关心、关爱，走近他们，了解他们，正确引导他们好好学习，养成良好的学习习惯。认真倾听他们的意见和建议，及时反映他们的心声，帮助他们解决学习中的困惑和困难。四是处理好与教学管理部门和相关管理人员的关系。教学管理部门是组织教学工作开展的主体，他们是教学工作标准的制定者、执行者，他们的工作目标与教学督导的目标一致：促进教学质量提升，提高人才培养质量。当教学督导对教学管理人员进行督管时，应以制度为依据，以过程为对象，以服务为目标，做好衔接与协调，加强沟通与理解，营造齐抓共管的和谐的工作环境。

（四）优化教学督导的行为准则

教学督导的工作理念、工作作风、工作方式、工作水平、工作责任等都会影响教学督导的工作成效。因此，学校应重视教学督导队伍建设，加强培训和管理，明确教学督导的工作行为准则。一是要明确教学督导的工作目标、工作职责，让他们按照相关教育教学规律，有的放矢地开展各项督导活动。二是要求公平、公正、务实、求真，让学校能从教学督导中了解到学校教学的真实现状，为学校领导治学提供有用的决策参考依据。三是教学督导工作要把握好角色定位、工作定位。工作中不越位，做到有所为有所不为。第四，发挥好桥梁和纽带的作用，注重工作方式方法的科学性与灵活性，协调沟通教学过程中涉及的方方面面。

五、地方本科院校在教学质量监控中开展教学督导工作的创新实践

衡阳师范学院自 1999 年升本以来，一直高度重视教学督导工作，将教学督导工作作为教学质量监控中的重要组成部分。经过二十多年来的努力探索，学院已形成了比较完善、行之有效的教学督导体系，为确保学校教学质量的稳步提高起到了不可替代的作用。

（一）统一认识，制定制度，为教学督导工作的开展保驾护航

自学校成立教学督导团以来，学校领导高度重视，统一对教学督导工作的认识，不断完善教学督导的管理，经几度修订形成了《衡阳师范学院教学督导工作条例》《衡阳师范学院教学督导团管理办法》《衡阳师范学院院级教学督导工作条例》等一系列的管理制度，规范了学校教学督导工作的指导思想、工作体系、工作方法，确保教学督导工作卓有成效。

（二）加强教学督导队伍建设，构建两级教学督导队伍，形成有力的教学质量监控网

学校在建设教学督导队伍的探索和实践中前行，最初成立学校教学督导团，当时教学督导是由离退休教师组成，专职从事教学督导工作。优点是他们教学经验丰富，时间充足，工作责任感强，敢于直面问题。但随着信息时代的到来，他们对现代教学手段、方法和要求有点力不从心，因此学校逐步挑选在一线教学且有担当的优秀中青年骨干教师充实教学督导队伍，作为兼职督导。但在实际工作中，兼职督导们教学科研任务繁重，加之都有老好人心态，导致监控不全面，听课不平衡，发现问题轻描淡写或打掩护。2019 年以来，学校因为干部任用制度的变化，将具有一线教学管理和授课经验转岗的副处级上干部充实到校教学督导团，这部分督导政治站位高，大局意识强，时间精力有保证，听课评课有水平，工作有方法，使得局面大为改观。截至 2021 年 12 月，在校级督导团 21 名成员中，离退休教师和转岗的专职督导 10 名，占 48%，兼职督导 11 名，占 51%，均具有副教授及以上职称，形成了一支有战斗力、充满生机、可持续发展的教学督导队伍。面对队伍庞大的教学督导对象和不同教学院系的特点，学校决定成立二级学院院级教学督导小组，明确学校教学督导团和院级教学督导小组的工作职责、工作任务、工作重点、相互关联等，构建校级、院级两级教学督导队伍，形成了一张有力的学校教学质量监控网，确保教学工作有序进行。

（三）常规工作与重点工作有机结合，固定工作方式与灵活工作方式有机结合，促进教学督导工作和谐开展

教学督导主要是根据“监督、检查、评估、审议、反馈、指导、咨询”

这样的流程开展工作，每学期开学时，学校分管校领导和管理职能部门对教学督导工作的重点工作作出指示和要求。教学督导都会认真领会工作要求，分组落实工作要求，过程注重重点、特例、常规，集中检查，个别抽查，集体实施，个人行动。抓好及时当面交流与信息反馈，撰写教学督导通讯。做到表扬与指导相结合，建议与沟通相结合，了解与理解相结合。教学督导的敬业精神与工作水平感染着教师、学生、管理者，使教学督导工作得以在和谐声中有效完成。

（四）“督”与“导”并重

“督”注重全面性和针对性，“导”注重教学水平提升和教学环节管理，促进人才培养质量提高。“督”是做好教学过程的全面监督和检查，不留死角，包括二级教学学院、独立学院、初等教育学院、教学职能部门，教师、学生、管理人员，并结合每学期的工作重点进行重点督查。全方位覆盖，营造了良好的教育教学环境，各方面教学工作有条不紊地进行。“导”主要是做好新进青年教师的指导，对其教学态度、教学素质、教学方法、教学手段进行有效指导，并采取督导小组集体指导和本专业督导个人指导相结合，有效、快速提高青年教师的教学水平，从而提升学校整体教学水平。“导”的其次是做好教学环节管理指导，教学环节管理的薄弱之处是实践教学环节和毕业教学环节。教学督导根据不同专业特点、不同人才培养方案、不同教学对象进行调查、考察，并与教务处和二级学院进行交流协商，提出合理化指导建议，促使完善实践教学环节管理和优化毕业教学环节管理，让人才培养各个环节的质量都得到保障。

（五）做实评价反馈，为学校探究教育教学改革途径提供重要参考

教学督导做实评价反馈，主要是深入教学一线，掌握基层、真实的第一手信息。第一，听课必须记录笔记，写好评述和评课记录以及听课反馈意见。第二，巡查采用现场和远程监控结合，都提交巡查记录，对巡查发现的问题，利用即时通信交流群及时反馈。第三，督导分组的活动必须每月一小结，将本组教学督导工作的方方面面进行总结反馈。让学校领导、教学职能部门全面及时掌握这些来源于教学过程的教学信息，使教学有序运行得到保证，为

学校及时纠正教学问题、确立正确的教学导向、促进教育教学改革提供事实依据。

总之，地方本科院校为了确保人才培养质量的提高，一定要重视教学督导在教学质量监控中的作用，组建一支良好的教学督导队伍，营造良好的教学督导工作氛围，创新教学督导工作机制，有效发挥教学督导的工作职能，使教学督导工作在教学质量监控中真正起到独特的、不可替代的作用。

第四节　地方高校线上教学质量监控保障体系构建探索与反思

近年来，随着教育现代化步伐的加快，信息化教学越来越普及。在“互联网 + 教育”理念的带动下，我国逐渐重视网络在线课程的开发，在线教育也呈现出前所未有的“繁荣”。线上线下混合式教学也在地方高校逐步开展。2020—2022 年，突如其来的新冠肺炎疫情打乱了所有高校的教学节奏。在迟迟不能开学的情况下，为贯彻落实教育部“停课不停学、停课不停教”的精神，高校普遍组织开展了线上教学。线上教学解决了疫情造成的教学困难，但也衍生了系列问题。尤其是在如何对网络线上教学开展情况及实效进行有效监控和评价，保障网络在线课程的质量方面缺少有效的经验和办法，质量监控与保障相对滞后，无法适应新形势新要求。

如何有效开展线上教学并加强线上教学的跟踪管理和质量监控，构建科学合理的质量监控和保障体系，确保教学工作要求落实到位、教学管理与服务工作不滞后、教学质量不降低？这是高校共同面临的新问题，也是对高校治理能力提出的全新挑战，值得每一个教育教学管理工作者深入探讨。衡阳师范学院和湖南第一师范学院教学质量监控与评估中心团结协作，在如何加强地方高校线上教学质量保障、构建线上教学质量监控体系进行了探索。两所地方高师院校从系统论的角度对线上教学质量保障体系开展综合研究，通过问卷调查和数据分析方法，对线上教学存在共性问题进行探究，从而探索构建高校线上教学的质量保障体系的有效路径。

一、线上教学是教育现代化的必然选择

在教育信息化 2.0 的时代背景下，线上教学作为信息化教学的主要方式是未来高等教育内涵式发展的必然趋势。2019 年年初，国务院印发的《加快推进教育现代化实施方案（2018—2022 年）》文件中就提出要“促进信息技术与教育教学深度融合”“逐步实现信息化教与学应用师生全覆盖”。2019 年 4 月，教育部高等教育司司长吴岩在中国慕课大会上发表了《中国慕课行动宣言》，以五大愿景绘就了未来中国慕课发展蓝图。得益于近十年国家对教育信息化建设的重视，以及教育部六年来对慕课资源建设的大力推动，我国信息化资源已日趋多样化，MOOC、SPOC、微课、微视频以及各类线上平台在高等教育中已占据一席之地。在这样的背景下，在教育部“上下联动、同频共振”的机制下，2020 年面对突发的新冠肺炎疫情，我国各高校启动线上教学模式，制定线上教学方案，积极组织全校师生开展线上教学活动，从政策倾斜、培训支持、平台支持和资源支持等方面全方位帮助和服务教师熟悉信息化工具，优化教学方法，提升教学效果，积极贯彻落实教育部关于线上教学“实质等效”的要求，凸显出线上教学的优势和重要性。

线上教学是以网络为介质的教学方式，通过网络，学生与教师即使相隔万里也可以开展教学互动活动。作为结合时代发展、技术进步所呈现出来的新教育方式，让教育手段更多样化，线上教学有着它的社会使命和优势。线上教学模式具有让学生学习资源获取更便捷丰富、教学和学习方式更灵活、教学组织形态更开放等优势。突破空间的限制是线上教学最基本的特点，足不出户，随时随地即可通过直播或者录播视频的形式，进行符合学校要求的内容学习。只要有设备及网络的支持，无论何时何地，都可以开展。所以在不能返校，尽量避免人员聚集的情况下，线上教育变成了“停课不停学”的重要出路。线上教学是科技发展的产物，打破了传统模式下教室讲台的局限，变共处一教室为屏幕共享，线上教学时间、地点更加灵活，成本更低，教学双方由此节省了大量路上的时间，教师将开出更多的课程，学生将有更多的课程选择。凭借这些优势，线上教学在这两年里得到突飞猛进的发展，成为

高校重要的教学生态。高校师生都应积极转变观念、重构角色、提升信息素养，教学管理人员也应探索建立信息化教学的激励机制，构建科学可行的信息化教学质量保障体系。

虽然我国各高校及师生都能积极应变，以开放共享、主动担当为出发点，不断推动线上教学增效提质，但对于大多数地方本科院校而言，仍然存在着信息化建设条件不足、资源组织困难、优质资源的教学转化困难、教师信息化能力素养不高、信息化教学的心理适应力差、学习监督难度较大、学生学习兴趣保持度较低等诸多方面的问题。因此，针对不同的信息化教学模式，结合校情学情，构建同于传统线下教学的线上教学质量保障体系，是地方高校确保线上教学质量不降低的重要途径。

二、高校线上教学质量监控和保障面临的难点和共性问题

以往地方普通高师院校教学质量保障和监控的主体是线下课堂教学，已经形成了规范有效的质量保障监控体系。而线上教学与传统的面对面课堂教学相比，环境手段都发生了很大变化，存在一些制约性因素，质量监控和保障的重点和难点也随之发生了改变。从目前已经开展的线上教学情况来看，高校线上教学活动包含了基于计算机网络的同步通信和非实时异步通信等多种模式。虽然不同的高校采取了不同的措施保障线上教学质量，各有各的亮点和可取的经验，但在教师观念转变、线上教学的角色定位、线上教学的方法改革、线上教学质量监控体系的优化及线上教学成效评价机制的完善等方面存在共性问题。高校线上教学质量保障面临的难点和共性问题主要表现在以下几方面：

（一）全员观念保守，主动作为者少，线上教学技能不足

在传统的教育背景下，教师以完成书本内容的讲授为教学目标，大多数的课堂讲授是以 PPT 展示为主的计算机辅助教学，教学场景仍然是讲台上是高高端坐的老师，讲台下是规矩听课的学生，真正实施了或愿意实施线上线下混合式教学模式的教师较少，“水课”时不时出现在本科课堂。疫情发生以前，地方普通高师院校线上课程开设极少，基本都是为了申报省级以上精品

课程而建立，各学院只有 1—2 门；线上开放课程的点击量和访问量也不大，线上授课仅是极少数几位教师示范性的尝试；学校层面全员线上教学培训开展不多，大多数教师尤其是中老年教师很少接触线上教学，也不关心线上教学，不懂网课该如何操作，根本没想到形势的变化会逼得每个教师必须开展线上教学，因而疫情前期大多数教师对线上教学持观望和否定态度，认为没有必要；随着开学时间的无限期延长，教师们迫于无奈，赶鸭子上架，开始线上补课，却缺乏主动和热情，吐槽不断；在网课教学过程中，由于操作、网络等方面的原因，经常出现噪声刺耳、卡顿、屏幕中断、提问冷场等问题，层出不穷的状况让教师们心烦意乱，严重影响了教学效果。作为职能管理部门的教务处和教学质量监控中心，虽然也进行了检查和督促，但基本沿袭的是线下教学监控的套路和做法，面对这一新形势缺少认真的调研，没有拟定行之有效的政策措施来引导，也没有构建完善的质量保障和监控体系。有的督查人员不懂也不愿熟悉线上教学，质量监控显得过于被动，实际效果并不理想。

为详细了解教师、学生对网络教学的支持态度，在本次全面实施线上教学之前，课题组对湖南第一师范学院教师（605 名）和学生（15532 名）对线上教学的熟悉度和应用度进行了调查。调查显示，仅有 35.2% 的教师了解或基本了解“基于信息技术 MOOC/SPOC/ 翻转课堂等教学模式”，仅有 15.4% 的教师实施过线上线下混合式教学模式。在被问及“是否愿意使用线上教学的方式”时，只有 26.3% 的教师表示愿意尝试，而大多数教师认为线上教学太过复杂，不容易掌握，或是在未接触过线上教学的情况下就断言线上教学的教学效果肯定不如线下教学。还有一些教授表示，由于自己年龄大了，对于教育这种新方式是心有余而力不足。但学生调查的数据显示，89.2% 的学生期待教师通过信息化的手段进行教学改革。在学生线上学习最担忧的问题中，36.8% 的学生对网络速度影响学习效果表示担忧，32.66% 的学生对教师技术应用水平表示担忧。可见，教师对技术持消极的态度会阻碍技术的使用，普遍存在着“盲目排斥”“缺乏主动”“信心不足”等情绪。学生对技术在课堂中运用抱有较大期望，但同时又有不同程度的担忧。调查发现，经过2个月的线上教学之后，部分教师仍只是简单将课堂授课的模式机械地搬至线上，未能结合线上教学的特点细化教学任务，安排线上活动，明确过程考核，未充分发挥线上教学的优势，导致教学效果不尽如人意。

然而要实现教育部高教司吴岩司长所倡导的“严起来、难起来、实起来、忙起来，把本科教育质量实实在在提起来”，从根本上而言，就是需要重塑教师的角色。全面实施线上教学是推动教师重塑教师角色的良机。因此，教师应主动树立终身学习理念，主动适应当代大学生获取知识的方式和习惯，以积极、开放和包容的心态接纳信息技术，合理利用线上教学的优势，重构教师教学理念，重塑教师角色，从单纯的“知识传授者”向“咨询者、协作者、开发者、研究者”的复合角色转变；从“权威知识的提供者”向“学习服务的支持者”转变；从“能干的教书匠”向“反思型的教育家”转变。

（二）线上教学课程类型、平台繁多，操作难易度不同，监控难度增大，质量缺少保障

1. 高校课程类型主要分为理论课和实践课，开展线上教学难易程度各不相同。从实施情况来看，理论课线上教学相对容易实现，但也存在学科性质不同而出现难易之差别。一般说来，文科类专业理论课程PPT展示较为直观生动，教师们准备起来不是太难，课堂发挥也不受太大影响；理工科类的课程在在线教学中涉及推导、演算的内容则较为烦琐，PPT制作难度大，需要教师书写演算步骤拍照上传，教师们备课授课工作量成倍增加；而学生们用手机屏幕看起来也非常费力，在教学过程中，学生实际演算操作练习情况教师无法掌控；音乐专业、体育专业等术科类的课程如舞蹈、钢琴、球类等，一般只能是教师通过视频讲解示范，看不到学生的情况，无法亲自指导学生。学生究竟掌握没有，动作到位没有，练习成效如何，却无从得知，教学目的达不到，网课收效甚微。责任心强的教师则会布置练习作业，让学生录制视频上传后再一一点评，与面对面授课相比，工作时间大大延长；实践课主要包含实验课、毕业论文指导，其中实验课一般都需要实验场地，学生在实验室中亲自操作，因为实验课程的虚拟仿真研发和供给不足，条件限制，实验课大多没有进行，学生的实验操作能力无法提高，影响了人才培养质量。

（三）线上课程平台繁多，形式多样，操作不同，使用和监控难度大

教师线上教学的方式多种多样，线上教学方式的使用又取决于教师的信息化教学能力，比如课件开发能力、信息化教学工具应用能力、信息化教学设计能力以及对学生学习的信息化评价能力等。在线上教学的开展过程中，高校的任课教师基本上都综合使用了慕课、会议软件、线上直播平台等各类平台，采用多渠道保障线上教学“不掉线”。然而，技术保障只是线上教学的基本条件而非关键因素，教师开展线上教学的关键是如何将信息技术与学科教学知识进行整合的问题。Mishra 和 Koehler（2005）提出了信息技术与教学整合的问题，他们指出学科内容、教学法和技术是教师信息化教学的三大基本要素，三要素之间要相互作用、相互影响。也就是说，教师线上教学并非简单地运用网络工具将知识按照线下教学的方式传递给学生，而是需要对信息技术、网络平台和学科教学法进行有效的整合，形成具有专业特色的信息化教学方式。教师能够根据不同的情境采取合适的方式，能够根据线上学生学习的情况采取不同的解决策略。地方普通高校教师线上教学依托的平台五花八门，主要有钉钉、腾讯课堂、QQ 课堂，甚至还有的利用 yy 语音直播间、抖音，各类 App 的使用方法不一样，功能也不尽相同，对硬件软件等设备的要求纷繁多变，在使用过程中，经常出现无法登陆、掉线、卡顿、杂音叫嚣等设备网络故障，不仅影响授课质量，让师生觉得麻烦，而且由于登录网址、进入平台的途径纷繁多变，校院两级督导听课也深感不便，质量监控和保障难度大大增加。

线上教学的方式也花样繁多，包括直播、录播、利用公共平台的在线课程资源和本校已有在线课程资源开展学习、上传课程相关课件让学生自学等。在这些方式中，直播是学生最期待和欢迎的，但所占比例少，有的教师甚至整个学期未开展直播教学。其他录播或观看爱课程（中国大学 MOOC）、超星尔雅、学银在线平台、智慧树网等平台或优质课程资源的，一方面因为学生自主学习能力差，认真听讲的少，效果不佳；另一方面往往因为不能满足不同层次、不同类型高校学生的学习需求，不切合教学实际，存在各种弊端，监控和评价也无从下手。

（四）线上考试的组织难度大，学生成绩评定不真实

线上教学结束后，如何科学有效地组织考试也成了高校教学必须面临的问题。目前，理论类课程的考试多数采用超星智慧考试系统、手机下载学习通 App 来进行。但在试行的过程中也是麻烦不断。从命题环节来看，专业教师纷纷反映系统操作难度大，需要多次培训，很多题目无法录入和上传，制卷难度增加；监考、巡考环节，人脸识别、抓拍系统能起到防止舞弊的作用，但受时间和条件限制，监考老师和巡考人员无法一一线上查验，全过程监控学生考试情况，学生答题的真实性有效性打了折扣；答题环节，高等数学、物理、有机化学等很多特殊符号打不了，只能写在纸上拍照上传，其他科目，有的学生因为打字速度慢，采用口头录音再上传；虽然答题形式显得灵活多样，节省了考试时间，但拍照录音上传，让学生感觉烦琐，也大大增加了教师的阅卷量。

除了超星学习通考试系统外，高校还鼓励教师采取其他恰当合理的线上测试。以“普通话（教师语言）”课程为例，课程组开展了线上直播教学，也借用了科大讯飞研发的“普通话测评系统”作为评测和学习的工具。但该系统仅限于电脑使用，必须下载客户端，配耳麦，用 IE 6.0 及以上版本浏览器。学生在使用过程中，因为没有电脑或者不会安装客户端、浏览器等原因出现无法登陆、下载试卷失败等现象，考试无法进行，出现一个班半数同学申请缓考的现象；此外，本系统只要输入学号密码即可，没有视频监控、人脸校验的功能，学生请人代考的舞弊现象是教师无法掌控的，也只能作为权宜之计。

（五）“以学生为中心”的理念不能很好体现

“以学生为中心”是当前教学改革的必然趋势。高校线上教学中不管是录播、观看优质课程资源还是直播，却基本上都是“以教师为中心”，教师唱独角戏，一贯到底，完成知识点的讲授就万事大吉，研讨式、启发式、案例式教学开展十分有限；另外由于设备网络等原因，师生互动受到限制。虽然在直播课中也可以通过打字输入、连麦问答等方式开展师生互动，但互动不能深入，基本上是浅尝辄止，甚至因为有的师生不太会操作，无法完成相互交

流；课堂掌控难度大，一般情况下，教师看不到学生，学生线上学习状态、学习自觉性、对线上教学的满意度等方面无从得知，也无法及时根据学生反馈来调整教学内容和教学方式，终究缺少了面对面授课的那种直观生动，找不到“传道、授业、解惑”的感觉和激情；学生也反映线上听课亲身体验感不足，缺少学习氛围，很容易开小差，自律性差的学生更是心不在焉，神飞天外。此外，由于教学平台过于分散，切换频繁，用手机听课流量消耗大，增加了学生负担。还有的学生身处偏远地区，家庭经济困难，没有电脑、耳麦等设备，连基本的听课都无法保证。如何实现“以教师为中心”向“以学生为中心”、“以教为中心”向“以学为中心”的转变，在地方普通高校教学中还是一大难题。

调查数据显示，经过一个学期的线上教学，虽然 99.51% 的教师都能通过选择不同的教学平台进行教学，但仍存在三个方面的问题：一是教师采用的授课方式与学生希望教师采用的授课模式间仍然存在差异。全程直播的授课方式覆盖了全校 75.3% 的学生，但由于线上教学平台仍然无法满足师生同时进行教学的需求，仍然存在线上教学网络卡顿、掉线、延迟，甚至进不了直播间等现象，直播授课的效果可能因网络的原因大打折扣，且某些课程的内容不适合采用直播的方式。相对于直播方式而言，学生们更喜欢“间接直播”和“录播”的教学方式，这种方式更便于学生回看和巩固知识点。二是课堂答疑方式是师生交互的关键环节，依赖于合理的教学设计。相较于“由课代表收集问题，由教师统一答疑”的方式，学生更喜欢教师“线上使用语音或文字为学生答疑”，通过教师的即时性答疑，学生可以获得更好的课程交互性体验，然而当教师课前资源提供不充足、课中仍以讲授为主、课后练习反馈不到位时，即时性答疑难以确保质量和效果。三是教师布置的作业难度不符合学生自主学习的水平。75.37% 的教师线上教学采用了课前发放资料、课后布置任务的方式，学生也普遍反映教师的这种方式能够帮助他们巩固线上学习的知识并检验学习效果。但有 57.96% 的学生认为教师布置的作业较难，甚至有 4.56% 的学生认为教师布置的作业非常难，无法完成。认为教师布置的作业难度适中的学生只 36.54% 。可见教师并未针对不同学生的学习需求灵活地布置课后的任务，仍然延续着线下教学同样的一刀切模式。因此，教师线上教学应以何种方式进行，需要实现两个方面的结合：一是要探索建立适合线上学习的普适性教学环节和模式；二是在此基础上要将信息技术手段与专业特色、学生学情高度融合，形成具有专业特色的线上教学模式。

（六）尚未形成科学有效的监管评价机制

随着校本网络课程、国家精品课程、视频开放课程等不断涌现，门数众多、形式多样、内容交叉的网络课程呈井喷式发展。然而，就网络课程本身来说，如何进行有效评估，依旧缺乏标准或质量认证体系。虽然国内也有很多学者开始对线上课程质量标准进行了研究，但由于长期以来高校的管理者和教师对于线上课程的关注较少，线上课程以及混合式的教学实践发展相对滞后，这成为制约我国线上教学的质量提升的障碍。各高校需要确保课程线上开设的同时也要保证质量不下降，为此各高校均成立各级各类教学工作组，群策群力保障线上教学工作的平稳开展，有些学校启动了全员参与式的线上听课模式，通过各种方式保证线上教学的质量。然而，由于高校线上教学平台的建设和教学服务支持力度不够，教师线上教学经验不足，教师无法实时监控学生学习状况并及时根据学生学习状况调整线上教学的内容和方式。部分高校的线上教学质量监控工作仍停留在督促全体教师完成线上教学任务，对如何监测学生线上学习情况，如何建立师生线上教学沟通促进机制等方面的思考不足。常规化的教学监控模式的线上操作并不能真正实现教学质量监控的信息化，这就如线上教学并非像线下教学方式的生搬硬套一样，它只能保证任务的完成度，却无法保质增效。因此，以此次大面积、全员参与式的线上教学为契机，梳理现存的共性问题，思考建立以学生为中心、以结果为导向、以持续改进为目标的全过程覆盖、全员参与式的信息化的质量监控体系，才是确保线上教学的质量，推动教师持续提升教学信息化能力的重中之重。

线上教学的监管评价存在主要问题包括：一是缺乏有效的课程资源审核机制，课程资源质量无法保障。由于疫情突发，很多课程资源都是为暂时缓解燃眉之急而匆忙指定，甚至连任课教师自己都没有观看过，这些课程资源质量到底如何、是否适应本专业的实际需求，不得而知。由于各类资源一哄而上，平台繁多又不经审核，良莠不齐的现象无法避免。不少网络课程制作粗糙，从头至尾都是“一言堂”，照本宣科，干瘪无味。二是保障监管乏力，没有做到全过程的有效监控。线上教学达到了停课不停学的目的，但教学质量的全程监控却成了薄弱环节。各教学院大多满足于把教学任务安排下去，至于教师们是否按质按量完成，学生们是否能认真学习，则缺少有效的监管制度，也未能开展专题教学研讨，查找分析线上教学存在的问题和改进措施；学校虽然组织了教学管理和督导人员进行了线上巡查，但因为条件限制、认识不同、标准不一等多种原因，监控也仅限于线上理论教学，监控对象也大多局限于教师，监控环节主要是教师在线直播，缺少对网络教学平台管理和服务、教师对学习任务布置安排、教师指导学生情况、学生的学习情况、考试情况以及学生满意度方面的跟踪、监控和评价，收效甚微。相对于高校的外部质量评价机制，高校内部教师教学成效评价一直争议较多，评价机制也相对滞后。而线上教学由于其特殊教学场域的变化所带来的教与学特征和关系的改变，也需要对教师教学成效评价机制进行重新思考和构建。线上学习虽然给学生提供了丰富的学习资源，但在缺少明确任务驱动和即时督促的学习环境下，学生学习效果全靠其自主学习的意愿。对于如何在线上教学环境下对学生实行有效的监管，目前仍是教师们面临的最大问题，67.9%的教师表示受到线上教学环境的限制，师生、生生互动不佳，虽然在授课过程中教师可以进行点名回答问题、连麦抢答等形式互动，但是对于班上学生的整体学习情况较为难以把握，如果频繁互动又无法保障课堂的知识容量和教学效果。57.98%的教师表示无法通过网络实时掌握学生的学习情况。三是在线教学跟踪评价机制亟待完善，持续改进有待加强。线上教学的环境、设备和手段都发生了较大变化，但教师线上教学质量评价却沿袭原有的教师课堂教学质量标准，未做任何变动，已无法满足在线教学新形势的需要。由于评价机制不健全，无法激发教师教学积极性，持续改进也成为口号。

三、构建全员参与、全要素保障、全过程跟踪评价的线上教学质量保障与监控体系

切实加强教学质量监控和保障是高校人才培养的永恒主题。教师线上教学开展成效如何？课堂革命究竟对人才培养起着什么样的作用？必须通过学校切实加强质量保障并开展监控评价才能有真实的答案。教育部多次强调要加强大学教学质量评价制度建设；要完善高校自我评估制度，健全内部质量保障体系。要对照《普通高等学校本科专业类教学质量国家标准》及有关行业标准建立本科教学自我评估制度。国务院也特别强调：推进高等教育内涵发展，完善高等教育质量标准和监测评价体系。国务院、教育部的文件是高校开展线上教育的指挥棒，线上教学的广泛开展不仅是疫情状况下的应急之举，也是今后高等教育不可或缺的形式；加强线上教学质量跟踪评价，构建科学合理的监控体系，切实保障线上教学质量，也是职能部门必须开展的工作。地方高校要紧扣新时代全国高等学校本科教育工作会议精神，顺应时代新要求，加强高师院校教学质量自我评估制度建设，形成“学生中心、持续改进”的自律、自查、自纠的教学质量监控评价体系。

（一）转变理念，充分认识开展线上教学是实现高等教育现代化、信息化的新要求

由教师到“网红主播”，身份的突然转变让很多高校教师一时难以适应而纷纷吐槽。其实，广泛开展线上教学并非突如其来，而是实现教育现代化、信息化的必然要求，高校教师应该彻底转变观念，积极作为，主动适应新时代高等教育的大趋势。教育部明确提出，推进现代信息技术与教育教学深度融合，重塑教育教学形态，打造适应学生自主学习、自主管理、自主服务需求的智慧课堂、智慧实验室、智慧校园。大力推动互联网、大数据、人工智能、虚拟现实等现代技术在教学和管理中的应用，探索实施网络化、数字化、智能化、个性化的教育，推动形成“互联网 + 高等教育”新形态，以现代信息技术推动高等教育质量提升的“变轨超车”；大力推进慕课和虚拟仿真实验建设，提高实验教学质量和水平。国务院也特别提出大力推进教育信息化，着力构建基于信息技术的新型教育教学模式、教育服务供给方式以及教育治

理新模式，发挥以互联网、大数据、人工智能为代表的现代信息技术在引领教育理念和教育模式创新方面的作用，构建“互联网+”时代的人才培养新体系。当下，教学改革、课堂革命时代已经到来，线上教学将成为高校教学的新常态。地方高校要抓住时机，以“双一流”课程建设为引领，打造线上精品课程，全体教师更要改变观念，积极投身到教育现代化、信息化的时代洪流当中来。

（二）重构线上教学教师角色

教师的角色重构是教育信息化背景下教师教学改革的重要前提，教师也是推动教育进步的关键行动者，其身份不应是知识的持有者，更应是学习的合作者。因此，要确保线上教学的实效，首先就需要促进教师对其固有的线下教学的角色进行重构，促进教师树立“以学生为中心”的教学理念，满足学生多元化、信息化的学习需求。一是采取提升教师线上教学技能的培训行动，引导教师转变教学理念。动员教师参加各大线上平台的各项培训，根据教师需求，结合不同平台的功能编辑《教师线上教学工具使用指南》，并定时推送与“线上教学如何开展”这一主题相关的培训资源。二是举办专场线上教学答疑交流会，针对教师线上教学中的问题进行研讨。三是在全校范围内充分挖掘、评选、宣传和推广教师线上教学典型案例，营造教学质量文化。制定线上教学典型案例的评选办法、构建线上教学奖励机制，鼓励教师积极报送线上教学典型案例，将线上教学典型案例汇编成册，在全校范围内进行推广学习，给全校教师提供学习借鉴实例。四是加强教学研讨，构建具有共同目标的虚拟学习社区。虚拟学习社区的教师可围绕线上教学的共同主题，通过分享教学资源、团队协作、相互对话等形式进行沟通交流，共同解决线上教学过程中反映出的共性问题。五是建立校级的线上教学科研项目培育机制，鼓励教师积极参与到课程信息化教学的研究中来。

（三）切实改进教学，优化顶层设计和方法流程

1. 优化线上教学的顶层设计。线上教学的有效开展不仅需要学校办学硬件条件的完善，更需要教师信息化教学能力等软实力的提升。学校要优化顶层设计，通过反思和调整提供更加精准的校园信息化环境，为缩小教师信息

素养的差距提供强有力的导向和政策支撑。一是学校领导要紧跟时代步伐，关注自身信息化能力的提升。校长若能积极主动地带领校内教师充分整合与运用信息技术，就能为学生提供良好的学习环境，以适应信息化时代的冲击。教师信息化教学能力虽然是学校信息化建设的根本着力点，但教师信息化教学能力的提升是校长信息化领导力的重要体现。教师只有置身于在信息化的组织场域中，才能不断提升信息化教学的能力。二是要成立校院两级线上教学组织管理机构。校级层面成立以校长为组长、教学副校长为副组长，教务处、技术中心、图书馆、教学质量监控等部门负责人为主要成员的信息化教学工作领导小组，负责线上教学工作总体部署和有序开展。学院成立以党总支书记、院长为组长，分管教学工作的副院长、分管学生工作的党总支副书记为副组长的教学工作实施小组。三是学校应研讨制定线上教学制度文件，强化规范管理。四是建立便捷的教学信息化服务支撑机制。学校应主动与第三方信息技术服务公司合作，技术上给予教师以支持，解决教师的“技术困惑”。五是要充分利用信息化环境，组织教师开展电子备课和网络教研等活动，为教师营造良好的学习交流氛围。

2. 优化线上教学方法流程。教育部高等教育司司长吴岩在国务院联防联控机制新闻发布会中表示，不提倡、不鼓励、不希望、不建议各高校要求每一位老师都要制作直播课，并着重强调要发挥好国家精品线上开放课程的示范引领作用。为确保各高校线上教学的顺利开展，教育部共推出了中国大学MOOC、学堂在线等 22 个线上课程平台的 2.4 万余门线上课程供高校选择使用。因此，教师可以充分利用慕课资源，打破时空限制，通过课前提供优质资源让学生自主预习，在诊断学生的学习认知的基础上精心设计课堂讲授的内容。线上授课时可采用直播、录播等多种方式进行知识讲解，通过弹幕、留言等方式增强师生、生生交互，并通过适当设置随堂测试检验学生学习成果。在课后通过及时发布学习任务、答疑解惑等方式来促进学生反思和自主交互，从而实现“课前、课中、课后一体化”的线上教学流程。“一体化”的线上教学流程既把学习任务分配到不同时段，也能通过课堂讲授将学习内容连接起来，同时可以根据学情和知识类型，重构教学逻辑，改变教学顺序和流程，这样便于学生自主安排学习进度和次序，引导学生开展探究式和项目式学习，最大限度地实现个性化学习。总之，教学技术是工具也是载体，教师应该始终围绕“以学生为中心，以产出为导向”的教育理念，简化技术的应用，给学生线上学习尽可能地提供便利。不断探索学生能够主动参与的、具有创造性的学习方式，实现线上互动讨论、协作探究和联通学习。教师还应特别关注线上学习有困难或网络学习条件跟不上的学生，条件允许时可以通过对学困生进行一对一或一对多的个性化指导，满足不同学生的学习需求。

（四）提高治理能力，构建全方位、多维度的线上教学质量保障和监控体系

疫情既是危机也是契机。按照习近平总书记关于危与机的辩证关系的重要指示精神，高校要把疫情对教学组织管理的挑战当做教学改革的重要机遇，创新方式方法，切实加强在线教学质量保障和监控，不断提高治理能力，实现课程建设和质量监控保障的新跨越。

质量标准的建立、线上教学条件的改善、教师线上教学能力的培训、在线教学的跟踪监控是确保在线教育质量的关键。这需要全员参与，各司其职，多管齐下，构建全方位、多维度的线上教学质量保障和监控体系，做到全员参与、全要素保障、全过程跟踪评价。

1. 建立线上课程质量标准。“质量为王，标准先行”。有了标准才能加强引导、加强监管、加强问责。复旦大学与 QM 研制机构在 2017 年联合开发出“FD - QM 高等教育线上课程质量标准要点”的指标体系。该套标准突出“以学为中心”理念，强调课程设计的一致性原则，是经过多方论证的较为全面的线上和混合教学课程的质量标准。高校可以在此基础上结合学校的实际情况编制本校的《线上课程质量标准》。要将标准最大程度的内化为教师的行为。高校中大部分的教师没有接触过线上课程，《线上课程质量标准》对于教师而言是一种重要的指导和激励。因此，可通过连续发放《教师线上教学调查问卷》和《学生线上学习调查问卷》，将《线上课程质量标准》作为自评的指标项告知给教师和学生。通过师生持续性、周期性的自评、互评和反馈，促进教师、学生共同关注线上课程质量，并不断自我反思和改进。同时也能

通过师生互评，在师生之间形成一种全员参与、全过程监控的质量意识，营造一种质量文化。同时还要构建线上教学的师生规范。线上教学不同于线下教学，教师面对的受众可能是不特定的多数人，因此教师对于其教学内容把握要更加严谨。同时也要建立学生线上学习的行为规范，督促学生形成自主学习的习惯。要保证线上教学的成效，就要求教师从注重课堂的知识传授趋向于课前、课中、课后的一体化的教学活动设计，需要教师从课堂教学的弱控制转变为线上教学的强支持，通过线上交互的媒体技术加强对学生的指导、帮助，营造虚拟环境中的学习共同体，促进学生自主学习和社会性发展。

2. 构建集中统一的线上教学平台，开展师生培训，提升信息技术应用能力。

（1）升级改造信息化基础设施，优化资源，夯实线上教学运行基础。操作便捷的硬件平台、畅通的网络、优质的课程资源是有效开展线上教学的基本保障，教学管理部门要提供必需的条件设施。一是要构建集中统一的教学平台。学校应结合实际，统一集中地精选若干通用性、稳定性、安全性、用户使用友好度、承载力评价较好的线上教学平台开展教学，避免学生和督查人员在多个教学平台间频繁切换。二是要加快改善网络条件，强化网络保障。对已有平台系统、服务器、存储设备等进行优化升级，丰富线上教学支撑手段。针对实践教学环节，要加大线上仿真实验的开发力度，着力解决线上实验教学的技术支撑难题。三是建设适应本校需要的真正优质的课程资源，鼓励专业骨干教师建设网络开放课程，注重将线下优质教育资源进行数字化存储和运用，最大程度发挥优质教育资源的效用。四是要开通咨询专线或网页，安排专人负责解答各种技术疑难问题，为广大师生创造良好的教学环境，提供必要的技术保障。

（2）全面开展线上教学、学习技能培训，切实提升师生信息化素养。创新服务工作方式，形成在线教学质量教务管理工作新机制。通过视频讲座、名师示范授课、在线观摩教学、课堂教学实战、教研室线上研讨以及教学名师点评等方式，组织教师教学能力线上培训，开展技术培训和答疑，帮助广大教师适应新型教学环境，掌握在线教学技能，提升教师在线教学能力和水平，确保在线教学与线下课堂教学效果实质等效。各种课程资源、检测平台的操作手册，也要向学生广为宣传，以便学生掌握。

3.“化危为机”，构建校、院、学生三级联合监控评价机制。

（1）教学管理部门要做好监控方案并负责实施。学校教学质量监控中心联合教务处成立校级督查小组，在确保疫情防控的前提下，采取实时在线听课、线上巡查、视频回放抽查、平台数据查询等多种方式对各教学单位的教学工作落实和教学质量进行督促检查，了解教师线上培训、在线课程建设、线上教学方案执行、线上教学运行等情况，针对问题和困难提供服务支持，并通过线上听课或看课、教学运行数据监控等方式监督教学运行状态，并适时对情况进行通报。教学管理部门要负责收集汇总校教学督导团、各教学院督导组评价考核意见和学生教学信息员的反馈材料，将意见建议及时反馈至相关部门、各教学院及相关师生，对存在问题的督促整改，并追踪整改情况，确保持续改进。

（2）校教学督导团要做到全过程监控。详细了解课前准备（包括平台选择、课程资源审核、教师备课等）、在线授课（线上教学平台运行情况、授课内容、教学方式、互动交流、课程思政情况等）、课后辅导（作业布置批改、答疑解惑等）情况，落实线上教学适时反馈实施机制，发现问题立即上报。重点监控各学院线上教学情况，通过进入课程教学班级群或登录线上课堂教学平台，采取“部分听课”与“完整听课”、“实时”与“回看”相结合的方式，随时抽查教师的教学和学生的学习，实现对课堂教学的课堂准备情况、教学资料、视频教学过程、师生网络互动、作业布置交流、学习效果评价等教学活动的监控，科学合理地评估教学效果。

（3）各教学院成立教学督导组全面把关。学院督导组成员涵盖专业负责人、教务、学工一线人员，从审核课程教学资源开始，研判课程是否具备开课要求，确保所有课程能保质保量按时开课。在线教学开始后，要对任课教师线上教学具体实施工作进行跟踪监控，包括学生考勤、互动讨论、辅导答疑、作业布置和批改、学生学习情况跟踪和课程考核等。在线教学结束后，对本学院在线教学情况进行分析总结，包括线上教学课程门数统计、开课方式统计、课程教学质量评价、学生满意度统计等，还要积极宣传报道优秀在线教学案例。

（4）学校建立学生信息员队伍，负责各教学班教风、学风情况反馈，还可以通过问卷调查、线上座谈访谈等方式及时收集线上教学质量信息。

通过建立多元监控机制，构建线上教学质量监控过程的全信息化管理流程。成立校院两级线上教学检查组，开展校院两级“云督导”。每周对线上课堂进行听课、巡课，并提交《线上教学质量监控反馈表》，详细记录教师线上教学的优点和不足，帮助教师不断改进线上教学。通过信息回收和反馈，达到良性互动、持续改进的目的。同时为了切实将教学成效评估作为推动教师专业发展的推进器，教学成效的评估也可借助信息化的手段为教师建立成长档案袋，让教师能通过自身教学过程的记录和反思，不断提高线上教学质量。

4. 开展评价改革，完善线上教学评价机制，严把质量关。网络课程、智慧课堂、信息化技术的融入触发了教育评价方式的深刻变革。管理部门要根据线上教学特点，建立多维度、全过程、多元化的评价体系，创新评价指标，改变评价方式，真正做到学生中心、产出导向、持续改进。学校要出台一系列关于线上课程听课、评课的制度，建立线上教学信息反馈机制，线上教学质量激励与约束机制。教师线上教学成效评价至少应包含教师教学过程评价、学生学习成效评价和线上学习支持与服务评价等三个方面。在构建科学合理可行的线上课程质量体系的基础上，采用教师自评、督导评价与反馈、同行评价与反馈、学生评价和反馈等多种方式，综合评估教师线上教学的成效。

目前高校线下教学通常以教师终结性评价和学生考试成绩分析作为教学成效的评判标准。但线上教学由于其特点需要建立更为完善和多元的教学评价机制，注重教师教学过程性评价、学生学习成效评价、线上学习支持系统评价以及学习支持与服务评价等几个方面。一是建立教师、学生自评机制。教师通过自评了解线上课程建设的步骤和方法，明确线上教学的标准和要点。学生通过自评对自身的学习动机、学习行为和学习效果进行评价，作为自我关照和自我激励的依据。通过自评，教师和学生能更清晰地了解到教与学的状态，能够促使他们有计划地改进自己的不足。二是建立生生互评和小组互评机制。一方面教师可充分发挥线上教学的功能和优势，可为学生间拟定互评的内容，让学生通过相互间的匿名评价产生学习的紧迫感。另一方面教师可以将学生分为不同的学习小组，以小组为单位，发放学习任务，进行学习任务结果交互性的评价。教师可以综合学生互评结果、学生线上学习时长、线上测试结果、课后作业完成度等综合评判学生的学习状态，更精准地了解学生的学习需求，有针对性地对学生做出激励和鞭策。三是建立同行互评和督导评价机制。教师之间也可建立互评机制，通过相互学习交流、分享经验，构建教学学习共同体。线上教学督导只要通过网络链接就能进行课堂的观察和评价，可以在课程进行的任何阶段中对课程资源、作业、互动情况进行观察和评价。线上教学督导可以实现多样化的队伍构成，可以引入社会各行业的资深专家和学生团体作为督导员，实现校内外专家相结合、教师与学生团体相结合的督导主体体系。更能体现教学督导的客观性、公正性和专业性。四是建立师生互评机制。师生互评是教师对学生线上学习的学习态度、学习成效进行评价，同时学生也要对教师线上教学的质量、教师对学生线上学习支持和服务度等进行评价。在相互评价中，找到双方的契合点和差异点，发现问题和不足，进行课程优化和学习改进。五是加强反馈和整改。不同评价主体之间评价都要做到及时反馈才能真正促进教学质量的提高，形成质量监控的闭环。

管理部门对教师的评价，除了传统的教学内容和教学方式的评价外，主要从教学资源准备、线上环境管理、平台资源利用、线上教学实施和教学活动效果等五大方面进行评价。通过在线学生评教与满意度调查等方式，组织学生对任课教师线上教学质量进行专项评价并公布评价结果，对教师对线上教学的总体实施情况进行总结分析，提出改进建议和意见，帮助广大教师发扬优点，改进不足，更好地提高教学质量。对学生的评价，改变过去一纸试卷定成绩的单一方式，在组织大规模统一的线上测试的同时，也可以根据课程性质的不同和实际开设情况，采取灵活多样的个性化考评方式。比如技能类的课程，可以让学生写小论文、调查报告，提供录音、视频、作品、活动案例等，更为合理地考查评价学生的实际能力。

5. 政策引领，鼓励教师开展线上教学，建设优质网络课程资源。线上教学要求高，付出大，管理部门应根据高等教育现代化、信息化的需要，修改原有教学工作量计算办法、绩效考核条例、教师课堂教学质量评价办法，提高线上教学工作量权重，加大对优质线上开放课程的奖励力度，激发教师教学改革的积极性，建设更多的优质网络课程。

总之，线上教学既是疫情防控的需要，也是教学改革的需要。疫情对教学活动既带来了挑战，也会促进信息技术与教育教学深度融合的教与学改革创新。教师要不断提高自身线上教学能力，以学生为中心，建设优秀课程资源，丰富课程内容，以打造“金课”为目标，探寻线上线下混合式教学方法改革，提高教学效率，保证教学质量。教学管理部门要不断提高治理能力，为广大师生提供线上教学的优质平台，切实加强教师现代信息技术培训，改革教学评价体系，形成全员参与、全要素保障、全过程跟踪评价的线上教学质量联动监控保障机制，确保人才培养质量不打折扣。

第五节 地方本科院校教学监控中督导的反馈评价

地方本科院校校教学督导团行使“督教、督学、督改”职责，教学督导的功能不仅在于监督、检查，更重要的是在于引领、评价和指导，而且更应该发挥为相互学习、促进反思、帮助梳理、及时指导、咨询服务等职责。随着教学督导工作的深入开展，教学督导的功能也在实践中得到深化和完善，真正为高校教育事业发展保驾护航。

一、教学督导质量监控的目标和任务

近年来，衡阳师范学院教学督导团校紧扣时代脉搏，确定了工作目标和工作重点，并扎实开展教学质量监控督导工作，取得了良好成效。

1. 工作目标：围绕专业认证和新一轮普通高等学校本科教育教学审核评估工作，发挥督导专家咨询与参谋作用，积极开展教风督查、学风督查、教学管理督查、整改督查，通过督教、督学、督管、督改，促进优良教风、学

风建设，促进教学管理规范化水平的提高，为提高人才培养质量做出应尽的贡献。

2. 主要任务。

（1）加强最新教育政策方针学习。认真学习领会新时代高教40条、《高等学校课程思政建设指导纲要》、《深化新时代教育评价改革总体方案》、《普通高等学校师范类专业认证实施办法（暂行）的通知》以及《普通高等学校师范类专业认证一点通》等最新教育改革政策文件精神。

（2）加强信息化教学的跟踪督导。配合教务处跟踪督导教师使用“学习通”和“雨课堂”等信息化教学手段进行教学的情况，深入掌握学校信息化教学的开展情况。

（3）围绕教学中心任务，切实加强教学质量监控。加强教学环节全过程的监控力度，重点做好教学巡查、课堂教学、实践教学以及课程考核的监控，发现问题及时上报。

（4）对标专业认证和教育部新一轮教育教学审核评估指标体系，狠抓思政课程与课程思政教学督导工作。通过听课评课，掌握思政课程与课程思政教学的一手资料，挖掘思政课程与课程思政教学的一些典型经验，分析思政课程与课程思政教学存在的问题，并提出好的建议供学校参考决策。

（5）适应“双一流”建设需要，加强对一流专业一流课程的督查。通过有效督导，引导教职工全面开展一流课程建设，树立课程建设新理念，形成多类型、多样化的教学内容与课程体系，深入推进“课堂革命”，促进学生主动学习、释放潜能、全面发展。对专业建设、课程建设等提出有效建议。

（6）提高听课、评课的针对性。通过听课、评课，切实加强对课堂教学质量的把关，打造“金课”，减少“水课”。重点加强对要参加师范类专业认证的专业听课、评课力度，指导教师“以学生为中心”开展教学，加强课堂互动，恰当运用案例教学、探究教学、现场教学等方式，保证教学效果；督促教师带好教案、教材、教学进度计划表等相关教学资料。

（7）加强对学校常规教学管理的规范性、顺畅性以及相关教学服务工作的时效性和服务质量进行了解、监督和及时反馈。重点对已多次反馈的问题的解决情况进行督查。

（8）做好日常教学检查与评估相关工作。配合教学质量监控与评估中心、教务处开展专业评估、教学运行、试卷、实习档案袋、毕业论文（毕业设计）等检查工作。

（9）加强年度教师课堂教学质量评估工作。在认真落实和完成本学期既定的听课、评课任务的基础上，本着对授课教师和学校负责的工作态度，对授课教师的教学情况作出客观、公正的评价。

（10）积极撰写文章，高质量完成《校教学督导通讯》投稿要求。

二、教学督导的履职情况

校教学督导在学校教学质量监控保障中认真履职，发挥了重要作用，做到了以下几点：

1. 提高认识，认真履职。坚持以习近平新时代中国特色社会主义思想为指导，深入学习贯彻全国教育大会精神和新时代全国高等学校本科教育工作会议精神，提高教学督导在教学质量监控中有重要作用的认识，紧紧围绕学校立德树人根本任务，为提高教育治理水平，认真履职，在督教、督学、督管、反馈以及督改中，为推进建设师范特色鲜明的地方高水平应用型院校尽职尽责。

2. 按照目标，努力进取。一是认真学习和执行本科教育教学的最新政策和文件精神，在教学质量监控、教学管理、教学评价、专业认证等方面，督导们一边努力工作，一边认真学习，一边积极探索，为适应学校高质量、高水平发展的新态势做出了应有的努力。二是建言献策，督导们在工作中不断总结，不断完善，发现问题，积极建言，提出整改建议，跟踪并努力推进，达到目标要求，形成良好的质量监控闭环。

3. 课程思政，积极推进。教师承担着教书育人神圣使命，必须努力成为先进思想文化的传播者、党执政的坚定支持者，更好地肩负起学生健康成长指导者和引路人的责任。教师在完成各类教育课程的同时，必须履行自己的担当和责任，做到课程思政，按照习近平总书记在全国高校思想政治工作会议上强调的，要用好课堂教学这个主渠道，坚持“育人为本、德育为先”，把培育和践行社会主义核心价值观有机融入整个教学过程。督导们在听课、评课中积极推进“课程思政”，将教学过程是否充分发挥育人功能作为教学评价的一个重要着力点，课后积极与授课教师交流，深入挖掘课程蕴含的思想政治教育内容，将专业课程与思政元素有机融合，为学校实现三全教育起到了积极有效的推进作用。

4. 保质保量，任务达标。按照学校领导的指示，按照教学质量监控中心的任务要求，保质保量完成了每学期的各项任务工作目标。以 2021 年下学期为例，听课共 1015 节（其中集体听课 284 节；一本：780 节；三本：185 节；初教：45 节；研究生课：10 节）。巡查共 471 次（其中集体巡查 151 次，个人巡查 320 次），参加教学教研活动共 64 次，投稿共 228 篇。撰写反馈信息 122 篇（其中向学院反馈 104 篇；向部门反馈 18 篇）。

5. 应对一流，培训提高。为了助力学校一流本科教学的建设，改革扩大督导团队伍规模，加强教学督导的培训势在必行。一流本科教学必须有一流水平的课堂教学，要对应建设一流的本科教学，首先必须从提升课堂教学质量抓起。随堂听课是教学督导发现教与学问题的主要工作平台，教学督导对于帮助年轻教师提升教学水平，有着实质性的意义，对于培训提高教学督导的执行水平不言而喻。学校高度重视教学督导的建设工作，从思想政治上、从业务能力上有目的、有计划地开展培训，使教学督导成为保证课堂教学质量的一支重要力量，对助力学校一流本科建设起到真正的作用。

三、教学督导的督查、反馈和评价

衡阳师范学院校教学督导团和学院二级督导组在多年的实践中，以课堂教学督查为重点，兼顾教学管理和教学条件保障。通过听课、巡查及时反馈（包括日报、周报、月报、学期总结等）、发布“校教学督导通报”和编印《校教学督导通讯》等多种方式履行督查、评价、指导职责，并且不断反思总结，交流学习，不断提升服务水平。听课巡查反馈作为常规工作定期开展，在此以《校教学督导通报》和《校教学督导通讯》为例，来体现教学督导们的监控、反馈。

1.《校教学督导通报》。教学质量监控与评估中心依靠校督导团为主体，协同教务处，每月定期发布《校教学督导通报》。内容主要总结该月以来在教学督查中发现的值得肯定之处，归纳在教学各环节存在的主要问题，针对性地提出整改建议。

2. 编印《校教学督导通讯》。为进一步强化质量意识，推进质量文化建设，健全教学质量保障体系，持续提升本科教学质量，充分发掘我校本科教学工作特色和亮点，促进教学督导工作的总结、反思和提高，2006 年成立校教学督导团以来，每年编印四期教学督导通讯，以“持续改进教学质量，全面提高人才培养能力”为主题，内容包括新时代校院两级（尤其是各教学院）内部教学质量保障与监控体系建设、新时代本科教学督导理论探索与创新、新时代本科教学改革与“双一流”建设、基于“创建衡阳师范大学”的学校内涵建设与发展思考、推进专业评估（师范认证）和新一轮审核评估工作的思考、教学工作特色、亮点推介、教师课堂教学创新典型案例推介、思政课程与课程思政教学的典型经验等。

3. 开展课堂教学质量评价。教学评价是高校教学质量监控中的重要环节，教学督导评价是教学评价中重要的组成部分。教学督导评价对于规范教学秩序、提高本科教学质量、促进青年教师的成长是不可缺少的手段。近年来，为了迎接本科教学审核评估并打下坚实基础，衡阳师范学院教学督导围绕“强化教学管理、促进课堂教学改革、提高教学质量”这一中心督导任务，穿梭于课堂，开展督教、督学。主要针对教师的教学态度、教学内容、教学方法与技能、教学效果，重点进行课堂教学评价；针对学生到课率、学习态度、学习效果进行评价。采用教学督导个人与集体相结合、听课与巡查相结合等评价方式，为确保学校顺利迎接本科教学审核评估起到不可替代的作用。

为了地方本科院校教学督导科学、合理、扎实地开展教学质量评价，充分发挥教学督导评价的作用，有效利用教学评价的结果，推进教学建设和教学改革，以适应新形势下稳步提升人才培养质量，构建评价操作可行、评价机制合理、评价标准全面、切合地方本科院校教学督导评价体系是保证。

第一，构建操作性强的教学督导评价方案。教学督导评价方案是督导们开展教学评价工作的计划和实施行动的指南，学校应根据教学督导“监督、检查、评估、指导”八字工作方针，围绕学校教学中心工作重点，结合地方本科院校教学督导评价的目的、要求进行周密具体部署，从评价方式、方法、标准、权重、进度等制定操作具体、目标明确、操作性强的评价方案。

（1）明确评价对象。按照学校工作要求和目的，明确好监督评价的具体人和事。如教师、学生、教学管理者；理论课、实践课、毕业论文、试卷；教学过程、教学环境等。

（2）确定评价范围。根据学校工作重点和目标，确定好监督评价的范围。如专业课、公共课、示范课、公开课；新进教师、参评优秀教师、参评职称评定教师；课堂教学、教学管理等。

（3）制定评价标准。根据评价对象和评价目的，制定相应定性、定量的评价标准及权重的赋值，做到评价标准全面、合理、科学、客观。

（4）拟定评价方法。根据监督评价的标准，开展自身评价、学生评价、同行评价、督导评价、集体评价、专项评价、全面评价等，真正达到评价得法、监督有效、参考有价、激励有用。

第二，构建沟通联动的教学督导评价机制。教学评价是对教学过程、教学效果等各方面给予价值上的评判，为教学管理部门提供有用的参考信息。地方本科院校教学评价要具有权威性，提高其信度与效度，必须建立沟通联动的教学督导评价机制。

（1）构建“四位一体”教学评价体系。“四位一体”是指督导评价、同行评价、学生评价、行政评价（管理评价）一体。督导评价体现全面、客观、中肯、方法；同行评价体现专业、具体；学生评价体现态度、教育、效果；行政评价体现计划、执行、结果。多维联动的教学评价结合，有利于实现教学评价促进提升教学水平、提高教学质量。

（2）构建“评价—反馈—落实—检查”教学评价信息沟通渠道。教学督导活跃于教学一线，及时掌握教师的教、学生的学、教学部门的管理、行政职能部门的服务。教学督导的评价具有全面性，他们的反馈具有精准性。各相关部门和个人应认真对待，检查落实，形成良好评价信息沟通闭环渠道。

（3）构建现代信息评价沟通机制。教学督导的评价应借助现代信息技术，构建现代信息评价机制、现代信息反馈机制、现代信息共享机制、现代信息沟通机制，现代信息保障机制、现代信息管理机制、现代信息检查机制。从督导发出的评价信息，能快速地传递于督导对象，管理部门能快速地做出反应，确保教学督导评价信息及时、准确传递给被评价者，保障评价信息沟通系统良性运行。

第三，构建全面合理的教学督导评价标准。实施科学、有效的教学督导评价，制定全面、合理的教学督导评价标准是其根本保证。首先要明确教学督导评价的内容，其次要确立教学评价的原则，最后要制定教学评价标准。

（1）界定教学督导评价的内容。教学督导评价应根据学校不同时期的教学工作重点开展有针对性的评价，教学督导评价的内容应是动态的，评价的结果应为学校工作提供有价值的参考。如课堂教学，评价示范课、公开课、参选优秀教师课、参评职称人员课、新教师上岗课等；教学实践，评价毕业论文、毕业设计、指导学生参与实践活动等；教学管理，评价部门、院系、个人执行教学文件及教学计划情况；教学环境，评价为教学服务的各项工作落实现状等。

（2）遵循教学督导评价的原则。教学督导评价要达到促进教学水平提升，提高教学质量，必须按照教学规律，遵循教学评价原则，以客观事实为依据，结合动态发展，增加创新性，使其教学评价原则适应不断改革更新的教学督导评价工作的需要。

①方向指导原则。教学评价要把评价和指导有机结合，指导教师按照党的教育方针政策指向，课程与思政相融合，寓育人于教学之中，指出被评价者不足，明确努力的方向。

②客观公正原则。教学督导评价要实事求是，做到客观、公正。按照教学质量评价指标，坚持一视同仁，客观真实反映教学工作中各种现状。

③ 科学合理原则。教学督导的教学评价要坚持科学、合理。评价时以制度和计划为依据，以质量为尺度，用科学测量方法，获取不是以人的主观判

断为主的评价数据。

④ 全面重点原则。教学督导评价要反映教学全过程，不能以点代面，要从不同的评价主体、评价内容、评价视角真实反映教学质量，把握好主次重点。

⑤一致灵活原则。教学督导评价要按照评价标准，坚持对事不对人，做到一致性。评价过程要灵活考虑不同事物的特点和差异，将一致性和灵活性两者有机统一。

⑥ 定性定量原则。教学督导评价应尽可能做到客观、公正，则需以定量评价为主体，科学制定量化的评价指标。不可能量化的评价指标，尽可能做到掌握教学活动的一线资料，给出有说服力的定性评价，在评价中将定性和定量有机结合。

⑦ 创新发展原则。教学督导评价要避免教条式、硬搬硬套式，在不违背教学原则和教学规律前提下，要用创新发展的眼光看待教学活动过程的人和事。在教学评价中应鼓励教学者、学习者、管理者在教学过程中融进现代信息元素，创新教学方法和教学手段，提升教学效果。

（3）制定“项目化”教学督导评价标准。教学督导评价标准制定主要涵盖评价依据、内容、方法、标准的构建以及操作实施。为了实现教学督导评价的科学性、全面性、合理性，针对性，操作执行简便，各学校应制定“项目化”教学评价标准，因教学过程涉及评价的方方面面，不可能制定出一个包罗万象的教学评价标准体系。

教学督导评价标准的制定，一定要针对教学评价的内容，细化评价的各项指标，做到高的定量度、适合度、实施度，能从评价结果最真实地反映教学状况。例如《课堂教学评价标准》《实践教学评价标准》等（见第五章第四节、第五节）。

（4）构建教学督导评价结果应用信息库。

① 制定教学评价“项目化”标准与内涵，对教学执行过程涉及的方方面面都要细化评价指标，评价结果设为定性（分等级）和定量（百分制），确定权重值。

② 设置教学评价的主要构成要素：教师的教学质量，学生的学习效果，影响教学活动执行的因素。

③组建评价人员并进行分类：学校督导、同行专家或二级学院督导、学生、教学管理部门领导和成员。

④ 建立实时动态评价、信息反馈和查询，克服评价的片面性，做到客观、公正，使评价信息得到及时沟通与反馈，确保良好的教学运行环境和教学目标。

⑤设置评价结果应用权限，根据不同评价主客体的要求，设置查询权限。

⑥ 制作专属、操作快捷软件，利用校园网络平台服务器端，客户能使用计算机通过浏览器即可轻松登陆教学评价结果信息库，获取评价结果信息。

⑦ 软件设计主要将各项教学评价“项目化”评价信息进行数据建模，数据统计、分析，再按功能设建模块，如用户登录模块、评价模块、存储模块、评价结果模块、结果应用模块等。

参考文献

[1] 冯泳兰，张登玉，彭巧燕，等．地方本科院校教学督导在教学质量监控中的运行机制创新［J］．大学教育，2020（11）：195—198.

[2] 冯泳兰，张登玉，彭巧燕，等．地方本科院校教学督导评价体系的构建研究［J］．衡阳师范学院学报，2019，40（06）：121—124.

[3] 冯泳兰，张登玉，彭巧燕，等．地方本科院校教学督导的地位与作用［J］．衡阳师范学院学报，2018，39（06）：137—140.

[4] 韩清林．中国特色教育督导制度30多年发展的回顾与思考［J］．教育实践与研究，2011（11）：4—16.

[5] 曾敏，沈波．高校教学督导运行机制的再认识［J］．中国高等教育评估，2017（2）：47—50.

[6] 徐平生，胡桃元，管晓涛．教学督导在教学质量与监控体系中的作用探讨［J］．华东交通大学学报，2005（S1）：178—179+185.

[7] 刘长慧．高校教学督导工作存在的问题与对策［J］．教育探索，

2014 (11): 60—61.

[8] 郑明常，叶险峰．教学督导在高校教学质量控制中的作用思考 [J]．中医药管理杂志，2014，22 (07): 1053—1054.

[9] 王振兴，吴桂涛，徐邦祯，等．高校教师教学评价存在的问题与改进措施 [J]．航海教育研究，2017，34 (03): 52—55.

[10] 陈富，范晶晶．大学教学督导效能定量评估结果与启示 [J]．大学（研究版），2018 (02): 63—69 + 62.

[11] 薛留成．地方院校实施发展性教学督导评价的策略 [J]．韶关学院学报，2010，31 (08): 114—117.

[12] 沈丽娜．试谈高职院校新型教学督导评价原则 [J]．文教资料，2015 (30): 141—142.

[13] 张静颖，赵华．教学评价标准研究的回顾与展望 [J]．教育实践与研究，2019 (01): 56—59.

[14] 孙承智，王宝仁，韩秀钰．“项目化课堂”教学督导与评价策略探析 [J]．高教学刊，2015 (19): 43—44.

[15] 李婷．高校线上教学质量保障体系构建探索与反思 [J]．湖南第一师范学院学报，2020，20 (03): 42—47 + 65.

[16] 董艳，黄月，孙月亚，桑国元．校长信息化教学领导力的内涵与结构 [J]．现代远程教育研究，2015 (05): 55—62.

[17] 赵慧臣．网络课程群知识建构研究：促进跨课程的网络学习 [J]．现代远程教育研究，2014 (02): 40—47 + 54.

[18] 刘永福，李静辉．网络课程在线评价指标体系的设计与实现 [J]．中国远程教育，2015 (08): 57—63.

[19] 邓晖．587 个本科专业好不好用什么来评判 [N]．光明日报，2018-01-31 (08).

[20] 章玳．香港高校基于成效为本的课程改革与启示 [J]．现代远程教育研究，2014 (01): 79—84 + 88.

[21] 赵磊磊，张蓉菲．教师信息化教学领导力：内涵、影响因素与提升

路径［J］．重庆高教研究，2019，7（03）：86—97.

［22］彭巧燕．地方普通高校线上教学质量监控和保障体系的构建［J］．衡阳师范学院学报，2020，41（05）：144—148.

［23］张建红，姜淑慧．大学校长信息化领导力：内涵分析与模式建构［J］．江苏高教，2018（09）：66—68.

［24］石映辉，韦怡彤，杨浩．教师数字鸿沟的发展与弥合——基于从信息鸿沟到素养鸿沟的视角［J］．现代教育技术，2018（03）：59—65.

［25］叶雨婷．线上新学期挑战高校传统教学［N］．中国青年报，2020-02-17（05）．

［26］钱玲，赵燕燕．以教师专业发展为核心的网络课程质量保证体系——美国 Quality Matters 核心竞争力及启示［J］．开放教育研究，2018，24（05）：30—38+72.

［27］张艳红，唐伟，杨炳华．远程开放教育网络教学督导功能的设计与实践——以云南开放大学全网教学平台为例［J］．云南开放大学学报，2019，21（02）：81—86.

［28］ELSBREE W S. The American Teacher［M］. New York：McGrow-hill Book Company，1939：170.

［29］廖诗艳，余淦新．地方本科院校教学督导工作的实践探索：以肇庆学院为例［J］．肇庆学院学报，2013，34（04）：81—85.

［30］左树强．浅议教学督导制度在加强高校教学质量监控中的作用［J］．辽宁教育行政学院学报，2007（04）：33—34+36.

［31］鲁先文，梁仁臣，陈永红．新建地方本科院校教学督导工作的思路与创新［J］．唐山学院学报，2011，24（02）：94—96+108.

［32］刘莉丽，杨胜松．试论教学督导在高校教学质量监控中的作用［J］．重庆教育学院学报，2012，25（02）：100—103.

［33］王思思，郭丽君．我国高校教学督导制度效用分析：基于理性选择制度主义视角［J］．中国农业教育，2018（06）：30—35+94.

［34］张光明，刘绍平，李旭荣．论教学督导在教学质量监控体系中的地

位与作用［J］．国家教育行政学院学报，2004（01）：83—85.

［35］刘文奎，王楠．教学督导制度在高校中的构建及其运行模式浅析［J］．沈阳师范大学学报（社会科学版），2008，32（06）：119—121.

［36］覃卫东．几种教学督导方法手段在教学质量监控中的应用研究［J］.今日南国（理论创新版），2009（06）：87—89.

［37］薛培．高等中医药院校教学督导模式及评价指标体系研究［D］．北京中医药大学，2016.

第四章　师范专业认证驱动下的外部教学评估和持续改进

人才培养是高等教育的本质要求和根本使命，构建科学、专业的教学评估机制是提高人才培养质量的中心环节。教学评估机制作为教学质量保障体系的重要组成部分，是提高高等教育质量的重要抓手，也是构建高等教育质量保障体系的关键环节。开展教学评估工作是保证高等教育质量的重要手段，也是国际之通用做法。

2011 年教育部发布的《关于普通高等学校本科教学评估工作的意见》从教学评估的目标、内容和形式等方面对新形势下开展本科教学评估活动的工作作出了整体部署，从政策上确立了新的“五位一体”的本科教学评估制度，包括自我评估、院校评估、专业认证与评估、状态数据常态监测、国际评估。它的关注点不再是一次性的单项评估工作，而是对本科教育评估制度的整体性顶层设计。多年来，衡阳师范学院教学质量评价以此为指针，着力构建内部自我评估 + 外部评估（本科教学审核评估和专业认证）的内外结合的评估体系，同时通过状态数据常态监测查找影响教学质量的因素并持续改进。

2017 年以来，衡阳师范学院接受的外部评估主要是教育部本科教学审核评估（2018）、师范类专业认证（2022）以及湖南省教育厅开展的专业综合评价（2018—2019）和新办专业合格评估（2017—2022）。在审核评估和专业认证的推动下，学校不断持续坚持自我评估，加强内涵建设，形成了师范特色的质量文化。本章以涉及全校各个学院的本科教学审核评估和师范类专业认证为例，介绍学校以外部评估为动力，开展教育教学改革和持续整改的情况。

第一节　凝心聚力 精心谋划 迎接本科教学审核评估

学校党委行政高度重视本科教学审核评估工作，校长担任评估领导工作小组组长，亲力亲为，部署安排迎评各环节工作；校党委书记多次深入教学一线和各职能部门进行指导。全校上下齐心，形成强大合力，扎实做好迎评自建准备。

一、高度重视，统一认识

（1）学习评估文件，深入理解审核评估的精神内涵。

组织全体教职工认真学习教育部《关于开展普通高等学校本科教学工作审核评估的通知》（教高〔2013〕10号）、湖南省教育厅《关于启动湖南省普通高等学校本科教学工作审核评估的通知》（湘教通〔2016〕102号）、湖南省普通高等学校本科教学工作审核评估引导性问题等纲领性文件，吃透评估指标内涵。

（2）采用“走出去，请进来”方式，借鉴其他高校经验。

邀请湖南师范大学、盐城师范学院等专家，举办专题报告会3场；调研了七所高校。通过调研学习，深刻领会审核评估指导思想和内涵，贯彻落实“一个坚持、两个突出、三个强化”。

一坚持：坚持“以评促建、以评促改、以评促管、评建结合、重在建设”方针。

两突出：突出内涵建设，突出特色发展。

三强化：强化教学中心地位，强化办学合理定位，强化质量保障体系建设。

二、明确工作任务，扎实有效推进

（1）2017年3月4日，学校召开迎评动员大会，下发了《衡阳师范学院迎接本科教学工作审核评估实施方案》《衡阳师范学院本科教学工作审核评估资料汇编》《审核评估专家工作关键环节案例分析》，正式启动了我校审核评估工作。

（2）制定了《衡阳师范学院本科教学工作审核评估工作自评自建任务书》，明确了定位与目标、师资队伍、教学资源、培养过程、学生发展、质量保障、特色发展等7个工作组的责任校领导、负责人和责任部门，分解了具体任务。

三、开展自评自建，精心做好准备

任务下达后，教学质量监控与评估中心按时间节点各个阶段有序推进，召开了十一次审核评估工作推进会，从八个方面周密组织，精心准备。

（1）开展项目组自评自建工作：根据教育部、教育厅的安排部署，学校坚持评建工作方针，认真做好自评自建工作，成立了审核评估工作领导小组、审核评估工作办公室、评建项目组（8个）。制定了《衡阳师范学院本科教学工作审核评估工作自评自建任务书》，分别对8个项目组下达了评建任务，就项目组自评报告、支撑材料、案头材料、数据采集等工作内容、工作要求及完成时间进行了具体安排。制定了《衡阳师范学院二级学院本科教学工作基础性评估工作方案》，明确了二级学院审核评估范围。

2017年12月21日—23日，聘请了教育部审核评估专家、湖南省评估委员会秘书长、国防科技大学评建办主任和4位校内专家分成2个评审组，分别对8个项目组的工作进行了检查，通报了自评自检过程中的成绩和不足，并重点下达了后续工作任务，持续跟进进展情况。

（2）开展二级学院基础性评估工作：2017年10月10日—13日，组织开展了二级学院本科教学基础性评估工作。聘请了湘潭大学教务处处长、湖南中医药大学评建办主任、盐城师范学院评建办主任副主任等4位校外专家担任组长，分成4个考察组对17个二级学院进行考察。

（3）开展毕业论文和试卷专项检查：2017年5月25日至27日，教务处联合评估办邀请南华大学、湖南工业大学评估专家带队检查2017年下学期的试卷。

2018 年 7 月 3 日—4 日，教务处组织以湖南科技大学、吉首大学等校外专家为组长的校内外 15 名专家，分三个组对全校 15 个二级学院 2018 届毕业生论文开展了终期检查，抽检了 56 个专业近 400 篇毕业论文。

2018 年 9 月 4 日—5 日，教务处组织 4 个专家组对 2018 届毕业生毕业论文、2017 年下学期课程考核试卷进行“回头看”，并对 2018 年上学期课程考核试卷开展了专项检查。

（4）加强校内外考察基地建设：重点遴选了教师教育虚拟仿真中心、协同创新中心、茶艺实训中心；中兴通讯 ICT 产教融合创新基地、衡阳市第八中学、衡阳市广播电视台等校内外实践教学基地加强建设。

（5）开展审核评估预评估工作：2018 年 10 月 24 日—26 日，组织开展了本科教学工作审核评估预评估。在预评估期间，专家组严格按照教育部正式评估的标准和要求开展评估工作，并对我校的迎评工作提出了宝贵的意见和建议。三天时间里，全体专家克服困难，努力工作，细致听取了学校的预评估工作汇报，听课看课 45 节次；走访了全校 17 个二级学院、15 个职能部门；深度访谈了全体校领导、各二级学院党政主要负责人和部分职能部门负责人。集中考察了中兴通讯 ICT 产教融合创新基地、教师教育虚拟仿真中心、协同创新中心、茶艺实训中心；实地考察了衡阳市第八中学、衡阳市广播电视台等 2 个校外实习基地，以及学生食堂、体育场馆和部分专业实验室；调阅毕业论文（设计）582 本、试卷 982 份；召开了教师代表座谈会、学生代表座谈会。学校开展预评估，一方面是进行实战演练，为迎接正式评估积累经验；另一方面是通过专家组的工作发现问题，提出建议，以便进一步改进。

四、撰写自评报告，认真查找问题

在做好自我评估和教学基本状态数据采集的基础上，收集整理各部门提交的分析材料，认真研究、总结凝练，形成学校的《自评报告》；各教学院依据学校印发的《教学院自评报告撰写要求及模板》，编制了各学院的《自评报告》。

五、填报状态数据，确保分析报告准确、科学

学校统筹协调，职能部门通力合作，准确采集、认真审核和填报本科教学相关数据，在确保数据真实、准确的前提下，形成学校的《教学状态数据分析报告》，客观反映了学校教学工作实际。分析了年度本科教学工作状况，编撰学校《本科教学质量报告》。

第二节　高水平通过教育部本科教学审核评估

2018 年 12 月 10 日至 13 日，教育部本科教学工作审核评估专家组一行 12 人对学校进行了实地考察与评估。专家组进驻学校期间，本着认真负责的态度和严谨务实的工作作风，通过听课看课、调阅资料、走访、深度访谈、座谈、集中考察、观看教学汇报等方式，对学校本科教学各方面的工作进行了全面、系统、详细的考察、评估与诊断。

专家组校内集体考察了教育部—中兴通讯 ICT 产教融合创新基地、教师教育虚拟仿真中心、协同创新中心、茶艺实训中心。还考察了校外实践教学基地：衡阳市第八中学、湖南省第一测绘院、衡阳建滔化工有限公司。

专家组访谈了 11 位校领导，走访、深度访谈 19 个教学单位和 28 个职能部门共计 84 人次，实现了校领导、教学单位和职能部门的全覆盖。召开了座谈会 25 场；听课 32 节，看课 15 节；查阅了 12 个学院 27 个专业 32 门课程共计 2650 份试卷，调阅了 14 个学院 28 个专业 1774 份毕业设计（论文）。专家组对我校课堂教学、毕业论文和试卷管理评价较好，其中听课 32 节，评价好的有 16 节课。

专家组参观了第二课堂育人成果展和美术学院师生作品展，观看了“榜样的力量——2018 年度人物”颁奖典礼和“致敬——2018 年音乐学院教学汇报”，考察了学生宿舍、食堂、运动场、实验室、图书馆等教学设施和生活场所。

专家组还查阅了学校师资队伍建设规划和执行情况，近三年师范类专业招生和就业情况，近三年教代会的财务预决算报告，近三年全校教改科研项目立项和论文发表情况，部分专业人才培养方案、实习计划、教学大纲、实习报告等档案资料，图书馆纸质图书和电子资源的使用情况等支撑材料。以“人才培养”为重点，专家全面肯定学校工作。

在现场考察期间，专家组深切感受到，学校高度重视本科教学工作审核评估，工作思路清晰，思想共识广泛，推进措施得力。学校在评建过程中，全面梳理、总结自 2006 年接受教育部本科教学工作水平评估以来的办学情况，贯彻评建工作“以评促建，以评促改，以评促管，评建结合，重在建设”方针，着力将审核评估作为学校总结办学经验、凝练办学特色、深化教育综合改革、提升教育教学水平的一次重要契机。学校以“平常心、正常态”对待评估，以“学习心、开放态”参与评估，全校上下表现出的凝聚力、责任感和进取心，给专家组留下了深刻的印象。

专家组对学校本科教学工作所取得的成绩给予了充分肯定，认为学校以习近平新时代中国特色社会主义思想为指导，全面贯彻党的十九大精神，始终坚持社会主义办学方向，全面贯彻党的教育方针，遵循高等教育规律，认真落实办学主体责任，坚持立德树人根本任务，不断深化教育教学改革，高度重视评建工作，推进内涵发展、转型发展、特色发展，本科教育教学工作取得了显著成就，人才培养质量不断提高，办学水平、办学实力和办学层次得到提升，为地方基础教育和经济社会发展做出了重要贡献。一是学校办学定位合理，人才培养目标明确；二是重视师资队伍建设，教育教学水平不断提高；三是积极改善办学条件，教学资源保障有力；四是推进教育教学改革，探索协同育人新机制；五是重视学生成人成才，指导服务扎实有效；六是完善质量监控体系，有效保障教学质量；七是坚持开放办学，产教融合培养应用型人才。

在肯定成绩的同时，专家组也客观地指出了学校本科教学工作中存在的不足和主要问题，并提出了非常中肯的意见和建议。

第三节　本科教学审核评估整改情况

一、拟定整改方案，明确整改内容和措施

学校高度重视专家组对学校本科教学工作提出的意见和建议，审核评估结束后，学校党委随即研究部署整改工作，按照湖南省教育厅《湖南省普通高等学校本科教学工作审核评估实施方案》（湘教通〔2016〕102号）的要求，及时对专家组反馈的意见进行了认真梳理，对问题产生的根源进行了具体分析，经过充分讨论，确定了学校本科教学工作整改思路、内容、措施、分工时间安排、检查验收等事项，形成了《衡阳师范学院本科教学工作审核评估整改方案》。限于篇幅，在此仅以“培养过程”和“质量保障”这两大块为例，根据专家提出的问题与整改建议，概述学校针对整改问题而采取的措施。

（一）培养过程

1. 问题。教学改革创新不够，通识教育、创新创业教育和第二课堂的建设力度不大，学分制实施和大类培养还没有开展。学校与企业的联合共建实践方式较为单一，实效不够明显。

2. 建议。

（1）学校加强教学改革理念、目标、举措的顶层设计，注重内涵式发展，转变教学改革过于依赖从上到下的政策性项目的现状，引导教师牢固树立本科教学意识，积极投入教育教学改革。

（2）调整学科专业结构和课程内容体系，改革课堂教学评价和课程考核方式，推进信息技术与教育教学的深度融合，注重慕课、微课和翻转课堂的研究，强化“以学生为中心”的自主学习能力和实践应用能力的培养，加强实训、实践教学和毕业论文（设计）过程管理。

（3）进一步拓展本科生国内外交流与合作途径，建立稳固的校地、校企、校际交流合作关系，进一步提升国内外交流的条件保障，不断提高学生的国

际化视野。

3. 改进措施。加快教育教学综合改革，加大通识教育、创新创业教育和第二课堂的建设力度，研究落实学分制和大类培养的实施办法，进一步探索校企联合共建教学实践实训基地的多元化模式，提高合作实效。具体要落实以下工作：

（1）研究制定本科教学改革方案，强化教学改革理念，明确教学改革目标、任务和举措，突出内涵式发展，增强学校教学改革内生动力，切实扭转过于依赖从上到下的政策性项目的现状，采取有效措施激励和引导广大教师牢固树立本科教学意识，积极投入教育教学改革。

（2）针对目前的学科专业结构和课程内容体系存在的不合理问题，有步骤地调整学科专业结构，优化课程内容体系；改革陈旧、单一的课堂教学评价和课程考核方式，按照新时代本科教育的新要求，研究制定新的课堂教学评价和课程考核评估方案，引导课堂教学评价围绕提高学生的学习效果来展开；加快推进信息技术与教育教学的深度融合，研究制定慕课、微课和翻转课堂建设工作方案，围绕强化“以学生为中心”的自主学习能力和实践应用能力的培养，完善各专业实训、实践教学、毕业论文（设计）管理体系和制度。

（二）质量保障

1. 问题。学校教学质量管理人员的学历与职称结构不够合理，质量管理的整体水平有待进一步提高；质量主体意识和持续改进意识还不够强。

2. 建议。（1）进一步强化质量主体意识，将专业和课程建设、教师和学生发展、教学和服务管理都纳入质量保障体系，形成管理、监控、反馈、持续改进的闭环，不断提高人才培养的达成度和教学改革的有效度。

（2）根据办学定位和培养目标健全和完善各教学环节质量标准体系，建立以学生中心、产出导向、持续改进为核心的效用评价指标体系。修订和完善部分教学管理制度，使教学管理制度更加科学合理、有效可行。

（3）增强持续改进意识，重视质量信息与利用，及时进行评价反馈，强化质量改进措施，完善对校、院、系各级教学质量检查评价及教学质量责任追究的有效机制，形成持续改进、追求卓越的质量文化。

3. 改进措施。探索构建教育行政部门、学术组织、行业企业和社会机构参与的学校教育教学质量保障体系，进一步健全内部质量保障体系，把人才培养水平和质量作为质量评价的首要指标，突出学生中心、产出导向、持续改进，激发各学院和教师追求卓越的质量文化。重点要做好三方面工作：

（1）加强学校教学质量管理队伍建设。充实学校教学质量管理队伍数量，不断优化学校教学质量管理人员的学历与职称结构，确保教学质量管理队伍能够满足本科教学管理工作需要。

（2）进一步强化学校各层面的质量主体意识，特别是增强持续改进意识。将学科专业和课程建设、教师和学生发展、教学和服务管理等全部与质量有关的资源和要素都纳入质量保障体系，形成“管理—监控—反馈—持续改进”闭环，不断提高人才培养的达成度和教学改革的有效度；重视常规教学质量信息收集与利用，增强质量信息与评价反馈的真实性、全面性和时效性，根据反馈信息及时研究和制定质量改进措施，强化校、院、系各级教学质量检查评价及教学质量责任追究机制的落实。

（3）按照《普通高等学校本科专业类教学质量国家标准》、有关行业标准和学校办学定位和培养目标，构建学校本科教学基本标准，确立各专业人才培养基本要求，并对照要求建立本科教学自我评估制度，健全和完善各教学环节质量标准，建立以学生中心、学习效果为导向、持续改进为核心的效用评价指标体系，不断修订和完善教学管理制度，增强教学管理制度对教育教学质量的保障度。

二、扎实整改出成效

（一）审核评估整改工作基本情况

2019 年，学校坚持问题导向，全面部署推进审核评估整改工作，做到精准发力，紧扣问题要素落实整改任务，不断完善内部治理体系，全面提高办学治理能力，严格遵循“坚持问题导向”“坚持协同推进”“坚持持续改进”等基本原则，持续推进整改各项工作。

1. 坚持问题导向，部署整改工作。2018 年 12 月中旬，学校按照“以评促建、以评促改、以评促管、评建结合、重在建设”的评建方针，坚持以专家组指出的问题为整改工作导向，围绕“改什么”“怎么改”等系列问题多次召开专题会议，研究部署整改工作，制定整改方案。2018 年 12 月 30 日，学校印发并上报了《本科教学审核评估整改方案》和整改工作责任分工清单，成立了由校党委书记和校长为组长、其他校领导为主要成员的“整改工作领导小组”和由各职能部门负责人为组长的 10 个整改专项工作小组，将专家组的反馈意见和建议细化为 19 项具体整改工作任务。

2. 坚持部门协同，推进整改工作。整改工作涉及众多领域、众多部门、众多环节，需要全校上下各部门和学院密切配合和协同推进。为加快整改工作进度，确保整改实效，2019 年 3 月至 9 月，学校共召开各类整改工作推进会 11 次，协调各部门和学院协同解决整改过程中遇到的各种问题，确保了整改工作有序有效推进和落实。2019 年 10 月，学校审核评估办公室组织了全校性的整改工作中期检查，对各职能部门和学院的整改工作情况，尤其是整改成效和改进质量进行全面“体检”，并对存在普遍问题、共性问题、重要问题提出整改对策和举措，为深入推进整改工作奠定了坚实基础。

3. 坚持持续改进，营造质量文化。整改工作涉及内容多，任务重，有的问题可以立行立改，立马见效，但有的问题并非短期能解决和全面整改到位的，需要学校树立“整改永远在路上”的改进意识，坚持持续改进，久久为功。为此，我校在整改过程中，对一时难以全面整改到位的系统性、整体性、长期性问题，采取稳中求进的办法，坚持持续整改，能马上改的和容易改的，坚决尽快整改到位，对办学过程中需要持续努力整改的难题进行梳理，明确整改目标和思路，提出整改工作方案和实施步骤，确保了整改的持续性并营造了“持续改进”的质量文化。

（二）整改成效

一年来，通过全校上下努力整改，学校办学定位与培养目标得到广泛深入宣传，全校上下和广大师生对学校发展战略目标、学科专业建设、人才培养理念、专业培养目标与质量标准、教育教学改革等内涵有了更加全面充分的认识和理解，并形成了广泛共识；学校内部治理体系更加完善，办学治理能力得到全面提高；应用特色学科群和专业群得到大力加强，特色逐渐显现；师资队伍结构得到优化，质量进一步提升；教学投入和教学资源得到增加，办学条件进一步改善；教学管理体系进一步优化，教学管理制度得到完善，质量保障进一步增强；人才培养效果和质量进一步改善；学校办学综合实力和办学水平得到进一步提高，2019 年 6 月学校调整为湖南省本科一批招生高校，9 月学校招收首批硕士研究生。下面重点介绍学校在专业建设、人才培养和质量保障整改方面取得的成效。

1. 适应师范类专业认证要求，加强师范专业建设。

（1）结合专业认证要求，全面修订人才培养方案。2019 年 12 月，学校制定了《2019 年修（制）订本科专业人才培养方案的指导性意见》，明确要求师范类专业按照认证标准、教师教育课程标准、基础教育课程标准对培养方案进行修订。

（2）加强学科课程与教学论师资队伍建设。根据专业二级认证要求，学科课程与教学论教师原则上不少于 2 人，各学院采取了引进和现有师资转型培训相结合的方式加强建设。

（3）开展教师资格考试专项培训和模拟考试。为提高我校师范专业学生教师资格考试通过率，2019 年 9 月底至 10 月中下旬，学校先后召开教师资格考试培训工作专题会议，组建培训团队，对 2017 级师范专业 2189 名学生开展教师资格考试专项培训，并组织 14 个学院 18 个师范专业学生进行了《综合素质》《教育知识与能力》和《学科知识与能力》三个科目的模拟考试。

（4）加强实习基地建设。根据认证要求，实习生数与教育实践基地数比例不少于 1：20，全面组织开展实习基地建设与清理工作，对已过有效期的基地进行筛查。

（5）加强师范专业学生实习档案建设。师范类专业学生从 2015 级开始，实习后需要提交个人实习计划、实习教案、听课评课记录、实习班主任工作材料、教育实习总结与反思、教师教育实习鉴定表、教育实习调研报告等实习材料，并使用专用档案袋收集整理。

2. 深化教学体系改革，提高人才培养能力。针对专家组指出的“教学改革创新不够、创新创业教育和第二课堂建设力度不大”“大学生创新创业活动总体尚不够活跃、丰富”“专业数量较多，布局有待优化”“要优化课程体系和模块，提高实践学分”“为学生提供自主学习的优质课程和网络信息资源”等问题和建议，学校不断深化教学体系改革，提高人才培养能力，不断满足学生学习成长成才需要。

（1）加快本科人才培养体系建设。一是出台全面提高人才培养能力实施方案。为贯彻落实新时代全国高等学校本科教育工作会议和全国教育大会精神，学校制定了《衡阳师范学院关于进一步加快建设高水平本科教育全面提高人才培养能力的实施方案》，为全面深化教学改革，提升本科教学水平和人才培养质量提供了可操作性方案。二是进一步完善本科人才培养方案。为确保提高本科专业人才培养水准和适应本科专业综合评价、师范类专业认证和工程教育专业认证需要，学校党委会专题研究人才培养方案的修（制）订工作，印发了《2019 年修（制）订本科专业人才培养方案的指导性意见》，明确了进一步优化课程结构、合理设置课程模块和学分、适当减少总学分的具体目标。目前全校各专业正依据本科教学质量国家标准、专业认证要求和教师教育课程标准以及基础教育课程标准开展人才培养方案修（制）订工作。

（2）调整优化专业结构，深化课程教学资源共享。一是健全专业动态调整机制。2019 年出台了《衡阳师范学院本科专业设置与动态调整办法（试行）》，并组织开展本科专业结构优化调整工作，将专业招生、转专业、就业、评估等多个因素结合起来进行考量，对排名靠后、专业建设不理想的专业采取预警、暂停招生、撤销等处理措施。本年度共撤销 8 个专业，停招 3 个专业，使招生专业从 59 个降低到 48 个，其中师范专业 18 个，非师范专业 30 个，专业布局更为合理。二是优化调整专业结构。一方面提质改造传统专业，跟踪行业科技进步和用人需求变化，对部分传统专业进行调整或改造。另一方面改革新专业申报制度，探索建立根据社会需求和行业指导设置新专业的机制，成立了由校外行业企业专家与校内专家共同组成的专业指导委员会。此外，还做到突出优势专业，转型发展先行先试，逐步构建与产业结构相适应的专业体系。三是推进优质教学资源应用与共享。拟订《衡阳师范学院在线开放课程建设与应用管理办法》，明确了在线开放课程建设要求。积极申报省级精品在线开放课程建设、组织开展校级优质在线课程中期检查和复查，推进在线开放课程的建设与应用。2019 年，我校 88 门校级优质在线课程通过中期检查，8 门课程入选省级精品在线开放课程，2 门课程认定为省级精品在线开放课程。

（3）完善教学评价机制，推进培养模式改革与研究。一是落实“以学生主体、以教师为主导的”教学理念，在全面征集学校督导专家和各学院教师意见的基础上，修订并发布了《衡阳师范学院教师教学质量评价实施办法》，建立和完善教学激励与约束机制。拟订《衡阳师范学院在线开放课程建设与应用管理办法》，鼓励教师利用已建成在线开放课程，实施线上线下结合的混合式教学改革。二是深化人才培养模式改革与研究。加强校地、校校、校企合作育人，突出实践育人效果。“UGS 一体化”模式、“人员互派”模式、“企业冠名”模式、“协同联动”模式和“项目驱动”模式得到深入推广，卓越专业人才培养计划实验班、卓越教师培养计划、卓越酒店经理人和卓越人才培养模式创新实验班增加到 23 个。2019 年立项校级教改项目 41 项、省级教改项目 30 项，评出校级教学成果奖一等奖 8 项、二等奖 8 项、三等奖 5 项，获省级教学成果奖一等奖 1 项、二等奖 2 项、三等奖 1 项。三是提升教师信息化教学能力。开展教师信息化教学能力培训，助力教师利用现代信息技术提升教学设计和教学能力，推动信息技术与教育教学深度融合，促进教学模式改革。2019 年评出十佳授课教师和信息化教学竞赛获奖教师 17 名，其中 5 人在省级课堂竞赛和信息化竞赛中获奖。

（4）完善学分制管理制度，激发学生主动学习与创业创新。①推进学分制建设。在修定《衡阳师范学院课程重修管理办法》基础上，推进学分制改革，目前已办理学分制收费审批手续，2020 年上学期将继续对《衡阳师范学院学分制实施办法》《衡阳师范学院选课管理办法》《衡阳师范学院学分制收费管理办法》等规章制度开展修订完善工作。②加大创新创业教育力度。制定了深化创新创业教育改革的实施方案，将课程纳入人才培养方案并赋予学分，实行弹性学制，放宽学生修业年限，允许学生保留学籍休学创新创业。③构建了“全面覆盖与典型培植相结合”“校内与校外培养相结合”“在线自主学习与课堂学习相结合”的“三结合”创新创业教育体系，创新创业指导课程的内容紧密对接专业学习、学科竞赛和“大学生创新创业训练计划项目”，形成了线上线下协调的教学模式，实现在线自主学习与课堂学习相结合。建立了一批创新创业实践基地和项目，目前共有校内实践育人创新创业实践基地（平台）16 个，开展创业培训项目 5 个，开设创新创业教育课程 19 门，开展创新创业讲座 18 次。④形成了一支校内教师和外聘教师相结合的导师队伍，拥有专兼职指导教师 87 人，其中创新创业教育专职教师 2 人，创新创业兼职导师 59 人，就业指导专职教师 16 人。⑤围绕落实学分制的要求，制定出台了激发大学生积极创新创业教学管理制度，制定了学生学业规划、职业生涯规划指导实施办法和引导毕业生面向基层、面向农村、面向企业就业的激励政策。⑥强化创新创业实践教育基地建设，增加 7 个省级创新创业实践教育基地。⑦学生创新创业实践成效突出。2019 年以来，学生承担国家大学生创新性试验计划项目、省部级大学生创新创业训练计划项目和校级大学生创新创业训练计划项目 84 项；全校学生参加省级以上学业竞赛获奖 459 人，学生获国家级创新创业大赛一等奖 1 项，获湖南省“挑战杯”大学生课外学术科技作品竞赛特等奖 1 项、二等奖 3 项、三等奖 13 项，获市大学生科技创新大赛活动一等奖 4 项、二等奖 5 项、三等奖 11 项；学生发表学术论文 128 篇、作品 9 篇、获得专利 45 项；2019 年参与创新创业学生 2514 人，参与创新创业竞赛学生 1798 人。此外，还加强了大学生第二课堂和校园文化建设。按照“大观念”“大平台”“大体系”“大融合”“大影响”要求建设大学生第二课堂，激励各学院创建大学生成长成才工作特色，广泛开展各类社会实践、竞赛及校园文化活动，不断丰富和满足学生的精神文化需求。2019 年，全校共有语言文学类、公益综合类、文艺科技类、运动竞技类学生社团 63 个，开展各类校园文化活动 150 多场次，参与人数 5710 人，为莘莘学子创造了更多增长才干、展示自我的机会和舞台。

（5）重视社会需求与毕业生就业状况调研。2019 年校领导分别率队赴省内外兄弟高校、各市县教育局及中小学校调研教师培养、就业需求和教师职业发展情况，形成了《湖南省教师队伍建设情况调研报告》《2019 届毕业生就业意向调研报告》等一系列高质量调研报告，为招生、人才培养与就业工作提供了反馈意见。我们对 2019 届毕业生和用人单位开展了问卷调研，毕业生对母校人才培养的满意度为 92.36%，对就业状况满意度为 87.96%。用人单位对我校毕业生的满意度为 100%，对学校人才培养的满意度为 99.78%。

3. 进一步完善本科教学质量保障体系。针对专家组提出的“学校教学质量管理人员学历与职称结构不够合理，质量管理整体水平有待进一步提高，质量主体意识和持续改进意识不够强”的问题和“将专业、课程建设、教师和学生发展、教学和服务管理都纳入质量保障体系”“健全和完善教学环节质量标准体系”“建立以学生为中心、产出导向、持续改进为核心的效用评价指标体系”“增强改进意识，重视和质量信息利用”“形成持续改进、追求卓越的质量文化”的建议，学校进一步深化人才培养体系改革，完善人才培养质量考核办法，突出学院质量改进主体意识，建立质量保障联动机制，激励教师潜心投入教学，充分利用质量信息服务质量管理。

（1）加强教学与管理激励制度建设，提升质量管理整体水平。①印发《2019 年修（制）订本科专业人才培养方案的指导性意见》，启动进一步完善人才培养方案工作。②出台了《衡阳师范学院本科专业设置与动态调整办法（试行）》和《衡阳师范学院本科专业综合评价工作专项经费管理办法》，加强“双一流”专业培育，评选了 13 个校级一流本科专业建设点。③加强教学与管理激励制度建设，印发《衡阳师范学院教书育人卓越贡献奖评选办法（试行）》和《衡阳师范学院关于组织评选奖励先进教学单位和先进个人的通知》。2019 年共评选奖励教书育人卓越贡献奖教师 2 人，评选奖励年度教学管理工作先进单位 10 个、优秀教学秘书 10 人、实验室管理先进工作者 10 人、教学管理先进工作者 16 人。④优化教学质量管理队伍结构。目前校级专职教学督导员从 17 位增加到 22 位，增加了 5 位高级职称教师；选聘了一批教授博士充实到学院教学管理岗位，使院级教学质量管理人员得到充实，学历职称得到提高。

（2）进一步强化本科教学质量考核评价。为进一步强化人才培养质量保障，推动人才培养质量不断提升，形成持续改进的本科教育质量文化，依据教育部《关于深化本科教育教学改革全面提高人才培养质量的意见》（教高〔2019〕6 号）、《关于狠抓新时代全国高等学校本科教育工作会议精神落实的通知》（教高〔2018〕8 号）、《普通高等学校本科专业类教学质量国家标准》、师范类专业认证标准、工程教育类专业认证标准等文件精神和要求，制定出台了《衡阳师范学院教学院本科教学质量考核评价办法（试行）》和考核评价指标体系，决定每两年对全校教学院开展一次本科教学质量考核评价，将专业、课程建设、教师和学生发展、教学和服务管理都纳入质量保障体系，不断强化本科教学改进质量意识，提高人才培养质量。

（3）完善教学质量监督联动机制。进一步完善“决策—执行—监督—反馈—改进—再决策”的监督机制，形成学校领导、职能部门、质量监控部门、校院两级教学督导联合督导检查的联动机制，充分发挥教学质量监控部门与教务部门、学工部门等联合督查的协同优势，使共管、共治、共享成为教学质量监控常态。

（4）增强改进意识，注重质量信息利用。①坚持开展教学质量考核评估。将考核评估作为持续改进和提高本科教学质量的常态化手段，坚持开展教师课堂教学质量评价、校企（地）合作办学重大项目专项评估、审核评估整改工作成效中期检查考核评估，督促和强化各部门和学院落实人才培养中心地位、提高教学质量和人才培养质量的意识和责任，营造了全面提高本科教育的质量文化氛围。②发挥本科教学基本状态数据的决策参考作用。充分利用“高等教育质量监测平台”对教学基本信息进行收集、填报、汇总、分析，实时掌握教学状态数据，对变化的趋势进行分析和预判，对偏离教学基本要求的指标作出预警，为学校总体把握本科教学情况和及时作出正确决策提供强力支撑。根据教学状态数据，共有 17 个本科专业受到一级预警，1 个专业受到二级预警。

总之，学校针对专家组指出问题和提出整改要求，做了大量富有成效的工作，达到了整改目的，但是面对国家经济社会发展目标要求，对照高等教育发展趋势，学校仍需继续深化综合改革，完善内部治理体系，加快推进学科专业建设，优化师资队伍结构，激发教师潜心育人，激发学生主动学习，全面提升人才培养能力和培养质量。

第四节　落实师范专业认证新要求 扎实开展自评自建

湖南省教育厅于2019年组织开展了师范类专业认证试点工作，截至当年11月底，湖南师范大学和湖南第一师范学院共5个师范专业接受了认证，由此拉开了湖南省师范专业认证的序幕。2020年5月，湖南省教育厅在全省高校中遴选了23个师范专业准备接受认证，但因疫情的影响，工作滞后，进展较为缓慢。截至2022年7月，原定23个师范专业仅有10个接受了专家进校考察，完成了认证工作。

衡阳师范学院作为一所办学历史悠久的师范院校，紧跟时代新形势，推荐了英语和学前教育专业参加省内师范类专业认证。2021版专业认证申请书和自评报告都采用了新标准新要求，认证难度加大。在没有成功蓝本可借鉴参考的艰难情形下，教学质量监控与评估中心协同教务处以及相关学院专业结合专业认证质量保障新要求，充分展现“舍我其谁，要干就一定干好”的衡师风格，继承发扬“抢抓机遇、永不停歇”的衡师精神，精心铸造“卓越名匠培养基地”的衡师品牌。通过两年多的艰苦努力，稳步推进专业认证自评自建工作，积累了良好的经验，为湖南省地方高师院校师范类专业认证的开展提供了参考。

2022年4月21—29日，作为湖南省第一个接受师范类专业认证线上考查的高校，衡阳师范学院英语、学前教育专业接受了教育部师范类专业二级认证线上考查。在反馈会上，学校师范专业建设好的做法和成效得到了专家组的充分肯定，在深化新时代教师教育改革、全面保障和提升师范生培养质量方面提交了一份良好的答卷，起到了为全省师范类专业线上认证打样的作用。

近年来，衡阳师范学院坚持立德树人，牢记为党育人、为国育才使命，把办好师范教育作为第一职责，以师范类专业认证为契机，深化教师教育改革，充分发挥教育评价的指挥棒作用，聚焦师范生核心能力，建立面向产出的评价机制，全面推进本科教育教学高质量发展。

一、头脑风暴促转变

1. 加大宣传学习力度，切实统一思想，提高认识。学校通过“走出去、请进来”等方式，邀请知名专家来校指导师范专业认证工作，并组织开展系列专题培训，组织全体教职工继续深入学习《习近平总书记在全国教育大会上的重要讲话》《高等学校课程思政建设指导纲要》《深化新时代教育评价改革总体方案》《普通高等学校师范专业认证标准解读》《教育部关于加快建设高水平本科教育 全面提高人才培养能力的意见》《教育部关于深化本科教育教学改革 全面提高人才培养质量的意见》《中学教育专业师范生教师职业能力标准（试行）》等重要文件，认真贯彻落实全国教育大会精神。通过学习，全体师生深刻认识到，师范专业认证对于学校来说不是“选择题”，而是“必答题”，是一个“牵一发而动全身”的系统工程，是提升人才培养质量的牛鼻子。每个人都积极投身到专业认证当中来，做认证工作的参与者、践行者，而不是旁观者、评论家。

2. 实现三个转变。2020 年以来，学校结合本科教育教学工作面临的新形势、新阶段、新格局，全面贯彻全国教育大会精神，积极推进新时代教育评价改革，凝心聚力共谋教学工作新发展。采取“走出去、请进来”等方式，邀请知名专家指导学校师范专业认证工作，举办了 2021 年本科教学工作研讨班，召开了第十届本科教育教学工作会议，组织开展系列培训共计 12 次。教职工通过学习《落实师范专业认证新要求，高水平做好自评自建》《师范专业认证的灵魂与关键》《把准师范专业认证底线要求，全力做好人才培养质量达成度评价工作》等专题报告，牢固树立“学生中心、产出导向、持续改进”核心理念，实现了由“要我认证到我要认证”的动力转变，由“学校主导到院系主体”的重心转变，由“部分被动参与到全员主动融入”的范围转变。大家勠力同心，以师范专业认证为抓手，以认证理念推动师范类专业教学改革，聚焦毕业生核心能力素质培养，建立基于产出的持续改进质量保障机制和质量文化。

二、建章立制促规范

制度建设是推进专业认证的重要保障。学校以专业认证指标内涵解读为遵循，健全完善与培养目标、毕业要求、课程与教学、合作与实践、师资队伍、支持条件、质量保障、学生发展相关的各类政策和规章制度，引领并规范自评自建工作，形成教育教学质量保障长效机制。2020 年以来，各部门根据师范类专业认证要求，出台、修订了 20 多项规章制度，包括《衡阳师范学院人才培养质量达成度评价管理办法》《衡阳师范学院本科教学质量保障体系建设与运行实施办法》等重要文件，引领认证工作的有效开展。

表 4－1　衡阳师范学院 2020 年至今新修订的规章制度一览表

序号	制度名称	出台部门
1	衡阳师范学院人才培养质量达成度评价管理办法	教务处
2	衡阳师范学院人才培养方案合理性评价实施办法	
3	衡阳师范学院教学实践“双导师制”管理办法	
4	衡阳师范学院普通全日制本科生学分制实施办法	
5	衡阳师范学院本科教学工作量计算办法	
6	衡阳师范学院人才培养质量社会评价实施办法	
7	衡阳师范学院本科生课程考核与成绩评定管理办法	
8	衡阳师范学院教育类研究生和公费师范生教师职业能力考核办法	
9	衡阳师范学院本科教育建设项目经费使用管理办法	
10	衡阳师范学院教育教学研究工作量计算办法	
11	衡阳师范学院本科生学科竞赛管理办法补充规定	
12	衡阳师范学院大学生创新创业训练计划项目结题标准	
13	衡阳师范学院普通全日制本科生转专业实施办法	
14	衡阳师范学院教材建设与管理实施细则	
15	衡阳师范学院加强和改进新时代师德师风建设实施方案（试行）	人事处
16	衡阳师范学院教职工师德失范行为处理办法（试行）	人事处
17	衡阳师范学院毕业生和用人单位跟踪调查工作实施办法（试行）	招就处
18	衡阳师范学院本科学生就业工作目标考核办法（试行）	招就处
19	衡阳师范学院本科教学质量保障体系建设与运行实施办法	教学质量监控与评估中心
20	衡阳师范学院本科教育教学质量评价与持续改进工作实施办法（试行）	

续表

序号	制度名称	出台部门
21	衡阳师范学院教学院本科教学质量考核评价办法（试行）	教学质量监控与评估中心
22	衡阳师范学院“十四五”事业发展规划	党政办
23	衡阳师范学院国有资产管理办法	资产处

三、抓牢课堂革命关键

教学改革的关键是教师、课程和课堂。为了真正实现以“教”为中心到以“学”为中心的转变，学校从课程建设和课堂教学改革这两个关键问题入手，开展课堂革命。

1. 基于产出导向，修订人才培养方案。根据专业认证要求，学校出台了《2019 年修（制）订本科专业人才培养方案的指导性意见》，明确了修订原则和修订重点。

（1）修订原则。一是坚持学生为本，倡导以学定教。落实“以学生全面发展为中心、以学生学习成果为导向”（OBE）的理念，反向设计人才培养目标和毕业要求，按需设课，构建强支撑的课程体系。二是突出质量意识，对接专业标准。严格对照教育部《普通高等学校本科专业类教学质量国家标准》以及师范类专业认证标准，根据学校人才培养总目标定位，结合自身学科专业的基础和特色，合理设定专业培养目标和规格，科学构建课程体系，注重课程设置与培养目标和毕业要求的匹配度，提高课程设置对人才培养目标的达成度，确保人才培养目标的实现。三是坚持问题导向，深化教育教学改革。各专业应结合我校本科人才培养方案在运行过程中发现的问题以及在毕业生跟踪调查中发现的相关问题进行调整和修订。

（2）修订重点。一是以专业标准为指针，明确人才培养要求。立足《普通高等学校本科专业类教学国家质量标准》，明确人才培养目标。按照师范专业认证二级标准要求和教师教育课程标准要求对培养方案进行调整。建立“一践行三学会”养成体系、质量保障与监测体系，持续改进教师培养质量。

二是以社会需求为导向，创新人才培养模式。师范专业要根据培养“四有”教师的要求和卓越教师培养计划，调整和优化培养方案，紧密对接基础教育需求，彰显我校教师教育办学特色和专业人才培养的优势。

2020 年 5 月，全校 18 个师范专业均按照要求修订了人才培养方案，以“践行师德、学会教学、学会育人、学会发展”为核心，对接基础教育需求，修订师范专业人才培养方案，确立了“通识教育模块 + 学科基础课程模块 + 专业课程模块 + 教师教育课程模块 + 素质拓展课程模块”五位一体的课程体系，优化课程体系对毕业要求的支撑作用，厚植了师范生学科基础。

2. 对接毕业要求，修订教学大纲。学校发布了教学大纲新的模板，先后举办了多场“师范认证视域下的教学大纲、课程目标达成度撰写与修订”培训会，组织任课教师共同修订了教学大纲。大纲的具体内容包括课程简介、课程目标、课程目标与毕业要求指标点的对应关系、课程目标与教学内容、教学方式方法的对应关系、课程目标与考核内容方式的对应关系、课程成绩评定与、考核标准、课程资源等八个方面，尤其是针对课程对毕业要求的支撑度和课程目标达成度评价方法两个核心关键问题，经过了反复多轮的讨论，并聘请专家逐门进行了审核，确保了教学大纲顺应认证要求。截至 2022 年 4 月，各师范类专业的专业和公共课程教学大纲全部修订完成，为教师课堂教学和考核评价提供了基本遵循。

3. 以学生为中心，开展课堂革命。教育部高教司吴岩司长曾经说过：“教学改革改到深处是课程，改到痛处是教师。”课堂革命首先是教学理念上的改革，同时也是教学手段与教学方式的改革。两年来，学校携手雨课堂和超星两家在线平台，开展“多批次、全覆盖”信息化辅助教学培训工作，教师信息化教学能力得到快速提升；持续开展“示范课”“公开课”活动月、集中听课评课、教学竞赛、教师课堂教学质量评估等活动，课堂教学质量逐步提高。全校教师牢固树立“学生中心、产出导向、持续改进”理念，在教学中注重激发学生的学习兴趣和潜能，创新形式、改革教法、强化实践，从“教得好”向“学得好”转变；每位教师都能弄懂所教课程与毕业要求的支撑关系，注重学生学到了什么，掌握了什么能力，是否达到毕业要求，能适应什么样的社会需求；注重将毕业要求与课程内容有效对接，做到既注重基础性、科学性、实践性，又能将社会主义核心价值观、师德教育有机融入课程；合理应用超星学习通、雨课堂等信息化教学平台，恰当运用案例教学、探究教学、现场教学等灵活多样的教学方式，推进课堂教学方式改革，教学能力得到明显提高，在湖南省各类教学比赛中获奖35项（其中一等奖4项），进一步彰显了学校教师教育特色。

4. 扭住教学评价根本。

传统的教学评价大多以结果性评价为主，仅靠期末考试一锤定音，过程性评价基本流于形式，无法体现学生能力获得的过程。师范专业认证则注重过程评价和多元评价，强调课程目标达成度分析，突出持续改进。基于上述要求，学校加大课程考核改革，突出过程性评价、表现性评价。出台了《衡阳师范学院本科生课程考核与成绩评定管理办法》，强调课程考核以能力考核为导向，采用形成性考核（测验测试、期中考核、实践考核、论文、报告、作业、课堂表现等）与终结性考核（笔试、面试、机试、论文或报告、实验操作、设计或作品等）按比例综合评定的办法，其中形成性考核成绩占比介于30%—50%之间。以公共基础课程“教师语言”为例，该课程加大了过程性考核，由原来的占比30%提高到40%，由课前问答（抽测）5%、课堂讨论10%、课程作业25%三部分构成。教师们严格按照考核标准实施，原始支撑材料随时可查。待成绩完全评定之后，再形成课程目标达成度报告。该报告包括六部分：一是课程目标与毕业要求指标点的对应关系，二是支撑课程目标的期末考核分数分布，三是支撑课程目标的各考核环节的总分值、权重，四是课程目标达成度计算结果，五是课程目标达成情况分析与教学反思，六是持续改进措施。这样，突出了学生语言能力训练核心，切实保证了以学生为中心。

此外，学校于2021年9月启动的“学生立体综合评价体系的构建”项目被定为省教育体制改革试点项目。学校成立学生立体综合评价改革领导小组，改变以智育成绩为主导的评价导向，坚持德智体美劳并举，将思想道德素质、身心健康素质、课程学习成绩、创新素质与实践能力、劳动表现等纳入评价指标体系，引导学生全面发展、各美其美，促进学生综合素质提高。

学生立体综合评价体系共有教学运行与质量评价、学生日常行为管理与评价、大学生心理健康监测与评价等 7 套评价系统。教师通过“学生工作综合管理服务平台”，将学生学业成绩、出勤率、社团活动参与情况等多方面数据录入系统，系统自动进行量化分析，最终为学生生成综合档案。学生可通过“今日校园”App，实时查看个人档案，并查询学校政策、就业信息等。

每学年结束，若学生某项评价指标低于全校平均水平，系统会自动预警提示，提出改进建议。系统还可根据用人单位招聘需求，筛选符合条件的优质毕业生。目前，该校学生立体综合评价体系初步建成，试运行反响良好。

四、改革教育实践，做到“三习”贯通

学校出台了《衡阳师范学院师范专业教育实践管理办法》《衡阳师范学院教育实习质量标准》等文件，建立起“以实践课程为基础，以专业技能实训为抓手，以专业见习、实习、研习为延伸”的完整的实践教学体系；制定教育见习、教育实习、教育研习等课程教学大纲，着重覆盖师德体验、教学实践、班级管理实践和教研实践等，既体现教育见习、教育实习、教育研习在实践教学中的整体性，又明确三者在对应毕业要求指标时的针对性，即教育见习主要支撑“师德规范”和“教育情怀”；教育实习主要支撑“教学能力”“班级指导”和“综合育人”；教育研习主要支撑“学会反思”等毕业要求指标点，覆盖了毕业要求。通过落实教育“三习”，保证了学生教育教学基本能力达成。

五、坚持“三位一体”，协同育人

学校依据《衡阳师范学院实践教学基地建设与管理办法》《衡阳师范学院教学实践双导师制管理办法》等制度，与地方教育行政部门和中学建立权责明晰、稳定协调、合作共赢的“三位一体”协同培养机制，形成了教师培养、培训、研究和服务一体化的合作共同体。通过共建实习基地、共享教师教育资源、共同制定师范生培养方案、加强中小学教师职前培养职后培训、开设高等教育与基础教育论坛、开展教育教学研究等方面的合作，从机制和体制

上构建有效的师范生双向渗透式教育教学实践体系，着力促进师范生教育实践能力的提升，实现师范生培养与基础教育无缝对接。近年来，学校不断优化“训—导—顶—评—赛”顶岗实习模式，派出近3000名学生赴常宁市、宜章县等100多个农村学校顶岗实习。连续7年承办湖南省高校师范生教学技能大赛，打造了湖南省高校大学生学科竞赛的品牌赛事，师范生教学技能得到大幅提升，在湖南省高校师范生教学技能大赛中获一等奖17项。

六、健全机制强保障

质量保障和持续改进是师范专业认证重点关注的两个基本问题。学校顺应专业认证要求，构建了“81135”式系统和完善的本科教学质量保障体系，对各主要教学环节进行监控和评价，并将评价结果用于持续改进，有效支撑毕业要求达成。

（1）构建了八位一体的本科教学质量保障体系。即管理决策系统、质量目标系统、质量标准系统、条件保障系统、过程执行系统、质量监控系统、质量评价系统、反馈改进系统共同运行，形成多重循环、实时联动的质量保障循环机制。

（2）形成了一套完整的各主要教学环节质量标准。学校研究制定了符合学校人才培养目标定位的质量标准，形成了涵盖本科教学活动全过程的内部教学质量标准体系。包括培养目标质量标准、课堂教学质量标准、实践教学质量标准、课程考核质量标准等，严格依照质量标准组织教学并进行督查。

（3）通过本科教学基本状态数据监测平台对教学状态定期监测。2019—2021年，学校连续对18个师范专业17个一级监测指标进行数据采集、分析，查找各专业建设中的问题和不足，对问题较为突出的生师比、中学兼职教师占教师教育课程教师比例等数据进行预警，督促各专业查找原因，制定整改措施，加强基础建设。2021年年底，学校根据教育部《关于师范类专业办学条件和质量监测数据核验的通知》优质高效完成了所有师范专业数据的核验与填报，顺利通过了教育部的办学条件和办学质量审核，纳入免试认定。在保证数据真实、科学的基础上，形成《衡阳师范学院本科教学状态数据分析报告》《衡阳师范学院师范专业认证自评报告》，发布《衡阳师范学院年度本科教学质量报告》，全面总结学校本科教育教学质量状况，查找问题，制定整改措施，持续改进。

（4）健全三个机制。一是建立教学过程质量常态化监控机制。学校围绕课程建设、课堂教学、教育实践等主要教学环节，通过自主教学检查、评价与反馈、结果分析与自觉改进等方式，定期对各主要教学环节的质量实施监控与评价；学院和专业聚焦评价学生学习成效，定期对各主要教学环节质量实施监控与评价，如培养目标合理性评价、教学大纲审核、课堂教学监督、课程考试的审核，开展课程目标、毕业要求、培养目标达成度评价并用于持续改进，使执行过程与监督过程形成闭环，保障毕业要求达成。二是建立人才培养质量达成度评价机制。依据《衡阳师范学院人才培养质量达成度评价管理办法》，各专业建立评价机制，主要包括培养目标达成度评价、毕业要求达成度评价、课程目标达成度评价，形成中学、教育行政部门等利益相关方广泛参与的多元互动社会评价机制。三是建立持续改进机制。出台了《衡阳师范学院本科教育教学质量评价与持续改进工作实施办法（试行）》，建立由课程、专业、学院、学校构成的教学质量持续改进体系，对教学主要环节开展定期评价和综合分析，并用于修订培养方案，完善课程教学大纲，改进教学方法，推动师范生培养质量不断提高。

（5）开展自我评估。通过定期开展学院本科教学质量评估、校内专业评估、一流课程评估、教师课堂教学质量评估、附属学校办学成效督导评估等五项校内评估，形成了自身有质量标准、专门机构和专业人员、监测评估、及时反馈、持续改进的内部质量保障新体系。

七、持续改进促发展

学校出台了《衡阳师范学院本科教育教学质量评价与持续改进工作实施办法（试行）》，建立由课程、专业、学院、学校构成的教学质量持续改进体系，落实本科教学质量考核制度、教学督导工作制度、领导干部听课制度、教师课堂教学质量评价制度、毕业生质量跟踪调查与反馈制度。围绕课程建设、课堂教学、教育实践等主要教学环节，通过自主教学检查、评价与反馈、结果分析与自觉改进等方式，定期对各主要教学环节的质量实施监控与评价，如培养目标合理性评价、教学大纲审核、课堂教学监督、课程考试的审核。开展课程目标、毕业要求、培养目标达成度评价并用于持续改进，对教学中的每一个过程环节都开展定期评价，定期对校内外的评价结果进行综合分析，强调有效使用分析结果，使监控和整改过程形成闭环，保障毕业要求达成。构建了自觉、自省、自律、自查、自纠的大学质量文化，推动师范生培养质量持续改进和提高。

学校制定了教学质量定期评价的相关制度，各责任主体高度重视，定期开展专业教学质量评价，涉及培养方案、教学大纲、教学质量工程、教学质量考评、教学基本状态、课程考核、教育综合实践课程等方面。

各专业针对培养方案、教材征订、课堂教学、考核方法、实习实践和毕业论文等人才培养环节制定了质量标准；明确负责人，对教学过程进行常态化管理与评价。

表 4－2　各主要教学环节质量要求及评价方法

教学环节	质量要求的要点	质量监控的方法和责任人	质量评价的周期、依据、结果反馈方式	形成的记录文档
制定培养方案	1. 培养目标适应社会发展需求和国家质量标准 2. 毕业要求密切支撑培养目标 3. 课程体系有效支撑毕业要求	1. 质量监控方法：校内外专家论证；用人单位专家论证 2. 责任人：教学副院长，专业负责人	1. 周期：两年小修订，四年大修订 2. 依据：培养方案执行效果 3. 反馈方式：教师、学生座谈会	专业培养方案及论证报告
教材征订	1. 符合本专业人才培养目标和课程教学大纲要求 2. 以质量为首，优先选用各类优秀教材	1. 质量监控方法：由课程组、系主任和教务处审核 2. 责任人：教学副院长、系主任	1. 周期：每学期 2. 依据：衡阳师范学院教材管理办法 3. 反馈方式：若所选教材不符合管理办法要求，经教学副院长审核确认，责令任课教师重新征订	教材征订记录

续表

教学环节	质量要求的要点	质量监控的方法和责任人	质量评价的周期、依据、结果反馈方式	形成的记录文档
课堂教学	1. 严格按照教学大纲要求组织教学，教学目标明确、内容充实 2. 采取有效的教学方法和手段进行授课，注重教学研究，不断探索有效利用现代教育技术手段，提高教学效果 3. 有效进行课堂教学管理	1. 质量监控方法：校、院教学督导听课、日常教学检查、学生评教，座谈 2. 责任人：教学副院长、系主任	1. 周期：每学期 2. 依据：学校课堂教学管理规定、课堂教学效果 3. 反馈方式：督导向教师实时反馈、教学评价结果集中反馈	听课记录、学生评教结果
考试考核	1. 考核内容符合课程标准要求，能够有效考查学生学习情况 2. 对试卷及考核结果进行分析总结，真实体现课程目标的达成情况 3. 严格考试纪律，公平公正	1. 质量监控方法：专业负责人和教学副院长负责审核试卷，学院负责考试纪律巡查 2. 责任人：教学督导、教学秘书、系主任	1. 周期：每学期 2. 依据：课程大纲、材料规范、考试纪律规定 3. 反馈方式：成绩分析反馈、材料检查结果反馈，巡考监考情况反馈	试卷、成绩分析材料、监考记录
实践教学	1. 实践内容明确，符合培养目标和教学大纲要求 2. 实习基地建设规范，能有效支撑实践需求 3. 实习前制定明确的实习计划，实习过程规范 4. 实习结束后有效进行实习总结，注重实习效果反馈	1. 质量监控方法：实习单位反馈，实习检查 2. 责任人：负责实践教学副院长、系主任	1. 周期：每学期 2. 依据：课程大纲、材料规范、考试纪律规定 3. 反馈方式：成绩分析反馈、材料检查结果反馈，巡考监考情况反馈	实践教学过程性材料
毕业论文	1. 论文选题符合培养目标要求，有效支撑毕业要求 2. 开题、中期检查和论文答辩等环节按要求规范进行 3. 指导教师根据毕业要求对学生进行有效指导	1. 质量监控方法：毕业论文各环节抽检 2. 责任人：负责实践教学副院长、系主任	1. 周期：每学期 2. 依据：学校毕业论文工作管理办法 3. 反馈方式：各环节抽检或书面形式反馈	各环节抽检过程性材料

除了抓好各主要教学环节的监控和评价外，学校建立了利益相关方参与的多元社会评价机制。每年在毕业生离校后通过“湖南高校毕业生就业信息网”“衡阳师范学院毕业生就业工作追踪调查表”和“用人单位对毕业生满意度调查报告”对毕业生进行就业情况跟踪调查；学院每年召开应届毕业生座谈会，听取毕业生对本专业人才培养的意见和建议并及时反馈给相应部门和教师。同时通过建立微信、QQ校友群和邀请校友返校等形式，加强毕业生的持续跟踪调研，不断了解学生的工作和职业发展状况。通过校友、师范生实习等多种渠道与当地中学、教育行政部门和用人单位等建立联系。通过不定期邀请利益相关方来校座谈、到实习中学和教育行政部门走访等形式对本专业师范类学生培养质量进行评价，收集不同层面提出的意见建议。通过对毕业生的持续跟踪，根据反馈的信息不断调整优化人才培养方案和教育教学过程，人才培养质量得到了进一步的提升。通过多元化的评价，各专业更好地掌握了人才培养状况和现代社会对师范生培养的质量需求。根据反馈不断优化培养方案和培养过程，较好地促进了师范生人才培养质量的提高。

第五节　接受第二级师范专业认证专家进校考查

师范类专业认证根据第一、二、三级不同的功能定位和组织实施方式，设置了相应的认证工作程序。第一级采用网络平台数据采集方式，对师范类专业办学基本信息进行常态化监测，第二、三级采取专家进校考查方式，对师范类专业教学质量状况进行周期性认证，认证程序包括申请与受理、专业自评、材料审核、现场考察、结论审议，结论审定、整改提高七个阶段。

衡阳师范学院英语、学前教育专业于2021年5月向教育部评估中心递交了专业认证申请书并得以顺利通过；8月，上传了自评报告，经专家评审后，同意11月进校考查。由于是首次接受师范类专业认证，学校决定开展预认证，进行实战演练，采用线下方式；11月因为疫情突发，专家进校时间延迟。迫于形势，学校决定于2022年4月接受线上考查。通过前后两次的经历，学校积累了线上线下认证经验，为推进后续认证工作奠定了良好基础。

一、英语、学前教育专业预认证及其整改

为深入推进师范类专业认证工作，全面查找存在的问题，学校于2021年10月26日—29日开展了英语和学前教育专业预认证工作，专家组一行7人对学校进行了实地考察与评估。专家组进驻学校期间，本着认真负责的态度和严谨务实的工作作风，共听课看课13节次，调阅毕业论文120份，实习报告和毕业生教育实习档案120份；抽查了16门课程的1052份试卷及考核材料，访谈相关校领导和职能部门负责人14人次，专业负责人、学院领导和管理人员48人次，学生98人次，教师95人次，实习指导老师4人次，访谈毕业生代表10人次，用人单位代表11人次。集体考查了教师教育虚拟仿真中心和茶艺实训中心，实地考察了外国语学院“她世界”特色教育工作室、读书吧，教育科学学院学前专业绘本室、保育室、手工室、实训中心、舞蹈训练室、钢琴训练教室、三笔字实训室等15间学校和学院相关教育教学设施；实地考查了成章实验中学、衡阳师范学院附属幼儿园2个实习基地，全面获取了专业的教育教学信息，对学校师范类专业认证各方面的工作进行了全面、系统、详细的考察、评估与诊断。

（一）总体印象和肯定之处

专家组认为，学校领导是高度重视师范专业认证工作的，学校师生是高度认同认证理念的，深深地感受到学校和学院、专业迎评的浓郁氛围和师生团结向上的良好精神风貌，一心一意只为提升人才培养质量的真诚和责任担当。

随着考查的深入，学校在师范生培养中，以开展认证自评自建工作为抓手，按照“做精做强师范教育”“一师范专业对接一省级示范中学”的思路，大力推进校地、校校合作，积极构建高校、地方政府、中小学校（UGS）“三位一体”协同培养教师的新机制，推动学校与地方、中小学资源共享，实现互利共赢，使学校“师范性”更加凸显；通过对接基础教育改革发展需求进一步优化师范生培养顶层设计；通过课程思政、名师工作室、开展“榜样力量”寻访活动、打造“走下网络、走出宿舍、走向操场”“津梁讲坛”等校

园文化品牌，强化师德养成教育；通过改革创新人才培养模式、实施卓越教师培养计划，厚植师范生学科基础，推进师范生专业化、个性化发展，通过构建集“学习、实训、实验、测评”于一体的虚拟仿真实验教学环境，提升师范生教学技能和职业素养等多措并举的培养措施，提升师范生培养质量，给专家组留下了深刻的印象。

（二）不足和整改

专家组在肯定成绩的同时，也客观地指出了学校和专业在认证工作中存在不足和主要问题，明确指出了必须整改的方面，并提出了非常中肯的建议和措施。

校领导高度重视专家组反馈意见。党委书记指示：要切实抓好问题整改；坚持对标认证工作标准，提高人才培养质量；不断深化教育教学改革，打造一流师范教育。校长要求各职能部门和教学院争分夺秒，明确工作重点、卡紧时间节点、破解问题难点，全力以赴进行整改，确保通过正式认证，为创建高水平师范大学奠定基础。

反馈会后，教学质量监控与评估中心对反馈的问题进行了认真梳理，确定了师范类专业认证工作整改思路、内容、措施，形成了具体整改方案，就后续整改工作进行了具体部署。

1. 整改目标。以习近平新时代中国特色社会主义思想为指导，认真贯彻全国教育大会、新时代全国高等学校本科教育工作会议精神，秉持“学生中心、产出导向、持续改进”的师范类专业认证理念，通过师范类专业预认证反馈问题的整改，深化各师范专业及教师对认证理念进课堂的认知，熟悉认证标准，解决预认证中的突出问题，推进师范专业内涵建设，满足社会需求，服务国家和区域的发展，顺利通过教育部正式认证。

2. 整改工作思路。坚持“以评促建，以评促改，以评促强”方针，以重点解决专家组提出的整改意见和学校在自评自建中发现的问题为主线，以创建高水平师范大学为动力，以加快师范专业内涵建设、不断提高师范生培养质量为目的，制定切实可行的整改方案，明确各职能部门、教学院的整改责任，立即整改，确保各项工作落到实处。

3. 整改内容与整改措施（共性问题）。

（1）敏锐性不足。主要体现在：一是“上热下冷”。多数职能部门在专家询证、访谈环节，不能紧扣专业认证核心理念回答问题；学院与专业层面还只是少部分专业参与师范专业认证，大部分专业还在等、看、靠。二是对高等教育发展的新形势掌握不够。对一些重要文件精神缺乏认知，如《高等学校课程思政建设指导纲要》《深化新时代教育评价改革总体方案》等，回答问题无法体现认证新要求。

整改措施：一是全员再动员、全员再培训，切实统一思想，提高认识。开展师范专业认证工作对于我们学校来说不是“选择题”，而是学校乘势而上、有所作为的“必做题”，是学校的办学之基、立校之本，是赶超兄弟院校，进入全省乃至全国师范院校第一阵营的好机遇。师范类专业认证是一个“牵一发而动全身”的系统工程，是提升人才培养质量的牛鼻子，是撬动教学质量提升的杠杆。它关乎学校的核心竞争力和形象声誉，因此做好专业认证工作意义重大。全校教师一定要统一思想、提高认识，积极投身到专业认证当中来。二是聚焦理念不偏向。加大宣传学习和培训力度，组织全体教职工继续深入学习《高等学校课程思政建设指导纲要》《深化新时代教育评价改革总体方案》《普通高等学校师范专业认证标准解读》等重要文件，认真贯彻落实全国教育大会、新时代全国高等学校本科教育工作会议精神，做到将党的教育方针、课程思政建设、“四有”好老师培养标准、专业认证“学生中心、产出导向、持续改进”的核心理念等入脑入心，并用以指导教育教学改革，掌握和运用好专业认证话语体系，体现全体教职工对师范专业认证的认同。

（2）全员参与不够。主要体现在：一是仍是少数人和骨干在战斗。如关于认证逻辑的理解、教学大纲的制定和实施等问题，大部分老师说不清。二是公共基础课和教师教育课程改革滞后，教学大纲都是应付式的，课堂教学传统印记较深，体现不出 OBE 理念。三是教学质量保障部门的工作未按照“学生中心、产出导向、持续改进”的理念来配置教学资源和开展质量保障工作，不能应对专家询证和访谈。

整改措施：一是教务处、教学质量监控与评估中心和相关学院组织各类有针对性的培训学习。邀请专家和业务骨干开展讲座，通过“传、帮、带”让每个老师正确理解和把握师范类认证标准的逻辑“主线”（培养目标、毕业要求、课程与教学、合作与实践之间的“反向设计、正向施工”的互动关系）和必须达到的“底线”要求（即建立面向产出的内部评价机制，通过评价能证明达成情况，并建立根据评价结果进行持续改进的机制），能够说清楚课程支撑毕业要求指标点任务矩阵图的对应关系，严格按照教学大纲实施教学，做好课程目标达成度评价。二是教务处组织公共课所在教学院教师按照师范专业认证新要求修订和执行教学大纲。公共课教师要熟悉教学大纲，说清楚课程目标与毕业要求的对应关系，开展磨课、评课活动，确保在课程教学中贯彻 OBE（学习成果导向）理念，以学生为中心，采取案例教学、探究教学等多种教学方法，运用慕课、翻转课堂等信息技术手段，拓展课堂教学时空，激励学生主动参与、自我反思和团队合作学习，保证课堂教学质量；科学合理地进行考核评价，确保课程目标达成。三是质量保障部门要按照“学生中心、产出导向、持续改进”的理念归纳总结自身的工作，围绕认证主题，做好询证准备，做到“有问必答，答而有道”。各部门的汇报要全面总结保障专业认证的思路、举措和成效。计划财务处、资产管理处、图书馆等部门的重点是经费保障、设施保障、资源保证；人事处要有师资队伍建设规划、选聘兼职教师的管理培训和考评办法，加强教师队伍素质能力建设的考核评价标准、措施办法和长效机制等；注重教师教育课程教师队伍建设，建立相应的制度和管理措施。学工处、团委要围绕立德树人、三全育人加强大学生思想政治工作，将创新创业教育、劳动教育、职业发展与就业指导纳入到评价指标当中，改革和创新学生工作。围绕师范专业认证的“专业认知 + 活动体验 + 实践行为 + 表现评价”以及“第二课堂”课程化进行持续改进。

（3）工作落实不到位。主要体现在：大部分材料经不起查、经不起问，有敷衍塞责之嫌。教育见习、教育实习、教育研习、毕业论文的教学大纲，在课程对应指标点方面问题明显。制度落实不到位。如尽管已制定了教学大纲，但课程教学和考试与教学大纲、课程目标脱节，仍是老办法。

整改措施：狠抓工作落实，进一步整理、规范支撑材料和案头材料，保证材料质量；继续修订教育见习、教育实习、教育研习、毕业论文的教学大纲，找准课程对应指标点。所有教师均要按教学大纲实施课程教学和考试，确保课程目标达成。

（4）制度机制建设需要加快步伐。问题主要表现在：一是部分重要的教学管理制度和质量保障制度更新不及时。如学校层面的有关教育实习、毕业论文的文件大部分还是全国教育大会以前制定的，很明显没有落实“学生中心、产出导向、持续改进”等教育新思想新理念。二是制度建设顶层设计不够，难以形成规范稳定的工作机制。如关于“三个评价”的制度建设，学校只制定了《衡阳师范学院人才培养质量达成度评价管理办法》，缺少培养目标、毕业要求、课程体系合理性评价方面的制度；学院在“三个评价”制度建设方面也存在缺失，如英语专业只有培养质量达成度评价的制度。

整改措施：加强制度建设，健全工作机制。一是教务处以“学生中心、产出导向、持续改进”等教育新思想新理念为指针，修订毕业论文管理办法；根据“三习”的逻辑关系，尽快修订学校层面关于教育见习、教育实习、教育研习相关规章制度、考核评价制度。二是加强制度建设的顶层设计，健全师范专业认证必需的工作机制。教务处尽快出台培养目标、毕业要求、课程体系合理性评价办法等重要的教学管理制度；教学院也要根据学校教学管理规章制度，拟定相应的实施细则。根据专业认证要求，进一步健全各方面的工作机制。

（5）工作重点不突出，难点未突破。体现在两个专业的“课程体系对应毕业要求”“课程对应毕业要求指标点教学任务”这两个矩阵图不够准确；各种调研不规范，缺乏针对性，调研结果的科学性、有效性有待提升；教学大纲目前基本上不符合认证新要求；课程目标与毕业要求指标点的对应关系存在不够精准的问题；毕业生跟踪反馈和社会评价工作基本还是空白等。

整改措施：针对培养目标对应外部需求、课程设置支撑毕业要求指标点、课程实施与考核支撑课程目标等3个关键、薄弱的环节，专业要将以下五个方面工作作为重点：一是能说明调研需求预测与专业培养目标的对应关联关系；二是明确课程与相应毕业要求指标点的对应关系；三是能说明用于重点支撑各项毕业要求的专业核心课程和重要实践环节的关键支撑作用；四是要依据支撑毕业要求指标点，修订教学大纲，形成教学内容、方法和考核与课程目标的对应支撑关系；五是按照“产出导向”模式开展实践教学，实现实践教学课程化。

落实认证新要求，还要突破课程考核评价这个难点。一方面要转变观念，从知识本位向能力本位转变；另一方面要加强对教学内容、教学方式方法及考核内容方式的探索和实践，构建基于能力培养的课程考核评价体系。

此外，教务处、学生工作处、招生就业处等部门和教学院要尽快开展毕业生跟踪反馈和社会评价工作，提高调研和评价的科学性、信度与效度。

在整改过程中，我们始终把握两点：

一是加强学习，统一思想，提高认识；把握要求、学标对标，精准掌握师范专业认证话语体系。

学校层面：以专业认证为抓手，以认证理念推动师范类专业教学改革，引导师范类专业聚焦毕业生核心能力素质培养，建立基于产出的持续改进质量保障机制和质量文化；展开广泛宣传；建立评建保障机制。

专业层面：对照认证标准开展自查，总结取得的成效，梳理问题与不足，以问题为导向，进行有针对性的改进。其中，重点工作是重新审视修订专业培养目标和毕业要求，优化课程体系和教学大纲，建立基于产出的质量评价机制，整理教学档案与佐证材料。

教师层面：认真学习、充分理解认证理念与认证标准，将认证理念和认证标准落实到教学活动中，不断改进教学内容及教学方法，持续提高课堂教学质量。

通过学习，实现三个转变：由“要我认证到我要认证”的动力转变，由“学校主导到院系主导”的重心转变，由“部分被动参与到全员主动融入参与”的范围转变。

二是统筹协调、凝心聚力，抓整改落实。

要以专业认证为契机，坚持以学生为中心，紧紧围绕“培养效果与培养目标的达成度、办学定位和培养目标与社会需求适应度、教师和教学资源对学校人才培养保障度、教学质量保障体系运行的有效度、学生和用人单位的满意度”的要求，将学校自身办学特色和专业认证考评体系结合起来，积极深化教育教学改革，有序推进专业认证工作，努力把专业、课程建设得更具魅力，使人才培养质量进一步提升，争取在全省师范专业认证中起到引领示范作用。

二、接受师范专业认证线上考查

教育部在2018年启动了师范专业认证工作。根据教育部要求，师范专业第二级认证由高校所在地省级教育行政主管部门负责组织。截至2021年10月，湖南省有师范本科专业的高校共18所，还只有2所高校接受过教育部师范专业认证专家进校考查。作为湖南省第一个接受师范类专业认证线上考查的高校，衡阳师范学院英语、学前教育专业于2022年4月21—29日接受了教育部师范类专业二级认证线上考查，成为湖南省第3所通过师范类专业认证的高校，特别是学前教育专业还是湖南省学前教育类第1个接受认证的专业。此次英语、学前教育专业的认证进校考查，拉开了新时代衡阳师范学院师范生培养改革与创新的序幕，提振了全校各专业“上水平、追卓越”的精气神，在学校专业建设和发展中起到了引领和示范作用。

（一）线上考查的准备

学校原定于2021年11月中下旬接受专家现场考查，因疫情突发而延期到2022年4月。2022年3月以来，我国疫情形势再次严峻，学校原定于4月份接受教育部认证专家组进校考查，因疫情影响仍无法确定。专家进校考查工作一延再延，这严重影响了学校和两个学院其他工作的正常推进，英语和学前教育专业强烈要求采用线上考查方式。为深入推进师范类专业认证工作，教学质量监控与评估中心与教育部评估中心进行了协调沟通，教育部同意我校可采用线上考查形式。评估中心认真学习了教育部下发的《师范类专业认证线上考查工作说明》，并组织教务处、外国语学院、教育科学学院等相关负责人前往南华大学学习调研，结合线上考查工作要求和学习调研情况，发现线上考查要求更高、难度更大、认证周期更长。为扎实做好认证线上考查各项准备工作，确保线上考查能顺利通过，学校组织两个专业和相关职能部门进行了专门研讨。

3月25日召开了研讨会，布置了相关工作，开始了紧锣密鼓的准备。4月8日，评估中心下发了关于对我校英语、学前教育专业开展第二级认证考查工作的通知。4月16日上午，专家组召开了线上见面会，湖南省教育厅教师工作与师范教育处领导介绍我校师范专业人认证准备情况，指出我校是湖南省第三个接受师范专业认证的高校，也是湖南省第一个接受线上认证的高校。专家组也想以学校的线上认证为湖南省打样。恰如事前所判断的一样，线上考查要求更高、难度更大、认证周期更长，变数大。教学质量监控与评估中心特地制定了考查方案和工作手册，精心安排布置线上考查工作，进行周密准备。

（二）线上考查的关键环节

1. 所有资料（支撑材料、毕业论文、试卷、教育实习档案袋等资料）均需电子化。

2. 所有会议和访谈（专家预备会、专家见面会、专家反馈会、管理人员访谈、教师访谈、学生访谈、用人单位访谈、校友访谈）均采取线上形式。

3. 听课看课均通过视频会议转播的形式完成。

4. 所有考查点（集中考查点、教学支撑平台、技能实训室、实习基地）均需制作视频。

（三）线上考查的利与弊

1. 有利之处。

（1）有利于师范专业认证工作整体推进。师范专业认证工作已准备三年，两个专业的进校考查一推再推。根据省教育厅精神，如这两个专业不及时组织认证，另外四个专业认证申请可能会延时批复，因此及时开展线上认证，有利于对全校的师范专业认证工作的整体推进。

（2）有利于降低疫情防控风险。全国疫情形势日趋严峻，各地疫情散状暴发，专家来自全国各地，如果邀请专家们（专家组一行13人）进校考查，对学校而言，势必存在较大的防疫困难和涉疫风险。

（3）有利于为其他专业提供线上考查的经验借鉴。根据国内外疫情防控现状，线上开展各类工作是大势所趋，另四个专业的认证方式很有可能在线上进行，本次认证采用线上考查可为其他专业提供经验借鉴。

2. 不利之处。

（1）不利于营造认证氛围。专家不进校，仅针对认证专业开展线上考查工作，其他专业教师可能无法深切感受认证氛围。

（2）不利于与专家的交流沟通。专家不进校，没有面对面的交流，不利于专家全面了解学校建设与发展现状。

（3）不利于专家客观公正地评判专业建设情况。会有更多的时间查找和追问专业存在的问题。专家不进校，专家们可能会以更加严格的标准来审视我们的材料，评判我们的表现。

（4）不利于专家访谈、听课。线上的各类会议和访谈存在诸多不可控因素。如果在各类会议和访谈、听课中途出现技术故障，这将给认证结果带来较大影响。

（5）不利于材料调阅。前期需要扫描很多资料和拍摄视频，大大增加相关部门和学院的工作量。

三、线上考查与线下考查方式差异

表 4－2　各主要教学环节质量要求及评价方法

项　目	线上考查	线下考查
会议组织 座谈访谈	利用 QQ 群、微信群、钉钉、腾讯会议等软件开展预备会、碰头会、见面会、反馈会等会议或访谈	专家现场 召开会议
材料调阅	接到秘书组指令后，认证专业在 2 天内，完成材料的电子化扫描，并通过秘书组，将相关的材料和文件上传至专家工作用网盘	专家现场调阅
听课看课	通过视频会议转播或直播形式完成	专家现场 听课看课
集中考查	通过录制的短视频或者文字、照片材料等进行呈现	专家现场 集体考查
基地考察	通过录制的短视频或者文字、照片材料等进行呈现	专家现场考查

根据线上考查工作要求，教学质量监控与评估中心拟定了《衡阳师范学院英语和学前教育专业认证线上考查工作方案》，成立了 12 个工作组。与 2021 年的《衡阳师范学院英语和学前教育专业预认证工作方案》相比，作了较大调整，主要如下：

1. 调整工作组。不再设现场考查联络组、座谈访谈组织组、安全保卫组改设认证专业组、视频制作组、技术保障组，以确保线上的各类会议、访谈、听课顺利进行。认证专业组负责提交专家在线调阅的资料和组织专家各类线上访谈；技术保障组负责会议、访谈、听课及资料上传等认证环节的技术保障；视频制作组负责制作集中考查点、教学支撑平台、技能实训室、实习基地等相关视频。

2. 强化技术保障。聘请专业技术团队为专家见面会和专家反馈会做技术保障。

3. 调整专家联络员。因为专家不进校，专家更多地咨询专业相关内容、调阅专业各类材料，拟将联络员全部调整为认证专业教师。

4. 采购相关设备。因为所有资料全部需要提交电子资料，购置全自动高清扫描仪、速拍仪等相关设备，提高扫描资料的速度。

5. 模拟线上考查。因为是第一次采上线上考查形式，没有任何经验，拟对专家见面会、专家反馈会、视频播放、访谈、听课等各环节进行实战演练。

四、线上考查情况

现场考查是师范类专业第二级认证的关键环节，是认证专家实地收集专业发展状态信息、全面了解专业办学水平的途径，也是学校和专业全面展示专业建设水平、师生精神风貌的过程。

2022 年 4 月 21—29 日，作为湖南省第一个接受师范类专业认证线上考查的高校，衡阳师范学院英语、学前教育专业接受了教育部师范类专业二级认证线上考查。专家组通过线上召开见面会、集中考查设施设备、访谈座谈、听课看课、查阅文卷等多种方式，对两个专业进行了深入细致的考查，在反馈会上肯定了学校和专业好的做法，也指出了不足。

1. 见面会。4 月 21 日上午，学校在东校区办公楼六楼报告厅召开教育部师范类专业第二级认证线上考查专家见面会。校长代表学校向各位专家指导我校英语和学前教育两个师范专业认证表示热烈的欢迎和诚挚的感谢。他指出，学校从南路师范学堂、湖南三师、衡阳师专一路风雨兼程走来，衡师人始终秉承百年师范传统，光大红色师范精神，彰显地方师范特色，培育未来教师精英。他从学校师范教育基本情况、学校师范教育改革的做法及成效、学校开展师范专业认证工作情况等三个方面作了简明扼要的汇报。校长还指出，学校始终坚守师范初心，保持办学定力，积极创新师范教育发展思路；多措并举推进师范教育改革，切实加强师范生师德养成教育，改革创新师范专业人才培养模式，大力实施“卓越教师培养计划”，全面提升师范生教学技能，积极服务地方基础教育；师范教育改革成效显著，师范生就业质量稳步提升，学校师范教育影响力不断扩大。他表示，此次师范专业认证是对学校师范专业办学水平的检阅，更是推动学校教师教育改革的重要突破口和着力点。学校将以本次师范专业认证为契机，认真听取专家们的宝贵意见，全面总结反思和改革师范专业建设，更进一步提升教师教育水平和人才培养质量。

湖南省教育厅教师工作与师范教育处领导在讲话中首先感谢教育部高等教育教学评估中心各位专家来我省开展师范类专业第二级认证工作。他表示，湖南省教育厅高度重视师范专业认证工作，全面保障和提高师范类专业人才培养质量、推进师范类专业内涵式发展。缪高勇希望衡阳师范学院按照认证指标体系，认真做好迎检工作，全方位展现出学校办学特色与办学成果；根据专家指导意见，做好整改工作，真正达到“以评促建、以评促改、以评促强”目的；以此次专业认证为契机，提升师范专业建设水平，强化“学生中心、产出导向、持续改进”理念，全面提高专业人才培养质量。

专家组组长就此次线上认证考查工作明确任务，并提出了具体的要求。

专家组听取了学前教育专业、英语专业负责人关于专业自评材料的补充汇报，还就师范专业建设与人才培养的有关问题进行了现场循证，学校相关职能部门负责人一一进行了回答。见面会后，专家组通过现场直播的方式，考察我校教师教育虚拟仿真实验教学中心。

2. 线上考查情况：8 天考查期间，专家组召开视频工作会议 12 次，听课看课 12 节次，调阅毕业论文 60 份，试卷 12 门次、166 份，实习报告 60 份，查阅管理文件、教学档案、专业报告等材料 90 份，访谈校领导 2 人次，访谈教学质量监控与评估中心、教务处、人事处、学生工作处、计划财务处、招生与就业指导处、团委等职能部门负责人 12 人次，访谈教学单位相关人员 33 人次，访谈学生 20 人次，访谈用人单位、实习单位 21 人次，详细考查了两个专业建设和人才培养情况。

3. 反馈会：4 月 29 日上午，学校召开了反馈会，听取了专家组反馈意见。专家组充分肯定了我校师范专业建设好的做法和成效，并对考查过程中发现的问题和不足提出了意见和建议。学前教育专业、英语专业负责人分别作表态发言。党委书记代表学校作表态发言，对专家组全面、严格、细致的线上考查工作表示敬意和感谢。他表示，学校将高度重视专家反馈意见，切实抓好问题整改。各师范类专业要坚持问题导向，强化问题意识、质量意识、发展意识、底线意识、危机意识，进一步明确努力方向和目标。他指出，全校上下要形成共识，牢固树立质量意识，以专业认证作为学校专业改革和建设的突破口，高效落实认证工作标准，提升专业建设水平；要坚守师范初心，聚焦师范主业，不断深化教师教育教学改革，建强教师教育学科，打造一流师范教育。

线上考查反馈意见表明，通过两年多扎实深入的建设，学校的教育教学水平不断提高，专业建设得到了长足发展。英语和学前教育两个专业作为师范类专业认证的排头兵，起到了表率作用，为师范类专业认证的持续开展奠定了良好基础。

五、外部评估显成效

五年来，通过接受教育部本科教学审核评估和师范类专业认证，学校完成了专业认证“以评促建、以评促改、以评促强”的三大任务。

1. 树立了质量标准意识，营造了教学质量文化氛围。“对标管理、对标评估”已深入广大教学管理者和教师心中，充分理解了专业认证核心理念，形成了全员重视和参与质量建设的良好氛围，依标管理、依标教学成为教务管理人员和广大专业教师的自觉行为，教学的中心地位更加牢固。

2. 提高了教学管理水平。根据质量监控信息全面修订了教学管理规章制度，修订了人才培养方案和教学大纲，开展了人才培养质量达成度评价，将质量管理从“秋后算账式”“事后把关型”为主转变为“事先预防式”和“过程控制型”为主，教学管理水平和效率得到提升。

3. 助推学校内涵发展、特色发展，办学实力和水平不断提升。近年来，学校获批为硕士学位授予单位，入选湖南省“双一流”高水平应用特色学院，高水平通过教育部本科教学审核评估，迎评整改经验在全省 13 所高校得到借鉴推广，形成了良好的辐射效应；2019 年调整为湖南省本科一批招生高校，2020 年 12 月新增 4 个一级学科硕士学位授权点和 6 个专业硕士学位授权点。形成了鲜明的教师教育特色。

4. 助推专业建设和专业认证，成效显著。我校现有国家一流专业 5 个，国家特色专业 1 个、国家综合改革试点专业 1 个、省级特色专业 5 个、省级综合改革试点专业 5 个、省级一流专业建设点 21 个。师范类专业认证稳步推进，预计在 2025 年全部接受认证。

5. 助推课程建设，打造金课，不断提高课堂教学质量。实现“以教为中心”向“以学为中心”的大转变，目前学校有省级一流课程 21 门、省级“精优”课程 23 门、省级精品在线开放课程建设选报的课程 3 门、教师教育精品资源共享课等 6 门。近年来，教师在各类省级教学比赛中获奖 12 次，2021 年学生评教优良率为 95.79%，表明授课教师的教学水平整体认可度比较高。

6. 确保人才培养质量。近年来学生参加奥运会、亚运会、创新创业竞赛、学科竞赛获奖 1000 余项，获得专利 100 余项，考取研究生 1200 余人。毕业生的初次就业率稳定在 90% 以上，用人单位的满意度高。师范生技能大赛取得了好成绩。2022 年年初“田家炳杯”第七届全国师范院校师范生教学技能竞赛圆满落幕，衡阳师范学院物理学曾睿轩在此次竞赛中实现了一等奖零的突破；学院还荣获二等奖、三等奖 4 项，获奖数在全省名列第二，仅次于湖南师范大学；在第三届全国师范生微课大赛中衡阳师范学院文学院获得特等奖。

衡阳师范学院将坚持以习近平新时代中国特色社会主义思想为指引，坚守师范初心，聚焦师范主业，牢固树立质量意识，以师范专业认证作为学校专业改革和建设的突破口，不断深化教师教育教学改革，打造一流师范教育，扎实推进创办师范大学进程，努力交出高质量发展的优异答卷。

参考文献

[1] 李贞刚，陈强．完善中国高校内部教学评估机制的对策［J］．中国石油大学学报（社会科学版），2014，30（03）：94—99.

第五章　师范专业认证驱动下的内部自我评估和持续改进

第一节　专业认证驱动下的地方高师院校内部自我评估机制

根据高等教育质量保障体系实施的主体不同，高等教育质量保障体系可以分为内部质量保障体系和外部质量保障体系。内部质量保障是高等学校以自身为主体，为维持和提高人才培养质量而主动采取的全部有组织、有计划的系统管理过程。外部质量保障通常是由全国性或地区性的专门机构组织实施的高等教育教学质量保障活动。两种保障体系相互支撑、共同配合完成整个高等教育质量保障的任务。可以说，前者是整个高等教育质量保障体系的基础，后者是对前者的外部约束、指导及监督。因此，在深入研究外部质量保障体系的背景下，构建与完善高校内部质量保障体系，对高校落实培养目标、提高办学质量、实现特色发展更具有现实意义。

一、构建高校内部自我评估机制的目的和意义

外部教学评估是上级主管部门对各高校办学水平和人才培养质量的大检阅，目的之一就是引导大学按照外部评估的要求开展经常性的学校内部的教育评估，将内部评估作为参加外部评估的基础和校内教学管理的手段并逐步建立起以评估为中心的教学质量保证和监控体系，形成大学自我完善和自我约束的良好运行机制，从而强化高校质量保障主体意识，合理定位、办出水平、办出特色。这需要依靠高校的自评自建作为基础。

自我评估是指高校作为评估主体，自己组织的对校内教学进行的各种评估。高校作为教学工作的前沿阵地，是本科教学任务的主要承担者，其内部教学评估机制和质量保障体系健全与否，轻则关系到人才输出质量的高低，重则关系到国家的兴衰。自我评估机制的建立和有效运行，可以使学校师生员工形成自觉的质量保证意识，促进本校质量文化的形成。

二、衡阳师范学院内部自我评估机制的构建

衡阳师范学院自2006年接受教育部本科教学水平评估以来，高度重视校内自我评估机制的建设，开展了大量实践性工作，取得了较好成效。尤其是2016年以来，学校以迎接教育部本科教学审核评估和师范类专业认证为契机，扎实开展自评自建工作，不断完善和优化内部自我评估机制，通过常态化信息监控、定期开展五大评估、及时反馈持续整改，实现了深化教学改革、提高教学质量、加强内涵建设、促进自主发展的评估目标。

1. 统一思想，凝心聚力，营造质量文化。学校适应新时期高等教育形势需要，多途径、多层次广泛发动，加强学习宣传。通过召开部署动员会、培训会、推进会等，开展教学思想大讨论、解析办学理念、探索培养模式、规范教学行为，提高对全校师生对自我评估重要意义的认识，使评估理念“学生中心、产出导向、持续改进”的评估理念深入人心，形成人人参与、人人建设的浓郁氛围。尤其是在师范类专业认证的推进过程中，全体教职员工都深刻意识到，质量是专业发展的生命线。只有不断将质量意识内化于心、外化于行，融入专业人才培养全过程之中，才能切实营造以教学为中心、以质量为本的良好教学生态，促进办学的“内在自觉、自我改进”，为实现专业的办学理念和发展目标提供不竭动力。

2. 建立完善自我评估体系与运行机制。建立健全高校内部本科教学质量保障体系，有效组织开展教学质量监控及自我评估工作是保障和提升本科教学质量的有效途径。衡阳师范学院根据自身实际，逐步建立起科学有效的自我评估体系和运行机制。

（1）组织建构上，学校推动管、办、评分离，专门设立了教学质量监

控与评估中心。该中心作为校内独立的第三方评估机构具体负责开展内部自我评估，保障教学质量。主要依靠校教学督导团、教学管理人员、校内外专家，采取各部门、各学院分工负责、实时联动的形式，对主要教学环节进行质量监控和评估。通过明确教学管理部门、学院教学组织、第三方评估机构的职责分工，做到教学管理、教学运行、教学评估的协同并行、相互促进。

（2）评估模式上突出“问题诊断、持续改进”。与以往评估不同的是，开展内部自我评估不仅是定等级、下结论，而且是根据审核评估和专业认证的指导思想，严格遵循“问题导向”原则，针对评估中发现的人才培养目标定位不准、专业建设缺乏规划、核心课程对学生发展所需的能力支撑不足等问题，及时将评估结论反馈至受评专业，加强后期整改，做到持续改进。通过摸索，学校形成了“公布评估方案—开展院系（专业）自评—提交自评报告—专家组现场考查—现场考查报告反馈—提交整改报告—整改回头看”的闭环模式。

（3）贯彻“定性评价与数据支撑”相结合的评估手段。一方面，专家组依据评估指标体系，通过现场考查，对各学院目标定位、培养过程、教学运行管理、条件保障、实际成效等进行定性评价；另一方面，学校充分利用“高等教育质量监测平台”，对本科教学学基本状态数据进行“常态采集、动态分析”，广泛收集教学信息，实时掌握教学状态数据，从目标定位、人才培养、条件支持、质量保障等方面严格把关，对变化的趋势进行分析和预判，每年提供《数据分析报告》和《本科教学质量报告》，为学校总体把握本科教学情况和及时作出正确决策提供强力支撑。通过严抓本科教育教学过程管理，积极开展日常教学质量监控及自我评估，完善教学质量信息的收集、分析与反馈机制，持续推进教学质量改进与提高，为本科教学有序运行、质量保障提供了有力的支撑。

（4）组建“专家主导、多元参与”的评估队伍。专家的组成从专业领域来看，涵盖本专业领域、教育学领域、教学管理领域和行业企业领域；从地缘上来看，采取校外专家为主、校内专家参与的形式，校外专家应包括学术专家、行业专家、用人单位代表、资深从业人员等，以保证评估的客观性和有效性。

（5）定期开展五大自我评估。长期以来，衡阳师范学院坚持每两年进行学院本科教学质量评估，每年开展教师课堂教学质量评估、课程评估、合作办学评估、实践教学专项评估（含毕业论文、教育实践专项检查），评估对象涵盖学院、教师、课程、专业、学生，不同的评估采用针对性的评价指标，根据人才培养目标，围绕教学条件、教学过程、教学效果进行。通过自我评估，学校教学管理不断规范，人才培养质量不断提高，实现了内涵发展和特色发展。

第二节　本科教育教学质量评估

2016 年以来，在本科教学审核评估和师范类专业认证的推动下，学校持续坚持自我评估，加强内涵建设，形成了师范特色的质量文化。本节以涉及全校各个学院的本科教学审核评估和师范类专业认证为例，介绍学校以外部评估为动力，开展自我评估和持续整改的情况。

一、专业认证驱动下的教学院教学质量评估和整改

为进一步强化人才培养质量保障，推动人才培养质量不断提升，形成持续改进的本科教育质量文化，依据教育部《关于深化本科教育教学改革全面提高人才培养质量的意见》（教高〔2019〕6 号）、《关于狠抓新时代全国高等学校本科教育工作会议精神落实的通知》（教高〔2018〕8 号）和《普通高等学校本科专业类教学质量国家标准》等文件精神和要求，在广泛调研的基础上，2020 年 5 月，学校出台了《衡阳师范学院教学院本科教学质量考核评价办法（试行）》，以十九大报告及全国教育大会精神为指导，全面落实新时代全国高等学校本科教育工作会议要求，坚持“以本为本”，深入推进“四个回归”，切实落实立德树人根本任务。把本科教学质量作为检验人才培养质量和效果的根本标准，完善学校自我评估制度，建立自建、自查、自评的教学质

量评估体系和机制，实现本科教学质量监控与考评常态化，推动学校教学质量和人才培养质量持续提升。考评内容主要包括培养方案与模式、师资与条件、教学建设与改革、教学质量保障、培养效果、人才培养特色等方面。考核评价过程分为学院自评、学校考核、整改落实三个阶段。

二、2020 年衡阳师范学院专业评估情况

为加强学校专业建设，提升人才培养质量，2020 年 11 月 23 日—11 月 27 日，学校组织校内外相关专家对英语等 14 个师范专业、经济学等 2 个非师范专业进行了校内专业评估。评估情况总结如下：

（一）基本情况

本次专业评估按照《师范类专业认证标准》《衡阳师范学院教学院本科教学质量考核评价办法》指标体系的要求进行。评估专家组由华中师范大学、广西师范大学认证专家以及学校教学质量监控中心、教务处、学科建设与研究生处、人事处、科研处、政策法规中心、南岳学院、校教学督导等专家组成。专家组通过审读专业自评报告，听取专业建设汇报，审读教学基本状态数据，调阅支撑材料，听课看课，抽查试卷、毕业论文（设计）、教育实习档案，考察教学条件和教学设施等环节，对各专业进行了全方位考察。专家组认为大部分教学院对专业认证内涵理解尚不深入，迎评准备不够充分，后续需高度重视，提高认识，整改落实。在评估过程中，也发现了一些亮点，一是数学与统计学院依据专业优势提出了相关达成度量化分析评价的模型，这是师范专业认证的必须环节，也是认证内涵发展的核心关键。二是计算机科学与技术学院自主研发了网络课程教学资源，为培养新时代信息素养教师注入了现代元素。

（二）存在的主要问题

1. 对专业认证标准的学习理解尚处于浅层次，对认证标准的内涵式发展要求体现不够。师范专业对认证建设中最重要的达成度分析评价（除数统学院之外），不能提出达成度计算办法。2 个普通类专业，目前尚无相关认证标

准，达成度计算的支撑矩阵不能给出高支撑、低支撑的佐证。对专业补充汇报的理解也不到位，除了地理科学专业的汇报比较贴近专业认证补充汇报之外，其余多属于常规的教学工作汇报。

2. 自评报告撰写还不到位。一是对指标体系内涵的理解和研究不到位，没有逐条有针对性地加以说明或举证；二是写作不够规范，大多没有按照教育部下发的自评报告撰写指导书的格式与规范来写；三是自评报告写实不足，内容较空洞，特别是对“主要问题”与“改进措施”部分的写作比较薄弱。

3. 支撑材料的收集与整理还不够系统完善。支撑材料缺乏系统性，无法充分体现持续改进。

4. 毕业要求结论与课程体系之间的对应支撑关系尚未能形成清晰的逻辑对应。无有效的达成度计算办法，相关对应支撑关系设置较为随意或处于感性认识阶段，有关培养目标、毕业要求难以实现到有效的教学环节之中，即认证的“主线”尚不能贯通，同时因为无有效达成评价，认证的“底线”又不能确保。

5. 尚未启动修订与达成度评价密切相关的教学大纲。除数统有部分启动修订外，其他学院基本未动，后期工作量将会巨大。

6. 部分专业生师比较高，学科教学教师队伍较为薄弱。较多学院该支队伍数量不足，在基础教育一线实践的经历未能符合认证的时限要求，在师资队伍考核体系中，又未能有针对性的发展通道设计，自身的教育科研、引领教育改革能力又有待提升，对教师教育发展的牵引力尚有待提升，急需补充数量、改进评价和加强能力建设。

7. 质量保障体系不够完善。教学过程质量常态化监控机制没有很好形成，过程性材料缺失。如督导组听课记录、教学巡查、集体教研活动（公开课听课评课等）、学生信息员的反馈及整改、质控中心的反馈及整改等缺乏原始材料佐证。

8. 公共课教学设置不够完善。需加快师范生开设习近平总书记教育论述课程，现代教育技术课程目前分散在各个教学院开设，师资力量不一，教学要求不一，考核方式评价不一，这对培养学生信息化素养不利，应加快标准信息建立完善，大纲修订统一。

9. 在培养目标中落实党的教育方针不够，五育元素体现不够。特别是师范生德育、美育，体育、劳育的要求可体现“身心健康”，应该作为全体师范生的共同要求，写入培养目标之中，并予以毕业要求和教学过程分解，体现在相关课程教学和实践环节之中。对经济类、新闻类专业应加强马克思主义新闻观等课程建设，同时结合新文科建设的综合建设要求。

10. 三全育人，课程思政体系尚不完备。较多学院在相关的教学方案中对课程思政的要求没有设计，对于学生成长指导的服务机制不够完备。

（三）整改措施

1. 组织认证标准解读培训。组织全体教师和师范生系统学习，让认证理念和标准入脑、入心，切实做好准备、整改和落实。学校层面重点对教学副院长、院长、专业负责人和教学秘书进行培训，学院层面负责对全体任课教师进行培训。

2. 加强师资队伍建设。有针对性地引进补充相关专业教师教育队伍，如加强课程教学论教师、现代教育技术教师、中学兼职教师队伍建设等。

3. 尽快修订与达成度评价密切相关的教学大纲，启动课程目标达成度分析。教务处尽快出台教学大纲修订指导性意见和办法，统一组织教学大纲修订，制订公共课达成评价办法。建议以数学与应用数学为案例，组织相关教学院集中研讨推广。

4. 关于毕业要求与课程对应关系矩阵问题。建议将公共课和专业课分开进行研讨，公共课矩阵由教务处召集相关专业老师来研讨制定，专业课矩阵由教学院院长召集核心骨干教师来研讨指定。

5. 建设微格教室和师范技能实训平台等基础设施，配备中学教材和课程标准以及相关辅助材料，建设好电子图书文献资源平台、网络课程资源数据库。

6. 完善质量保障体系。各教学院切实落实学院督导制度，完善教学管理制度。如班主任实习日志制度、毕业论文过程记录制度、答辩会议纪要制度、分析考核评价制度，建立健全毕业生跟踪反馈机制和社会评价机制。

7. 增开或调整相关课程或教学环节。如师范生开设习近平总书记教育重要论述课程，设置艺术类课程修读学分要求，加强体育活动要求，设置劳动教育学分要求，对师德培养做出更体系化的要求，以便更全面落实党的教育方针。经济类、新闻类专业增设新文科建设所需要的交叉、复合型素养课程。

8. 加强专业核心素养课程开设和学习。进一步组织学校或学院开设跨学科素养课程，与学校培养复合型人才的定位相契合，以培养高素质的教师专业人才，增强发展后劲。

学校此次开展校内专业评估工作十分及时，意义重大。针对下阶段整改工作和专业建设，校长提出了具体要求：一是各教学院要高度重视教学评估工作和专家反馈意见，各专业要认真梳理专家反馈意见，加强整改，强化落实。二是要进一步加强专业建设和课程建设，以高水平的专业和课程助推人才培养质量的提高。全校上下要弘扬“抢抓机遇，永不停歇”的衡师精神，培养“舍我其谁，要干就一定干好”的衡师风格，铸造“卓越名匠培养基地”的衡师品牌，围绕“学校朝气蓬勃，蒸蒸日上；教师活力四射，幸福满满；学生德才兼备，社会栋梁”的高品位师范大学的衡师梦想，建设一批国家一流专业和课程。三是要进一步加强教学督导建设，树立督导权威。教学督导不仅要做好教学质量监控，更要在加强专业内涵建设上发挥督导作用。四是总结在评估检查中各专业建设存在的问题，系统梳理整改任务，不折不扣地进行整改。

第三节　课程评估

课程是人才培养的重要载体和基本保障。当前，我国正处于从教育大国向教育强国迈进的关键时期，提升教育质量成为高等教育内涵式发展的核心要求。而教育质量的根本落脚点在于课程，它是大学与社会进步、科技发展相互沟通的桥梁，更关系到学生的个人发展。因此，一流课程建设是新时代高等教育强国之路的重要举措。在这样的大背景之下，建设什么样的一流课程，如何建设一流课程，成为高校课程建设的重中之重。在高度重视课程建设的情况下，课程评估也随之成为高校教学质量保障体系中的重要一环。

课程评估是指用科学工具确认和解释教与学的效果，衡量其内容和方法有效程度的过程，为课程改革提供有效信息。主要包括两个方面：对教育过程计划与组织的判断，对学生学习成果的判断。具体评估对象包括教育目标、整个课程、具体学科和教学用书。近年来，衡阳师范学院尝试着对校级优质在线课程和省级一流课程进行课程评估。

一、校级优质在线课程结项验收评估

为加强学校优质在线课程建设，推进优质教学资源的使用，根据《衡阳师范学院优质在线课程建设管理办法（试行）》的要求，学校于2020年开展了校级优质在线课程结项验收工作。

1. 结项验收对象。2017年立项校级优质在线课程89门，2019年中检不合格撤项1门，本次结项验收的优质在线课程为88门。

2. 结项验收内容。课程负责人及课程组成员是否完成规定的课程建设任务；课程建设成果是否有效运用于实践，有何创新之处；配套经费的支出是否合理；建设成果是否达到验收标准，主要参照《衡阳师范学院优质在线课程检查验收审核指标》。

3. 结项验收方式。教务处组织专家开展评审，专家组将根据《衡阳师范学院优质在线课程检查验收审核指标》进行结项验收。学校对验收合格的课程认定为“校级优质在线课程”，适时推荐参加省级及以上级别在线课程的评选；验收不合格的课程，责成项目组整改，整改一年后，学校再次组织验收；验收仍不合格课程，学校终止经费报账，撤销建设资格，该项目组负责人两年内不得申报教育教学改革项目。

表 5－1　衡阳师范学院优质在线课程检查验收审核指标

<table>
<tr><th>一级指标（分值）</th><th colspan="2">二级指标（分值）</th><th colspan="2">指标说明</th></tr>
<tr><td rowspan="5">课程信息（10）</td><td colspan="2">课程概况（2）</td><td colspan="2">能对本课程做详细介绍，主要包括课程的性质、适用范围、教学目标，课程的主要内容，课程学习特点、要求、难点及学习的指导性意见、学分数、考核方式等基本信息</td></tr>
<tr><td colspan="2">课程团队（2）</td><td colspan="2">能对本课程负责人和主讲教师做详细的介绍，包括基本简历、研究方向及成果、教学特色、以往承担的课程等</td></tr>
<tr><td colspan="2">教学大纲（3）</td><td colspan="2">教学大纲内容完整，能充分体现对学生综合素质和能力的培养，体现教学思想的先进性、教学内容的前沿性、课程设计的科学性</td></tr>
<tr><td colspan="2">教学计划（2）</td><td colspan="2">课程教学计划与大纲匹配，能完整体现教学内容和授课进度</td></tr>
<tr><td colspan="2">其他信息（1）</td><td colspan="2">包含课程章节、参考资料等</td></tr>
<tr><td rowspan="5">教学资源（55）</td><td rowspan="5">课程资源建设规范（55）</td><td rowspan="2">电子教案（15）</td><td>讲义采用 Word 格式或 PDF 格式，字体统一规范，内容层次清晰，体现课程教学大纲，包含完整章节内容</td><td rowspan="5">要求：
1. 内容科学。能够涵盖课程相应领域的基本知识、基本技能、典型案例、前沿专题、热点问题等内容，具有相对稳定性、科学性、系统性、先进性、适应性等特征
2. 设计合理。根据教学需求及知识点的难易程度进行课程设计，课程设计合理、完整、节点框架整齐，逻辑层次清晰</td></tr>
<tr><td>演示文稿版面内容分布合理，模板简约、美观大方。超链接可正常打开，演示流畅；课件与教案讲义相对应，并包含整门课程完整章节的知识点内容</td></tr>
<tr><td>教学视频（25）</td><td>按照知识点录制，每门课不少于 15 个教学视频，每个视频时长为 5—18 分钟；视频图像清晰稳定；声画同步，无交流声或其他杂音等缺陷，无明显失真、放音过冲、过弱、音量忽大忽小现象。教学视频字幕要使用符合国家标准的规范字，字幕的字体、大小、色彩搭配等配合适当</td></tr>
<tr><td>测验作业考试题库（10）</td><td>提供与教学视频相应的知识点的测试作业，并构建课程考试题库，试题内容设计科学无歧义，表述简明扼要，附有完整的评分标准和试题解析</td></tr>
<tr><td>其他资源（5）</td><td>根据教学需要，链接教学案例、实验实训资源、参考资料等教学资源</td></tr>
</table>

续表

一级指标（分值）	二级指标（分值）	指标说明
课程应用（35）	课程上线（15）	课程所有教学资源上传到学校指定的课程平台，课程资源无明显内容错误及链接错误，在线课程内容完整，支持学生自主学习，适合网上公开使用。根据教学安排做好资源的更新管理工作
	课程使用（20）	课程上线后进行教学应用，支持学生在线学习，课程团队组织即时网上辅导反馈、线上线下讨论、网上作业提交和批改、网上社区讨论等，具有一定的网络点击量，课程受学习者及同行良好评价
附加特色（10）	课程改革（10）	注重教学改革研究，在教学内容、教学方式与方法、教学手段等方面的改革成效显著、特色鲜明，有与课程建设密切相关的教学改革研究成果，如编写课程教材 1 部，或发表论文 1 篇，或参加省级及以上教学竞赛获奖等

4. 2020 年校级在线课程结项验收评审结果。

（1）结项验收评审结果。专家结合课程《结项验收报告》，重点考察网络课程资源建设。经专家组审定，本次参加结项验收的 88 门课程中，其中 24 门课程为优秀，60 门课程为合格，3 门双语课程为不合格，1 门课程延期结项。根据相关文件规定，验收不合格的课程，责成项目组整改，整改一年后，学校再次组织验收；验收仍不合格课程，学校终止经费报账，撤销建设资格，该项目组负责人两年内不得申报教育教学改革项目。

（2）存在的主要问题。从评审结果来看，大部分课程能够主动投入建设，教学内容完善，网络教学资源充实，基本达到在线课程结项验收要求。但从总体看，在线课程建设还存在以下主要问题：一是课程缺乏团队建设。课程团队成员分工不明确，部分课程建设工作由课程负责人一人完成，缺少团队协作，课程师资队伍没有真正发挥应有的作用。二是课程建设缺乏顶层设计。课程页面内容布局混乱，页面排版不够整齐明确；课件缺乏设计，页面不够美观，呈现形式单一；课程资源上传存在简单堆积，缺乏对线上课程资源的挖掘和重构。三是课程视频质量不高。课程视频录制方式简单，部分视频存在剪辑粗糙、画面不清晰、没有讲解音等问题。四是重申报，轻建设，忽视学生的参与度和持续改进。从课程平台看，申报、评审时间段内，教师和学生的日访问量平均都在2000人以上，高峰期可以达到万人访问量，而平时基本上很少有人访问；课程线上问题、讨论发布少，师生互动不够；课程作业库和试题库内容较少，学生在线作业完成率低。

（3）整改建议。在线课程建设工作是一项长期的系统工程，建议课程负责人提高认识，在教学过程中持续加强课程建设，不断提升课程质量和教学服务，注重课程应用效果，加强课程管理，构建具有实用性、创新性、多样化的课程内容和教学体系。

①课程资源应包括课程介绍、负责人及团队介绍、教学大纲、考试大纲、教学计划、授课视频、教学课件、教学设计、课程公告、测验和作业、考试等教学活动必需的资源，以及满足教学和学习者自主学习需求的参考资料。

②课程团队明确分工，按照规范的教学计划和要求，持续为学习者提供有效的教学服务，及时对课程内容进行更新和完善。

③注重探索以学生为中心的课程教学组织新模式，构建教与学新型关系，积极开展课程内容重构，课程知识体系科学，资源配置合理，适合在线学习和混合式教学。

④加强课程应用，通过课程平台为学习者提供测验、作业、考试、答疑、讨论等教学组织活动，及时开展在线指导与测评，有效促进师生之间、学生之间形成资源共享、互动交流和自主式与协作式学习。

二、省级一流课程评估

课程是学科专业建设的基础，是人才培养的核心要素。课程教学的质量和效果直接影响和决定着学校的人才培养质量。为进一步推进学校一流本科课程的内涵建设，带动课程建设水平的整体提升，学校制订了《衡阳师范学院一流本科课程建设评估标准》。该标准坚持立德树人根本任务，遵循教育教学规律，根据课程在人才培养方案中的地位与作用，以更新教育思想观念为先导，融入课程思政、创新创业教育等元素，从课程团队建设、课程内容与课程资源建设、教学方法与手段改革、课程考核改革等方面明确了质量要求。为了更好地掌握省级一流本科课程立项以来的建设情况，扎实推进一流课程的持续建设，强化目标管理，提升建设成效，学校对省级一流本科课程开展了评估检查。

1. 检查范围。本次课程评估范围为 2018 年、2019 年立项的省级精品在线开放课程、省级一流本科课程，共 22 门。

2. 检查内容。本次重点检查上述课程立项以来，在课程团队、课程内容与课程资源、课程实施与考核等方面的具体建设措施，取得的阶段性成果及存在的问题，并提出下一步的建设规划等。

3. 结果认定。本次评估结果将作为课程后续建设经费资助和国家级一流本科课程推评的重要依据。检查结果分为优秀、合格和不合格三个等级。对检查结果不合格的课程需即刻进行整改，整改期为一年；学校再次组织检查评估仍不合格的课程，将取消该课程后续建设经费资助，且该课程负责人两年内不得再申报教育教学改革项目。

4. 省级一流本科课程评估结果通报。

（1）评审专家依据《衡阳师范学院一流本科课程建设评估标准》，结合自查报告和佐证材料对课程建设情况进行了检查，认为绝大部分省级一流课程基本能够按照建设计划开展建设工作。经专家组审定，评估结果为：18 门课程通过（4 门课程为优秀），1 门课程暂缓通过。暂缓通过的课程，课程组应进行整改，整改期为 1 年，学校将再次组织检查评估。

（2）存在的主要问题。

①课程组对课程建设内涵的理解需进一步提高，课程资源体系搭建缺乏顶层设计，课程建设计划和措施不够明确。

②课程思政元素的凝练和融入不够充分，需在实践中进一步深化对课程

思政的认识，探索课程思政建设规律，在遵循规律的基础上大胆创新，提升课程思政的品质和育人效能。

③部分课程教学资源建设稍显缓慢。如课程的教学大纲、教案、课件、微课视频、案例、作业、试题库等相关资源未及时更新。

④线上课程辐射示范作用后劲不足。少部分线上课程的学习访问量停留在省级认定评审阶段，后期学习人数及访问量较少。

⑤部分课程的信息化教学手段比较单一，虽有任务布置、讨论交流、资料上传，但还没有充分发挥信息化教学应有的优势。

（3）后续建设要求。课程团队应按照《教育部关于一流本科课程建设的实施意见》（教高〔2019〕8号）和《衡阳师范学院一流本科课程建设评估标准》等文件精神，高标准、严要求、规范有序推进建设工作，持续加强课程实际应用和教学效果，按时按量完成建设任务，为申报国家级一流本科课程做好准备。

各学院应在统筹考虑一流本科专业建设和师范专业认证的情况下，积极做好一流课程的培育工作，持续推进课程“两性一度”建设，加强课程与信息技术的深度融合，设计有生命力的课堂，整体提升课程建设水平，以“学习革命”推动“质量革命”向纵深发展。

表5－2　衡阳师范学院一流本科课程建设质量标准

一级指标	二级指标	指标描述和主要观测点
1. 课程团队	1.1 课程研究	描述：课程建设理念新；坚持课程改革；以教学研究助推课程建设，效果明显 观测点：教研课题立项（课程建设相关）、教学研究论文（课程建设相关）
	1.2 成果获奖	描述：反映课程团队成员教学能力提升的个人和团队成员获奖情况 观测点：集体奖励、个人奖励和表彰等

续表

一级指标	二级指标	指标描述和主要观测点
2. 课程内容与课程资源	2.1 教学大纲、教案课件、教材	描述：制定基于产出的教学大纲、课程教案、教学课件；自编讲义或出版教材 观测点：教学大纲、课程教案、教学课件、自编教材
	2.2 课程内容更新	描述：能及时将团队研究成果或学科最新科研成果引入教学大纲，并在教案或 PPT 上得以体现 观测点：更新内容
	2.3 课程网站建设	描述：运用信息化教学平台自建课程网站，不断维护和更新课程网站教学资源 观测点：课程网站、团队成员录制的教学视频、测试题、作业题、参考资料、电子教案、电子课件
	2.4 课程资源建设	描述：不断建设完善教学案例库、习题库和试题库等教学资源 观测点：教学案例库、教学习题库、教学试题库
	2.5 课程思政	描述：积极挖掘课程思政元素，发挥课程育人功能 观测点：课程思政案例库
3. 课程实施	3.1 教学方法	描述：重视教学方法改革与创新，灵活运用多种恰当的教学方法，学生课堂参与度高 观测点：教学大纲中的教学方法部分
	3.2 信息化教学	描述：合理使用信息技术开展教学活动，并在激发学生学习兴趣和提高教学效果方面取得一定实效 观测点：是否使用信息化教学工具进行教学；信息化教学指数
	3.3 教学组织	描述：1. 打造“两性一度”高效课堂，合理安排课前、课中和课后学习任务，学习效果好，学生满意度高 2. 线上一流课程：专业课程线上教学时间为总学时的 2/3；素质拓展教育课程以学生线上自学为主，面授不少于 5 次 3. 混合一流课程：学生线上线下学习和线下面授有机结合，线上教学时间占 20%—50% 4. 社会实践课程：有一定的实践基地作为课程支撑，学生 70% 以上学时深入基层；确保课程规范化和可持续发展 观测点：课前预习任务的发布、课堂活跃度、学业任务的挑战度、作业组织和批改（批改的及时性和认真程度）

续表

一级指标	二级指标	指标描述和主要观测点
4. 课程考核	标准与实施	描述：积极进行课程考核创新与实践，考核方式方法符合教育教学改革方向，注重对学生学习过程和能力达成的考核，实施效果良好 观测点：课程考核方案、课程考核标准、考核原始材料

第四节　教师课堂教学质量评估

为加强教学质量监控，提高课堂教学质量，学校坚持每年开展教师课堂教学质量评估。

一、教师课堂教学质量评估的组织实施

学校出台并修订了《衡阳师范学院教师教学质量评价实施办法》，依据文件精神每年年末由教务处、教学质量监控与评估中心联合开展教师课堂教学质量评价工作。

（一）评价对象

每年承担校本部、南岳学院、初教学院教学任务的教师（含外聘教师），承担教学任务的行政管理人员归属到课程所属教学部门参评。

（二）评价工作步骤

1. 制定、提交评价工作方案。学院制定评价工作组织方案，评价组织方案中学院督导成员要与教学质量监控与评估中心备案的人员一致；学院系统管理员须是负责教学运行工作的老师，承担本年度学院教师课堂教学质量评价工作，转入本学院授课教师课程至评教系统、组织学生和院级督导专家给授课教师评分等任务。在评价方案中，受评教师应包含本年度学院所有授课教师。

2. 转入评价数据。各学院系统管理员登陆评价系统，根据教学运行计划转入本学院参评教师课程信息，在系统转入学期课程信息，确保本学院每一

位受评教师都有课程信息，确保教师、课程、班级与实际教学运行安排一致。

（1）对大学体育课、实验课等分组授课且在系统中没有分组显示的课程，务必按要求重新分组，在系统中按要求输入课程基本信息（授课教师和相对应的学生人数信息）。

（2）对同一门课程由多位老师共同授课，为避免学生评分时混淆，应分情况转入：若共同授课的教师有其他课程，则不转入此课程；若共同授课的教师仅担任本门课程任务，则转入此课程。

（3）由于理论课和实践课的评价指标有差异，在转入过程中注意区分理论课和实践课，既有理论课时又有实践课时的课程，根据人才培养方案中理论与实践课时的比重来确定该课程类别。

3. 评分组织安排。

（1）评分方式。在系统中评分：该年度授课的教师，所授课程已全部进入教务处学分制教务系统，由学院组织督导和学生在系统中进行评分。手工评分：手工评分的教学单位主要是音乐学院，由于是小班教学，课程未进入教务处学分制教务系统，故需学院单独组织学生、督导专家对授课教师进行手动评分。

（2）评分工作。学校督导团、院级督导组和学生登录学分制教务系统给授课教师评分。

4. 汇总评价数据。教务处对所有评价数据进行汇总统计，并将教师课堂教学质量评价分数发布到各学院。

5. 审议评价结果。

（1）各学院根据评价分数排名，并按照《衡阳师范学院教师教学质量评价实施办法》中A类课教师候选人应符合的基本条件，向教务处提交学院教学质量评价结果初审意见及A类课教师资格审查表。

（2）教务处审核学院初评意见和资格审查表。

（3）教务处组织召开教学工作委员会进行A类课教师资格审议。

6. A类课教师评选指标说明。根据《深化新时代教育评价改革总体方案》精神，本年度A类课教师指标数不超过学校参评教师总人数的15%，其中

12%由各学院按照相应职称系列评分排名择优推荐，另外3%由学校根据超星泛雅、雨课堂的平台数据排名择优遴选。

（三）评价工作要求及有关说明

1. 学校督导、学院督导务必听取所评课程教师的课堂教学并据实评分，严禁未听课而凭主观印象随意打分。学院督导在评分工作开始之前须由督导组组长分配听课任务，即每位院级督导负责听取多名教师的课堂教学，然后由组长组织召开学院督导会议，集中讨论所听课程教师的授课情况，提出评分意见，并在规定日期登录系统进行评分。

2. 对学生评分学院要做好组织监察工作，评分日期截止时，每门课程的学生参评率不得低于75%；若低于75%，该课程分数处理时系统会默认为评价分数无效，学校将酌情扣除相关学院A类课教师指标数。未在系统评分的学生，将不能在系统中查看成绩以及选课等操作。

3. 所有参评教师和相关工作人员在评价过程中要恪尽职守，实事求是，如出现弄虚作假、违规违纪现象，造成不良后果，一经查实，一律按教学事故严肃处理。

二、教师课堂教学质量评估结果

学校每年均对全校所有任课教师进行年度课堂教学质量评估，评价主体包括学生、校级督导、院级督导与同行，评价权重分别为60%、20%、20%，坚持学生评价的主体性。评价结果作为教师评先评优和职称评聘、年终考核的重要依据。从2020—2021学年教师课堂教学质量评估结果来看，学校全体教师的课堂教学质量良好。

1. 评教信息（2020—2021学年）。

表5-3　评教信息（2020—2021学年）

	本科生参与评教人次数	学校专兼职督导员人数	学年内督导听课学时数	学年内校领导听课学时数	学年内中层领导听课学时数
数量	15067	151	3487	106	765

2020—2021 学年度学生评教参评率为 94.62%，其中评价结果为良好以上的占 93.18%。同行、督导评教覆盖面为 100%，其中评价结果为良好以上的占 95.40%。

2. 2020—2021 学年教师课堂教学质量评估结果。根据《衡阳师范学院教师教学质量评价实施办法》，学校开展了 2021 年教师课堂教学质量评价工作，共有 912 位教师参评。经初审推荐、教务处审核、校教学工作委员会审定通过，评选出 2021 年度 A 类课教师 136 位，占比 14.9%；C 类课教师 3 位，占比 3.3%；其他 773 位教师的课堂教学评价结果均为 B 类，占比 81.8%。

第五节　实践教学专项评估

2017 年以来，为扎实做好审核评估自评自建和师范类专业认证准备工作，推进“学生中心、产出导向、持续改进”理念的全面落实，学校每年均会对课程考核材料、毕业论文（设计）、教育实践开展专项检查。本节重点介绍有关实践教学环节的毕业论文（设计）和教育实践专项评估情况。

一、实践教学质量监控概况

学校建立了完善的实践教学管理制度。学校制定了包括《衡阳师范学院实验课教学质量标准》《衡阳师范学院实训教学质量标准》《衡阳师范学院教育实践质量标准》《衡阳师范学院微格教学技能训练规范》《衡阳师范学院课程设计质量标准》《衡阳师范学院毕业论文（设计）质量标准》等文件，明确了实验、实习、实训、毕业论文（设计）等实践教学标准。各学院各专业严格按照质量标准开展实践教学。

1. 开展常态化实践教学质量监控。每年由教务处和教学质量监控与评估中心联合开展教育实习、毕业论文专项评估，尤其是针对师范类专业认证的重点环节“教育实践”开展跟踪监控和专项评估。毕业论文（设计）进行全过程跟踪检查（含中期检查和终检），评审内容包括毕业论文（设计）管理制度和教学大纲、2019—2021 届毕业论文（设计）参考选题、毕业论文（设计)、过程管理材料，达成度分析情况、毕业论文质量分析报告等。教育实践专项检查侧重于对教育“三习”材料的检查，包括见习、实习、研习教学大纲、管理制度、双导师队伍建设和实施情况、导师指导手册、成绩评定标准、成绩评定的规范性合理性、过程管理材料、达成度分析、质量分析（质量提升）等。

二、毕业论文（设计）专项跟踪检查

学校注重加强毕业论文过程性管理。从选题、下达任务书、完成开题报告、组织开题评审、研究数据的搜集，到中期检查、撰写初稿、论文修改定稿、交叉评审，再到再次完善、答辩后修改、上传论文定稿，直至论文评优和上报，每一个环节都实施精细化管理。

1. 定期开展 2022 届毕业论文（设计）中期检查工作。

（1）检查方式采用学院自查与学校抽查结合。各学院组织自查，教务处对各学院毕业论文（设计）工作组织开展情况进行抽查。

（2）检查内容包括学院层面制定的毕业论文（设计）管理制度文件，对学校和学院相关制度文件的执行情况。毕业论文（设计）选题情况，主要包括：选题是否符合和达到专业培养目标要求，选题难度和工作量是否适当，选题是否体现了综合性、创新性内容。教师指导情况，主要包括：指导老师专业、职称是否合理，指导学生是否认真负责等。毕业论文（设计）进度与质量情况，主要包括：被抽检毕业论文的开题报告、任务书是否规范、完整，学生是否按开题报告、任务书进度要求完成相关任务，学生态度、纪律、出勤情况等；解决师生在毕业论文（设计）工作中遇到的困难所做的相关工作；毕业论文（设计）在“格子达”论文管理系统中的进展情况；被抽检毕业论文（设计）初稿（花脸稿）或其他能反映指导过程的材料。

（3）反馈意见。每次中期检查后，教务处均会对检查情况进行通报。

2. 定期开展毕业论文终期检查。为加强学校毕业论文工作管理，保证毕业论文质量，学校每年对毕业生毕业论文工作进行终期检查。

检查内容包括：毕业论文管理工作是否规范；毕业论文参考选题是否科

学和充足；学生是否具有实际应用能力（学生解决实际问题的能力、综合应用知识的能力、应用外语和计算机的能力、写作能力和表达能力等）；毕业论文文本格式是否规范和统一，毕业论文材料的装订是否规范、整齐（论文需胶装成册），是否按规定装订查重报告；毕业论文材料表格是否填报完整，毕业论文材料是否齐全，签名是否完整（手工签名）。指导教师是否具有工作责任心、职称是否符合要求、安排任务是否合理；毕业论文成绩评定是否客观、公正，成绩等级是否符合学校比例要求、毕业论文与成绩的符合度、上报教务处的毕业论文成绩是否与学院一致。

检查方式：论文检查工作采取自查与抽查相结合的方式。各学院先完成自查。学校按学院各专业毕业人数的20%比例进行随机抽查。

检查评定办法：检查组对抽查的每份毕业论文材料进行检查评定，结论分合格、基本合格、不合格三种，并对抽查到的每份毕业论文材料单独出具书面意见，检查组根据检查要点及抽查情况对各学院被检查的本科生毕业论文工作总体情况给予评价，形成书面意见。学校将对检查结果予以通报。

1. 合格。应同时符合以下条件：毕业论文成绩评定客观、公正，符合《衡阳师范学院本科生毕业论文指导性评分标准》；材料齐全（含任务书、开题报告、成绩考核表、答辩记录、论文原件）；材料表格各项内容填写完整、符合要求；指导教师评阅意见具体、中肯；论文文本格式规范、统一；学生实际应用能力较强。

2. 不合格。有下列情况之一为不合格：毕业论文成绩评定与论文实际水平不一致，严重脱离《衡阳师范学院本科生毕业论文指导性评分标准》；材料不齐全；毕业论文原稿成绩与成绩一览表不一致；材料表格各项内容填写不完整，空白栏目较多；无指导教师评阅意见；材料用纸不是A4纸或未胶装；材料内容填写错误；学生实际应用能力较差。

3. 基本合格。介于合格与不合格之间。

三、开展教育实践常态化监控并进行专项检查

师范生的教育实践技能是师范生成长为一名优秀教师的基本技能，也是

师范生综合素养最为重要的核心组成部分。《普通高等学校师范类专业认证实施办法（暂行）》（教师〔2017〕13 号，以下简称《认证办法》），对高等院校师范类专业的人才培养提出了明确的要求。师范类专业的毕业生要学会教学，通过教育实践技能的培养，具备一定的教学基本技能，具有初步的教学能力和一定的教学研究能力。指出师范生的实践教学体系要完整，要把专业实践和教育实践有机地结合在一起，让教育见习、教育实习和教育研习融会贯通。同时，《认证办法》还提出了实习基地和教育实践时间的达标满足要求。当下师范专业认证强调实践导向，就是强调师范生养成要注重实践、面向实践，最终走向实践，这既是培养师范生的基本要求，又是师范院校的应有使命。衡阳师范学院严格按照师范类专业认证的要求，组织开展教育实践工作，并加强对教育实践环节的常态化监控，定期开展实习档案的专项检查。

（一）加强教育实践的常态化过程监控

1. 利用信息化手段加强对教育实践各个环节的监控。（1）学校利用本科教学质量数据监测平台，对各个师范专业实习基地建立情况、教育实践时间、双导师的配备情况进行分析，确保每 20 个实习生不少于 1 个教育实践基地学生，教育实践时间不少于 1 个学期，双导师数量充足，每 2 个实践基地不少于 1 个高校导师，每 4 个实习生配备 1 名以上基地导师。（2）利用虚拟仿真实践教学平台，对学生教育实践技能训练进行跟踪监督。学校虚拟仿真实践教学中心建有微格训练室、微慕课制作室、书法训练室、智慧教室、普通话学习与评测系统等，指导教师可以采用现场指导或线上指导的方式对实习生的实践教学技能训练进行指导，校教学质量监控中心和学院督导组随时可以线上跟踪检查。（3）采用线上 + 线下混合式对教育见习、实习、研习进行全过程监控。学校通过虚拟仿真实践平台，可以实现与实习学校的在线互访互通，有效开展教育见习、实习、研习活动，质量管理和监控组成员也可以登录平台，随机抽查了解教育“三习”的开展情况。

2. 加强对教育实践各个环节的现场督查。每年集中实习期间，学校教务处、教学质量监控中心、各教学院均会组织专门人员下到实习点，通过现场听课评课、召开座谈会等形式了解实习情况；实习结束后，组织开展实习汇报、实习档案袋专项检查并进行通报，全面总结教育实践的经验，发现问题及时整改。同时，每次实习结束后，每个专业都专门举行实习汇报教学比赛，展示优秀学生的教学水平，使学生反思实习期间存在的主要成绩、经验与不足。要求每个学生和实习指导教师都进行总结，通过总结，发现问题，对存在的问题加以整改，对存在问题的学生进行指导，确保学生在毕业前适应本专业教学岗位要求。

（二）开展师范生教育实习档案材料专项检查工作

根据教育部《关于加强师范生教育实践的意见》（教师〔2016〕2 号）文件精神和学校《关于进一步规范师范生教育实习档案材料建档工作的通知》（教学通报〔2018〕144 号）、《关于开展 2016 级师范生教育研习工作的通知》（教学通报〔2019〕131 号）等文件要求，为对接师范专业认证标准，提升教育实习档案质量，学校决定每年对师范生教育实践档案开展专项检查。

1. 师范生教育实习档案材料开展专项检查的组织实施。

（1）成立检查工作领导小组，组长由分管教学副校长担任，教务处、教学质量监控与评估中心、校教学督导团负责人任副组长，各师范专业所在学院院长为组员。

（2）检查内容包括四大块。一是学院总体材料，含实习组织领导机构和管理制度；实习计划（含分散实习）、研习计划；实习动员、过程管理、指导、汇报和总结等材料，研习日程安排表、研习（教师）指导纪要；实习成绩的考核与评定材料、研习成绩汇总表；优秀实习生和指导教师遴选材料；实习教学大纲。二是师范生教育实习档案袋材料，含个人实习计划；实习教案（手写 6 课时以上）；听课评课记录（听课 12 节以上，评课记录 6 次）；实习班主任工作材料；教育实习总结与反思（不少于 2000 字）；衡阳师范学院教师教育实习鉴定表（签字、盖章）；教育实习调研报告（不少于 3000 字）；学生教育研习报告。三是学生实习档案材料的评阅和把关情况。四是实习档案袋的归档情况。

（3）检查方式：采用现场分组检查。

2. 检查发现的问题。每年的教育实践档案专项检查主要问题表现在：

（1）教育见习、教育研习的教学大纲缺乏或者较简单，关于教育见习、教育研习的具体材料收集整理不全，关于学生教育见习、教育研习的评价缺少表现性评价依据，评价指标体系还不够完善；同一专业的教育见习、教育研习的计划以及结果性报告格式、体例、内容不统一，有重复或雷同的现象，存在应付拼凑的痕迹。

（2）在教育实习材料中，学生在班主任管理实习方面的材料零散而不系统；学生开展听课评课方面的记录简单，或者在时间上自相矛盾，存在要求落实不到位的情况；有的没有实习鉴定表。

（3）双导师的过程指导材料不足，需要进一步补充导师听课评价记录、跟踪指导的具体材料。

各学院各专业根据通报情况，采取有效措施进行整改，逐年规范完善教育实践相关材料。在2022年师范类专业认证专家现场考查环节，英语、学前教育的教育实践材料得到了专家的肯定，其他师范类专业也以之为样板，持续改进，力求完备。

第六节　合作办学成效督导评估

一、师范类专业认证中“合作与实践”的内涵解读

《中学教育专业认证标准（第二级）》将“合作与实践”列为考查的一级指标之一，并进行了详细的内涵解读。

合作与实践是在我国教师教育体系重构过程中，国家对教师教育培养机制改革和教育实践的质量要求，是课程教学运行的重要组成部分和人才培养质量的重要保障机制，对毕业要求具有重要支撑作用。本部分考查重点关注三个方面：一是“三位一体”协同培养机制的建立和运行情况，二是实践教学体系的建立和管理评价情况，三是教育实践“双导师”制度落实情况。具体包括协同育人、基地建设、实践教学、导师队伍和管理评价5个二级指标。其中“协同育人”是毕业要求达成的重要保障，从培养机制上支撑毕业要求

的达成。该指标要求中学教育专业充分认识地方教育行政部门和中学在师范生培养中的重要作用，建立起高校、地方教育行政部门和中学“三位一体”协同培养机制，合力培养中学师资；要对“三位一体”协同培养机制进行常态化的运行管理，做到权责明晰、稳定协调和合作共赢，能够有效促进学生教育实践、专业课程开发和人才培养模式改革；高校要按照教师教育职前职后一体化的要求，坚持为基础教育和中学在职教师专业发展服务，基本形成教师培养、培训、研究和服务一体化的合作共同体。

作为一所地方师范高校，衡阳师范学院确立了“做精做强师范教育，一师范专业对接一省级示范中学”的改革发展思路，主动对接地方基础教育，大力推进校地、校校合作，积极构建高校、地方政府、中小学校“三位一体”协同培养教师的新机制。制定出台了《衡阳师范学院“卓越教师培养计划”实施办法》《衡阳师范学院派驻教师专业发展学校人员管理试行办法》等制度，每年开展合作办学成效督导评估，有力保障了师范教育改革深入推进。

二、合作办学成效督导评估

2020 年年底，学校经过多方研讨论证，出台了《关于对衡阳师范学院基础教育合办学校开展合作办学成效督导评估的实施方案（试行）》，并于 2020 年、2021 年连续两次对合作办学学校——祁东附属中学开展了督导评估。

（一）合作办学成效督导评估的组织实施

1. 督导评估的目的和依据。为切实保障合办学校教育教学质量及办学水平的稳步提升，积极推动合办学校的创新发展，切实维护衡阳师范学院基础教育合作办学的品牌声誉，根据《衡阳师范学院校企（地）合作办学重大项目专项评估实施办法》，拟每年年底派出专家组对合办学校合作成效开展督导评估工作。对于评估中发现的问题，衡阳师范学院将会同专家组成员一起，与相关合作方商议解决方案，促进合办学校的发展。

2. 督导评估的方式。实地走访调研、合办学校汇报、师生代表座谈、随堂听课或听示范课、查阅资料、问卷调查等。

3. 督导评估内容及重点。督导评估的主要内容包括合办学校的学校建设发展、师资队伍、学生发展、学校声誉以及满意度等方面，重点考察合作办学项目合同（协议）履行、协定目标达成情况以及合作办学效果等。

4. 督导评估组织与管理。

（1）评估组织。在衡阳师范学院合作发展工作领导小组的领导下，教务处、教学质量监控中心、审核评估办公室、合作发展办公室共同制定督导评估方案及指标体系，合作发展办公室具体组织实施。

（2）评估专家。专家队伍包括衡阳师范学院教育教学及管理专家（基础教育研究成果突出）、合办学校上级主管部门的专家、有影响力的中小学校长、特级教师、优秀校友等有关专家等。

5. 督导评估程序。

（1）合办学校自评。根据督导评估指标体系（见附件），结合自身实际，认真开展自我评估，形成《自评报告》。

（2）专家现场考察。专家组在审核《自评报告》的基础上，通过查阅材料、教师访谈、学生座谈、观摩课堂教学与实践教学等形式，做出公正客观评价，现场反馈，并形成书面督导评估报告。

（3）评估结果运用。评估结果分优秀（90 分以上）、良好（76—89 分）、合格（60—75 分）、不合格（60 分以下）四个等级。评估结果作为合作办学优化整改、合作办学绩效奖励（见合作协议）的重要依据。

（二）组织开展衡师附属学校办学成效督导评估

2021 年 12 月 3 日，我校牵头组织开展衡师附属学校办学成效督导评估，将“学生中心、产出导向、持续改进”的师范专业认证理念融入评估。本次评估邀请了衡阳市教育局基础教育行业骨干、教育教学及管理专家学者和合作双方的管理专家担任专家。评估专家组分赴衡阳师范学院附属小学和衡阳师范学院学院祁东附属中学开展了评估。

校长担任督导评估组组长，亲临现场指导督导评估工作。他指出衡阳师范学院有着百年师范教育的深厚底蕴。进入新时代，我们更要把师范教育的名片越擦越亮，助力三湘大地基础教育振兴，把基础教育合作办学作为服务地方的重要窗口，努力把学校的教育资源优势转化为附属学校发展的巨大动力，要求学校职能部门和教学院主动对接各附属学校，充分整合双方资源，形成可持续发展的保障机制，推动附属学校高质量发展，带动区域基础教育质量进一步提升。希望各附属学校要以学生为中心，紧扣育人目标，在特色办学和内涵办学上不断开拓，促进我校教师教育特色的创新发展，真正实现高等教育与基础教育之间的双向互动与融合发展。同时，他希望当地政府不忘合作办学的初心，优化共建共管机制，进一步加大对附属学校的投入及支持，致力将附属学校打造成三湘一流名校，实现高校、政府、附属学校共建、共享、共赢。

专家组听取了各附属学校负责人的工作汇报，并通过查阅资料、推门听课、走访校园等方式对各附属学校作了全面督查。专家组一致认为合作双方高度重视合作办学，认真履行合作办学协议，各附属学校办学水平不断提升，办学质量稳步提高，办学声誉不断扩大，并从办学条件、队伍建设、办学特色等方面给附属学校提出了后续发展的建议。

此次督导评估，是深入贯彻落实全国教育大会精神和《深化新时代教育评价改革总体方案》的有力践行；也是督促各附属学校依法办学，推进附属学校健康有序发展的有力举措；更是对各附属学校的一次全面“质检”和集中把脉，确保合作办学成效达到期望值，积极助力创建师范大学。

总之，学校以迎接教育部本科教学审核评估和师范类专业认证为契机，扎实开展自评自建工作，不断完善和优化内部自我评估机制，通过常态化信息监控、定期开展五大评估、及时反馈持续整改，实现了深化教学改革、提高教学质量、加强内涵建设、促进自主发展的评估目标。

参考文献

［1］刘春惠，顾留华．大学专业评估：内部评估与外部评估的比较［J］．北京邮电大学学报，2007（01）：74—79.

［2］陈晓蓉．高校教学质量自我评估研究［J］．国家教育行政学院学报，2001（06）：65—68.

［3］杨延，陈路，李燕飞．后审核评估时期高校内部专业评估机制创新

[J]. 中国成人教育 2018 (14): 38—41.

[4] 黄和飞，王斌，段利华. 高校本科教学质量内部保障体系的探索与实践 [J]. 高教论坛，2019 (10): 55—58.

[5] 孙洪涛，黄元国，刘晗. 论师范专业认证视域下师范生教育实践技能的养成 [J]. 教师，2021 (14): 85—87.